FABLIAUX

ou

CONTES.

I.

IMPRIMÉ CHEZ PAUL RENOUARD,
RUE GARENCIÈRE, N° 5.

FABLIAUX

ou

CONTES,

FABLES ET ROMANS DU XIIe ET DU XIIIe SIÈCLE,

TRADUITS OU EXTRAITS

PAR LEGRAND D'AUSSY,

TROISIÈME ÉDITION,

CONSIDÉRABLEMENT AUGMENTÉE.

TOME PREMIER.

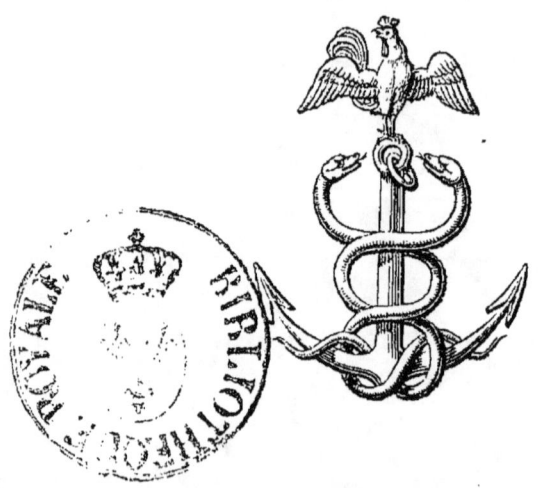

PARIS.

JULES RENOUARD, LIBRAIRE,

RUE DE TOURNON, N° 6.

M DCCC XXIX.

AVIS DE L'EDITEUR.

Le Recueil d'anciens Fabliaux, traduits ou extraits par Legrand d'Aussy*, a depuis plusieurs années presque tout-à-fait disparu de la circulation, et c'est avec difficulté qu'on en trouve des exemplaires, bien que deux éditions en aient été faites, la première en 1779, 4 vol. in-8, et l'autre, un peu plus ample, en 1781, 5 vol. petit in-12 : or ce livre n'étant point de ceux que leur médiocrité destine à un prompt et inévitable oubli, il devenoit nécessaire de le réimprimer, et l'auteur s'y étoit lui-même préparé par une multitude de notes, additions et corrections dont il se proposoit d'enrichir une édition nouvelle. La mort vint l'empêcher d'accomplir son dessein, mais ses travaux n'ont pas été perdus. Propriétaire des volumes sur lesquels il avoit déposé toutes ses nouvelles notes et ses corrections, j'exécute ce qu'il n'eut pas le temps de faire, et je présente au public cette troisième édition qui vaudroit mieux sans doute si l'auteur lui-même

* Pierre-Jean-Baptiste Legrand d'Aussy, né le 4 juin 1737, est mort le 15 frimaire an IX (6 décembre 1800). Le 5 prairial an VI (24 mai 1798), il avoit été nommé membre de l'Institut, classe des sciences morales et politiques, succédant à Gaillard. Le 14 pluviose an XI (3 février 1803), il fut remplacé par Dom Poirier.

avoit pu y donner tous les soins pour lesquels j'ai essayé de le suppléer.

Lorsque, par un travail opiniâtre, Legrand a exhumé d'une multitude d'anciens manuscrits les pièces pour la plupart inconnues dont il a formé son Recueil, il étoit bien loin de ne prétendre qu'à publier une suite d'historiettes récréatives ; il travailloit par un motif bien plus élevé, et n'a voulu rien moins que réunir et présenter, en un corps d'ouvrage attrayant dans son ensemble, une série de témoignages irrécusables, prouvant sans possibilité de réplique que ce sont ces compositions, les unes enjouées, les autres superstitieuses ou dévotes, qui ont signalé et commencé la renaissance des lettres en Europe, et que c'est aux vieux poètes et conteurs de la littérature primitive de nos contrées d'en-deçà de la Loire, à la langue d'*oïl*, ou romane françoise, que beaucoup d'autres conteurs françois et étrangers, italiens, anglois, etc., ont emprunté une partie des joyeux récits qui les ont rendus célèbres.

Cette tâche que Legrand s'étoit imposée pour l'honneur de notre ancienne littérature, il l'a remplie avec un rare bonheur, et il a su faire un livre que son apparente frivolité met dans les mains d'un très grand nombre de lecteurs et de ceux mêmes auxquels un ouvrage de pure érudition

inspireroit une sorte d'effroi. Tel qui n'a cherché dans celui-ci que de plaisantes historiettes,
se trouve entraîné à ne pas négliger une seule
des notes aussi curieuses qu'instructives où se
lisent tant d'intéressants détails sur les coutumes, les mœurs, les actes de la vie commune
et privée, les habitudes morales et religieuses de
ces temps pour nous si obscurs, et moins connus que des époques bien autrement reculées :
et plus d'une réflexion philosophique ou morale
a trouvé faveur à la suite du conte quelquefois
assez peu moral qui en avoit été l'occasion.
Aussi l'auteur a complètement atteint son but, et
son livre, en même temps qu'il est à l'usage de la
multitude de ceux qui en lisant veulent surtout
s'amuser, est en quelque sorte une lecture obligée
pour quiconque veut pénétrer un peu avant dans
la connoissance des temps du moyen âge : sous ce
rapport il est devenu classique dans l'espèce.

Je n'ai pas cherché à lui faire prendre une physionomie plus scientifique : l'auteur montre bien
ne l'avoir jamais voulu, et M. Raynouard, le
meilleur des juges peut-être en pareille matière,
m'a très positivement conseillé dans le même
sens. Je le priai avec instance de prendre le soin
de mon édition nouvelle. « D'autres occupations
« ne me le permettroient pas, me répondit-il ;
« mais d'ailleurs ce ne seroit pas ce qu'il vous

« faudroit. L'auteur a voulu faire un livre agréable
« et de facile lecture : laissez-lui sa physionomie.
« Communiquez au public les additions et cor-
« rections qui sont en vos mains; faites-en de votre
« côté quelques-unes si l'occasion s'en présente,
« mais que l'ouvrage reste ce qu'il est; n'en chan-
« gez ni l'esprit ni l'ensemble. Gardez-vous surtout
« de vous laisser induire à reconstruire l'édifice
« ou à le dénaturer par d'inutiles accessoires qui
« en changeroient la destination et l'usage; en un
« mot, faites vous-même votre édition. »

Au risque de demeurer en arrière de mes obligations, j'ai suivi ce conseil, et voici l'édition telle
que je l'ai pu faire. Grâces aux nombreux travaux
de l'auteur et à quelques soins de ma part, elle
est de beaucoup supérieure aux deux autres : on
la trouvera plus ample, souvent rectifiée, même
dans le style : c'est le même livre, mais qui vaut
bien mieux. Les citations généralement exactes,
quoiqu'on se soit plu à attaquer la réputation
d'exactitude de l'auteur, quelquefois même après
l'avoir copié sans mot dire, ont été pour la plupart vérifiées, ainsi que les passages en ancien
langage qui sont répandus dans le cours du livre.
Je ne parle point de la correction typographique :
c'est un devoir dont l'acquittement est plus difficile qu'il ne sembleroit, mais qui toujours est
d'étroite et rigoureuse obligation. J'ai tâché qu'en

ce point ma responsabilité n'ait pas à se trouver fréquemment compromise. Quant à l'exécution typographique, ouvrage d'un de mes fils, c'est au lecteur à la juger. Les pièces du procès sont sous ses yeux, et je ne doute pas que l'examen ne soit tout favorable à l'imprimeur.

Sur les dix-huit dessins des gravures qui ornent ce livre, et desquels je m'étois occupé dès 1812, aussitôt après l'acquisition de la copie de l'ouvrage, quinze étoient achevés par Moreau, lorsque, le 30 novembre 1814, la mort vint enlever aux arts cet artiste habile qui, malgré ses soixante-et-treize ans, étoit encore dans la force de son talent, et donnoit le droit d'espérer que, pendant plusieurs années encore, il continueroit d'ajouter à ses brillantes et ingénieuses productions. Les trois dessins qui manquoient ont été faits par Alexandre Desenne qu'une mort trop prompte, arrivée en 1827 lorsqu'il n'avoit encore que 42 ans, a empêché de s'élever à toute la réputation dont son talent supérieur lui étoit un bien sûr garant.

La plupart des Fabliaux traduits par Legrand ont été, d'après sa prose, mis en vers par Imbert, 1788, 2 vol. in-12. Ces imitations ne sont pas toutes heureuses, et plusieurs se ressentent de la manière un peu tourmentée de ce versificateur. J'ai pensé néanmoins que quelques-unes des meilleures de ces pièces, réparties dans mes volumes,

y jetteroient une agréable variété, et qu'on aime-
roit à les comparer, soit avec les mêmes en prose,
soit quelquefois aussi avec la vieille poésie des
contes originaux. On y trouvera aussi une courte
imitation angloise de Pope.

Le succès du recueil des Fabliaux ne s'est point
borné à la France. J'ignore jusqu'à quel point les
Allemands ont pris intérêt à un travail relatif à
des antiquités littéraires qui ne sont point celles
de leur langue, ni de leur pays *; mais en Angleterre il est souvent cité, et indépendamment
de la traduction en vers anglois de Parthénopex,
publiée, en 1810, par M. Stewart Rose, d'après
la version de Legrand, plusieurs fabliaux ont été,
et aussi d'après sa prose, mis en vers par G. L.
Way. De ce recueil anglois, il a été fait trois édi-

---

* En 1827, a été publié en Allemagne un volume in-8, sous ce titre :
Die Poesie der Troubadours, etc. La Poésie des Troubadours, d'après
des ouvrages imprimés et des manuscrits, par Fr. Diex, professeur à
l'Université de Bonn.

Cet ouvrage, écrit à l'occasion des travaux de M. Raynouard sur les
Troubadours, n'a pas un rapport direct avec le Recueil de Legrand. Je
le mentionne à cause de l'opinion de son auteur sur la priorité entre les
poètes provençaux et ceux de la romane françoise. Selon lui, les François
auroient imité les Provençaux dans leur poésie lyrique, où la langue plus
douce et plus harmonieuse donnoit à ceux-ci un grand avantage sur les
poètes qui employoient l'idiome bien plus rude d'en-deçà de la Loire ;
mais il convient de l'influence que les poètes françois ont eue sur les
Troubadours au sujet des poésies narratives, c'est-à-dire pour les
fabliaux, contes, lais, chroniques, légendes, etc.

tions, dont la dernière est de 1815, 3 vol. in-8,
avec une préface du savant Ellis, extraite et abré-
gée de celle de Legrand.

Quoique la *Dissertation sur les Troubadours*,
qui parut, en 1781, dans l'édition in-12, où elle
commence le second volume, y soit déjà d'une
certaine étendue, je ne devois pas omettre les
nouveaux développements que depuis ajouta
l'auteur, et qui font partie de son travail pour
l'édition nouvelle qu'il projetoit. Il y répond
victorieusement aux objections et aux critiques
suscitées par son opinion sur la priorité qu'il réclame pour les poètes ou *trouveurs* de la romane
françoise, et sur les emprunts que leur ont faits
et nationaux et étrangers. Mal attaqué, il s'est
très bien défendu, et réimprimer les dissertations
sans leurs nouveaux développements eût été pri-
ver l'auteur des avantages d'une légitime défense, et passer condamnation sur des reproches
dont il démontre l'injustice. Ellis, qui paroît
n'avoir connu que l'édition in-8 de 1779, ne
parle point de la Dissertation de 1781, et reproche à la préface du tome premier d'être *desul-
tory* (manquant de méthode). Il est probable
qu'avec les additions et changements faits par
l'auteur à l'une et à l'autre pièces, il n'y auroit
plus lieu à cette observation critique. Quant à la
fréquence des notes et à l'étendue un peu consi-

dérable de quelques-unes d'entre elles , il ne faut pas oublier qu'elles sont l'objet principal du livre, qu'évidemment les Fabliaux sont mis en recueil comme le thème et l'occasion des notes auxquelles ils donnent lieu ; et d'ailleurs elles ont en général un intérêt si réel, que l'on seroit plutôt tenté de ne les pas trouver assez nombreuses.

Très peu de personnes se livrent à l'étude approfondie des origines de notre langue ; mais il en est beaucoup peut-être à qui il seroit agréable de faire connoissance avec quelques-uns de nos fabliaux dans leur ancien costume , et de prendre une idée de cette vieille langue qui est venue par degrés nous donner les Provinciales et les Tragédies de Racine. Pour éviter l'embarras d'aborder les manuscrits originaux qu'on ne s'avise guère d'aller requérir, et dont l'usage n'est rien moins que facile, et aussi pour que l'on puisse même ne pas se trouver obligé de recourir aux recueils imprimés de ces sortes de pièces , j'ai ajouté à la fin de chacun de mes cinq volumes, et dans leur langage original, quelques-uns des fabliaux les plus intéressants que le même volume donne en françois moderne ; et , dans ce nombre, plusieurs pièces sont ici imprimées pour la première fois, telles que *le Chien et le Serpent* , le long fragment de *Parthénopex* , les deux de *Griselidis* , etc. Pour celles-ci et pour toutes les autres dont j'ai pu me faire communiquer les manuscrits, j'ai à plusieurs reprises conféré, soit ma copie écrite, soit les épreuves sur le texte original. A cette occasion je ne veux pas manquer de témoigner ma gratitude envers MM. les Conservateurs des manuscrits de la Bibliothèque royale pour la complaisance avec laquelle ils ont mis à ma disposition plusieurs manuscrits nécessaires à mon travail. M. Raynouard, qui auroit si habilement dirigé tout l'ouvrage, m'a donné plus d'un conseil aussi judicieux qu'utile. C'est à M. Méon que je dois d'avoir su que l'intéressant récit *du Chien et du Serpent* fait partie du *Dolopatos*, et j'ai eu de l'inépuisable complaisance de M. Van-Praet plus d'un renseignement dont j'ai fait bon emploi.

Comme mes cinq cahiers de poésies anciennes ne contiennent qu'une partie des pièces originales, et qu'il existe trois recueils assez récemment imprimés où on les trouve presque toutes,* j'ai eu le soin d'indiquer, après chaque traduction ou extrait, le volume et la page où le même récit se trouve en langage ancien dans l'un ou l'autre de ces trois recueils.

ANTOINE-AUGUSTIN RENOUARD.

*1° Celui de Barbazan, de l'édition nouvelle et augmentée par M. Méon, en 1807, 4 vol. in-8 ; 2° de Méon, *Nouveau Recueil*, 1823, 2 vol. in-8 ; 3°Poésies de Marie de France, publiées par M. Roquefort, 1820, 2 v. in-8.

FAUTES A CORRIGER

Page 75, ligne 23. Adam de Le Halle   *Lisez* Adam de Le Hale

   229,   3. Jakes de Basin.   *Lisez* Jakes de Basir, ou Basiu.

   281,   19. publication de   *Lisez* publication des

DANS LE CHOIX D'ANCIENS FABLIAUX.

   26,   28. Manuscrit de Saint-Germain, n° 1850. *Lisez* n° 1830.

Pour le renvoi aux textes originaux dans le Recueil de Barbazan, je me suis par hasard servi de deux exemplaires, et je n'ai pas d'abord aperçu qu'ils n'étoient pas conformes, au moins pour l'ordre numérique des volumes.

Dans les uns, et c'est presque dans toute l'édition, *l'Ordene de chevalerie* et *le Castoiement* sont les tomes I et II; et les *Fabliaux* le III° et le IV°. Sur une très petite partie des exemplaires, on a au contraire coté les *Fabliaux* I et II; les deux autres volumes n'ont plus de chiffre d'ordre, et deviennent deux ouvrages séparés, ou, si l'on veut, les tomes III° et IV° à la suite des Fabliaux. De cette double combinaison, demeurée à-peu-près inconnue, il résulte que mes renvois n'étant pas tous indiqués d'après le même ordre de volumes, on auroit peine à se reconnoître, si je ne donnois ici cette explication plus nécessaire qu'intéressante.

Page 279, Lai d'Aristote. Je l'ai noté comme étant au tome I°°, page 16, du Recueil de Barbazan; il est à cette même page, mais au tome III, qui est le premier des *Fabliaux*.

Page 287, Gauteron et Marion, tome III, page 439. *Lisez* tome I°°; c'est celui de *l'Ordene de Chevalerie*.

Page 300. Du Curé qui mangea des mûres, tome III, page 95. *Lisez* tome premier.

Page 303. De Cocagne, tome II, page 175. *Lisez* tome IV.

Page 306. Florence et Blancheflor, tome II, page 354. *Lisez* tome IV.

A cette occasion j'avertis ici que, pour deux Fabliaux de mon second volume, j'ai oublié leur renvoi dans le Recueil de Barbazan.

Page 340. Les Cheveux coupés ou les Tresces, *Voyez* dans Barbazan, au tome IV, page 393.

Page 350. L'Arracheur de dents, tome I, page 159.

TABLE

DU PREMIER VOLUME.

CHOIX ET EXTRAITS D'ANCIENS FABLIAUX.

PRÉFACE.

Il est dans la littérature deux sortes de travaux
prisés trop au-dessous de leur juste valeur, les tra-
ductions et les extraits. Sans vouloir entreprendre ici
ni l'apologie ni l'éloge d'un genre d'ouvrage qui va
devenir le mien, je dirai seulement que le peu d'estime dont le public l'honore a influé malheureusement sur l'opinion qu'en ont conçue les gens de
lettres. Il n'est pas donné à tout auteur d'enfanter
seul des Minerves armées. Celui qui, tirant de la
tombe un corps mort, le rendroit à la vie, pourroit
encore prétendre à quelque gloire; mais on veut être
un génie; et cette présomption funeste de l'amour-
propre, en nous privant de plusieurs bons ouvrages,
a produit le double mal de multiplier beaucoup trop
les mauvais.

Si je ne me suis point trompé dans la manière
d'exécuter celui que je présente à ma nation, il pourra peut-être lui plaire et l'instruire. Il doit au moins
intéresser nos littérateurs, en leur faisant connoître
un des premiers monuments de la poésie de leurs

aïeux. Les catacombes de nos anciens poètes, dans lesquelles personne n'est encore descendu, ou qu'on n'a fouillées que fort superficiellement, offriroient à des travailleurs intelligents et courageux plus d'une semblable découverte; et je croirois avoir bien mérité des lettres, si mon exemple animoit à cette laborieuse entreprise, des mains plus habiles que les miennes.

Jusqu'à présent tout a dû en détourner. Non-seulement nos vieux rimeurs étoient tombés dans l'oubli, mais rien même n'inspiroit l'envie de les connoître. Si les historiens et les écrivains modernes daignent quelquefois en faire mention, c'est ordinairement avec un ton de compassion et de pitié, qu'on pardonneroit à peine à l'ennui de les avoir lus. Veulent-ils nous donner une idée de leurs productions? ils citent avec complaisance quelque historiette de légende, bien absurde et bien stupide *;

---

* C'est ce qu'a fait, entre autres, l'abbé Velly; voyez les réflexions par lesquelles il termine le règne de Philippe-le-Hardi : je cite de préférence cet historien estimable, parce que les erreurs qu'accrédite un livre fort répandu deviennent bientôt les erreurs de toute la nation. L'abbé Fleury (*Traité des études*) a rendu à nos poètes plus de justice. En blâmant l'extravagance de leurs fictions et le scandale de leur morale, il avoue qu'il y avoit parmi eux des gens d'esprit, et qui, pour leur siècle, avoient de la politesse. Eh ! pourquoi pas ? Les arts, les sciences, la législation, tout ce qui est le fruit de l'expérience et du temps étoit encore informe, il est vrai; mais ce que la nature donne, l'esprit, la sensibilité, l'imagination, sont de tous les siècles et de tous les

et par ce chef-d'œuvre d'impertinence d'un moine
ignorant et imbécille, ils laissent le lecteur admirer
de bonne foi quelle étoit la stupidité d'un peuple
réduit à une telle pâture.

D'un autre côté, les troubadours provençaux ont
laissé après eux, je ne sais trop pourquoi, une renommée qui a ébloui tout le monde : non qu'on se
soit laissé abuser par les éloges prodigués dans le
temps à ces tristes chansonniers, ou qu'on ait été
séduit par leurs ouvrages; mais l'Italie dont ils furent
les maîtres et où les introduisit l'affinité du langage,
s'est plu à immortaliser leur mémoire; et telle fut
l'origine de leur grande et trop heureuse fortune. La
reconnoissance de deux ou trois écrivains célèbres
les a sauvés de l'oubli. On les a crus de grands
hommes, parce que Pétrarque et le Dante les chantèrent; et aujourd'hui que peu de gens sont en état,
ou plutôt que personne ne conçoit * l'idée de vérifier
ces panégyriques trompeurs, adoptés sur parole,
l'opinion de leur mérite prévaut tellement, même
parmi les gens instruits, qu'il n'en est aucun qui ne
les croie les pères de toute notre littérature mo-

pays, et ne tiennent que par le plus ou moins de goût aux connoissances
acquises.

 * Depuis quelques années les savantes publications de M. Raynouard
ont mis en état de lire les principaux ouvrages des anciens troubadours,
et de les apprécier avec quelque connoissance de cause, sans avoir à les
chercher dans d'illisibles manuscrits.   *R.*

derne, et qui ne regarde la Provence comme le point
heureux de l'horizon, où, après une longue nuit
de barbarie et d'ignorance, se leva enfin l'aurore de
ces jours d'éclat et de gloire dont nous nous enor-
gueillissons. C'est là un de ces préjugés auxquels le
temps finit par donner quelquefois la certitude d'une
vérité historique, et il en est plus d'un exemple. Par-
donnera-t-on à un homme inconnu, dont la plume,
sans autorité et sans nom, se hasarde à écrire pour
la première fois, d'examiner si cette opinion est fondée? La question intéresse l'histoire de notre littérature, et elle n'est point étrangère à mon sujet.

La Gaule, avant que César la soumît aux Romains, étoit divisée en plusieurs parties, qui avoient
chacune leur idiome particulier. Loix, mœurs, langage, tout changea par la conquête. Les vaincus
furent obligés d'adopter la langue des vainqueurs,
et, pendant quelques siècles, elle domina chez eux
jusqu'à ce que de nouveaux conquérants, les Francs
au nord, les Ostrogoths, Visigoths, Sarrasins, Alains,
Bourguignons, etc., au midi, vinrent la corrompre
en y mêlant la leur. De ce double mélange se formèrent dans les deux moitiés, septentrionale et méridionale, du royaume, deux langues nouvelles, qui,
avec le temps, s'altérant de plus en plus, conservèrent cependant toujours le nom de *romaine* ou *romane*, parce que l'une et l'autre avoient pour base
celle des Romains. Cette dernière cessa ainsi d'être

usuelle, et demeura une langue savante, qu'il fallut
apprendre, et qu'on enseigna dans les écoles. Les
deux *romanes* alors, devenues dominantes, se par-
tagèrent la France, que l'on divisa même selon leur
étendue. Comme toute la partie en-deçà de la Loire
se servoit, pour affirmer quelque chose, du mot *oil*
(oui), et toute la partie au-delà, du mot *oc*, on appela l'une *la Langue-d'Oil*, et l'autre *la Langue-
d'Oc*. Celle-ci néanmoins reçut encore une autre
dénomination. Raimond IV, de Saint-Gilles, comte
de Provence, possédant en même temps une grande
partie de la Gothie et de l'Aquitaine, on s'accoutuma
à nommer simplement *Provence*, tous ses états,
Provençaux, ses différents sujets; et langue *provençale*, la langue commune qu'ils parloient. Cette acception devint pour toute la France d'un usage général; et ce fait est si constant qu'il n'a pas besoin
de preuves. Ainsi, quand nos historiens parlent des
poètes provençaux, ils n'entendent point seulement,
comme on l'entendroit aujourd'hui, les poètes de ce
canton particulier du royaume, renfermé entre le
Rhône et le Var; c'est là une erreur dans laquelle
est tombé plus d'un auteur moderne: ils comprennent sous ce nom, et je prie mes lecteurs de ne
point l'oublier, les rimeurs de toutes nos provinces
méridionales, ou plutôt tous ceux qui ont fait des
vers en *romane provençale;* car, dans ce nombre, on
compte des Catalans, des Aragonois, des Italiens. De

cent quarante troubadours environ dont la patrie
est connue, il n'y en a que vingt-six qui soient de la
Provence proprement dite, encore sont-ils postérieurs
aux troubadours des autres provinces méridionales.

Il ne s'agit point d'opposer à ce nombre le nombre
de ceux qui ont écrit en *romane françoise* *. On
compteroit plutôt tous les insectes qu'un été voit
éclore. A peine presque devint-elle vulgaire qu'elle
produisit des poètes ; et c'est une remarque déjà faite
plusieurs fois, que, chez tous les peuples, les ouvrages en vers ont précédé les écrits en prose, et
qu'en ce genre, à la différence des autres, on a commencé par le plus difficile. Dans un art qui ne connoissoit encore aucune règle, rimer étoit un métier
si facile, que tout le monde s'en mêla, et chez les
moines surtout, où souvent on n'avoit rien de mieux
à faire. De là cette multitude innombrable d'ouvrages en vers, moralités, proverbes, miracles,
prières à la Vierge, vies des saints et autres productions de même sorte, dont on est effrayé quand on
parcourt les manuscrits du temps. On inscrivoit des
vers sur les sceaux, sur les vases, sur les vitraux
des églises, les tombes sépulcrales, les murs, les
pavés. L'Office divin, la Bible, la Règle de saint Au-
gustin, la Coutume de Normandie, tout enfin, excepté

---

* On connoît à la Bibliothèque du roi quatre manuscrits contenant des
poésies provençales, et il y en a plusieurs milliers de poésies françoises.

les chroniques et quelques ouvrages semblables, fut
rimé : encore y eut-il des histoires qui le furent. J'ai
eu en main jusqu'à des contrats de mariage, des
dénombrements de terres, ajustés en rimes. On eût
dit que la nation étoit affligée d'une épidémie générale, et que, pareille à ce peuple dont le soleil avoit
échauffé les têtes à la représentation d'une tragédie
d'Euripide, dans son délire, elle ne parloit plus
qu'en vers.

Cependant, au milieu de toute cette écume grossière d'un temps d'ignorance, on doit distinguer
trois espèces de poésies, qui, destinées spécialement
à l'amusement de la noblesse et des princes, formoient en quelque façon une classe à part : ce sont
les romans, les chansons et les contes.

Dès les temps les plus reculés de son origine, la
nation avoit eu des chansons militaires dans lesquelles étoient célébrés ceux de ses chefs et de ses
guerriers dont, par quelque belle action, le nom
méritoit d'être immortalisé. Pour s'exciter à se rendre
digne d'une pareille récompense, le soldat les chantoit en chœur lorsqu'il marchoit au combat, et le
privilège de les entonner appartenoit aux bardes
qui les avoient composées.

Si le général ou l'un des chefs de l'armée mouroit
glorieusement dans une action, on chantoit à ses
funérailles le bonheur de sa destinée ; et ces chants,
devenus ceux d'une des plus braves nations de la

terre, vivifioient chez elle l'intrépidité, l'audace et
le fanatisme de la gloire.   .

Nous retrouvons chez les Visigoths l'usage de ces
hymnes funéraires, et c'est des Gaulois sans doute
qu'ils l'adoptèrent. Jornandès rapporte qu'au combat célèbre contre Attila, dans les champs catala-
niques, ayant perdu Théodoric, leur roi, ils retournèrent sur le champ de bataille chercher son corps
mort; que là ils célébrèrent sa valeur par leurs
chants, et qu'après l'avoir enlevé à la face des ennemis, ils revinrent au camp, tout fumant encore de
carnage et poussant mille cris dissonants et barbares, lui rendre les derniers devoirs : *Cantibus
honoratum inimicis spectantibus abstulerunt. Vi-
deres Gothorum globos, dissonis vocibus con-
fragosos, adhuc inter bella furentia funeri reddi-
disse culturam.* Jornand. p. 118.

Les Francs, devenus à leur tour conquérants de
la Gaule, eurent aussi, à l'exemple des Gaulois,
leurs chansons militaires : elles célébroient, dit
Eginhard (*Vita Caroli Magni*), leurs victoires et
les plus beaux faits d'armes de leurs rois. Charlemagne, dont l'âme héroïque et guerrière devoit aimer
avec passion un pareil genre, les apprit toutes, dit le
même auteur, et les transcrivit même de sa main.
*Barbara et antiquissima carmina quibus veterum
regum actus et bella canebantur scripsit memo-
riœque mandavit.* Mais elles furent anéanties par la

renommée imposante qu'en mourant laissa ce monarque célèbre. On n'osa plus chanter la foible postérité de Clovis, quand on eut un tel héros; et lui seul
devint, avec ses principaux capitaines, l'objet des
nouvelles chansons militaires. Parmi celles-ci cependant il y en eut une qui prévalut : ce fut celle où
l'on célébroit Roland et les autres paladins tués ou
blessés à la défaite de Roncevaux. Soit que celle-ci
offrît un évènement tragique propre à remuer plus
fortement le soldat , soit qu'elle rappelât un fait peu
honorable dont on vouloit l'inviter à effacer la
honte, soit enfin qu'elle eût un mérite de poésie
supérieur aux autres , elle les fit oublier, et devint
pour nos armées la chanson du combat *. On regarda
comme un honneur de la commencer, et l'un de nos
vieux historiens en vers remarque qu'à cette bataille
d'Hastings, qui , en 1066, rendit un duc de Normandie souverain de l'Angleterre , cet emploi glorieux fut rempli par un chevalier nommé Taillefer,
doué d'une voix forte et sonore. Guillaume lui avoit
permis, en récompense , d'attaquer le premier l'ar-

---

* Il y a des preuves cependant qu'il en subsista , ou qu'on en fit d'autres. Les *Miracles de saint Benoît* racontent qu'un parti de Bourguignons
ayant formé, en 1095 , le projet de piller Châtillon-sur-Loire , ils s'avancèrent, *si pleins de confiance dans le nombre et la valeur de leur troupe,
qu'ils se firent précéder par un bouffon , lequel chantoit sur un instrument
de musique les guerres et belles actions de leurs ancêtres. Ils vouloient
par là s'animer davantage au succès de leur entreprise.* *

* *Rec. des Hist. de France* , tome XI , page 489.

mée ennemie, et Taillefer, par sa bravoure, se montra digne d'une pareille distinction.

La chanson de Roland subsista jusqu'assez avant dans la troisième race, comme il paroît par cette réponse si fière d'un soldat au roi Jean qui lui reprochoit de la chanter en un temps où il n'y avoit plus de Rolands, disoit-il: *Sire*, répartit le soldat, *il s'en trouveroit encore, s'ils avoient à leur tête un Charlemagne.* Elle n'est pas venue jusqu'à nous, et a partagé le sort de beaucoup d'autres plus modernes, que personne ne songe à transmettre, parce que personne ne les ignore, et qui, après avoir été dans toutes les bouches, finissent pour cette raison-là même par s'oublier et se perdre.*

---

* La plus ancienne, au moins à ma connoissance, des chansons de ce genre que le temps nous a conservées, est celle qui célèbre la victoire remportée sur les Normands, en 881, par Louis III, fils de Louis-le-Bègue.

Les jeunes filles en chantoient de telles jusque dans les églises ; et, dès l'an 578, un concile, tenu à Auxerre, avoit été obligé de les défendre.

Ce qu'on auroit peine à croire, ces abus subsistoient encore au dix-septième siècle dans certains cantons. « Je n'oublierai jamais », écrivoit, en 1676, madame de Sévigné, « l'étonnement que j'eus à Lambesc, quand « j'y étois à la messe de minuit, et que j'entendis un homme chanter un « de nos airs profanes au milieu de la messe. Cette nouveauté me surprit « beaucoup. » *

---

* Madame de Sévigné auroit été plus surprise encore si elle eût entendu les cantiques sur les airs *C'est l'Amour, l'Amour,* et autres de pareille sorte, que firent chanter les missionnaires en 1824 et années environnantes. Je connois un vieux prêtre habitué d'une des paroisses de Paris, plus zélé qu'éclairé, qui a rimé la Passion de Jésus-Christ en cinquante couplets, sur l'air de *V'là le Bastringue.*   R.

Il semble que dans une nation guerrière, où la noblesse regardoit le courage comme la première des qualités, et presque comme la seule qualité estimable, on n'auroit dû accueillir que des chansons de guerre. Il y en eut cependant d'amour et de galanterie. Les Gaulois eux-mêmes en avoient de fort libres, que les auteurs postérieurs nomment *Valle-machiœ*. Rien de plus commun dans le douzième siècle que les chansons érotiques. Saint Bernard en avoit fait plusieurs dans sa jeunesse; et Bérenger, dans son Apologie d'Abélard, les lui reproche : *cantiunculas mimicas et urbanos modulos fictitasti*. Celles d'Abélard pour la célèbre Héloïse furent chantées par toute la France; Héloïse même s'en glorifie dans une de ses lettres : enfin, ce goût de gaîté frivole étoit même si général qu'en Normandie, dans les longues processions, tandis que le clergé reprenoit haleine, les femmes chantoient de ces chansons badines, *nugaces cantilenas* *. On connoît celles de Thibault, comte de Champagne, pour la reine, mère de saint Louis. Une multitude d'auteurs, contemporains de Thibault, parmi lesquels on compte plusieurs noms du premier rang, s'exercèrent dans le même genre; et ce genre, pour des gens qui ne se doutoient pas que la poésie dût avoir des règles, étoit, comme je l'ai dit, si facile qu'on ne doit pas s'éton-

---

* *Histoire littéraire de la France*, tome VII, page lj.

ner s'ils se multiplièrent si étonnamment. J'ai parcouru tout ce que dans les différentes bibliothèques de Paris je connois de manuscrits contenant d'anciennes chansons. Quelquefois on y rencontre de la naïveté ou du sentiment, des peintures du printemps assez agréables. Mais du reste ce ne sont la plupart que des lieux communs d'une fade galanterie, de tristes supplications à leur maîtresse pour l'attendrir, des plaintes éternelles contre les médisants, un début trivial qu'on croiroit avoir été d'usage obligé, tant il est souvent employé : *la verdure renaît, le rossignol chante, je veux chanter aussi.* Aucun de ces morceaux voluptueux enfantés par le plaisir et la joie, quoique déjà l'on connût une sorte de luxe ; aucune chanson de table surtout, ce qui est plus étonnant encore, d'autant que la nation aimoit le vin. On égayoit le repas par des propos joyeux, par des contes que les convives, comme je le dirai dans la suite, étoient obligés de faire chacun à leur tour : mais, pour ces couplets destinés à chanter, le verre en main, la liqueur qu'on va boire, on ne les avoit pas imaginés. On ne s'en est même avisé qu'assez tard ; et pour trouver les premiers, il faut descendre presque jusqu'au dix-septième siècle. Cependant nos romanciers font souvent mention de chansons à refrain, répétées en chœur par tous les convives. Ils nous apprennent encore que quelquefois les dames chantoient à table des chansons d'amour ; et l'auteur du

Châtelain de Coucy, roman dont je parlerai ailleurs, en fait chanter une de ce genre, dans un festin, par la dame de Fayel, son héroïne. C'est un vrai triolet.*

> J'aim bien loyaument,
> Et s'ai (*j'ai*) bel amy,
> Pour qui di souvent,
> J'aim bien loyaument.
>
> Est miens ligement,
> Je le sai de fy (*foi*),
> J'aim bien loyaument,
> Et s'ai bel amy.

Outre les chansons militaires et les chansons d'amour, nos poètes en avoient encore deux autres sortes, les *pastourelles*, dont je ne parlerai pas ici, parce qu'il en sera fait mention dans le corps de l'ouvrage, et les *jeux-partis*. Ces derniers sont ce

---

* Les triolets sont un genre de composition assez commun chez nos chansonniers du treizième siècle. Je n'en citerai qu'un exemple; il suffira pour constater l'époque à laquelle ils furent connus en France.

> Onques mès n'oi (*je n'eus*) à mon gré
> Amoretes; or les ai.
> Diex m'en a bien regardé;
> Onques mès n'oi à mon gré
> Amoretes; or les ai.

On trouve aussi des triolets dans le roman de Cléomadès, dont l'auteur étoit contemporain des Fabliers. Ce roman en contient neuf; ils diffèrent de ceux qu'on vient de lire en ce que le seul premier vers se répète. Le poète les nomme virelais.

que les troubadours nommoient *tensons*, c'est-à-dire des questions de jurisprudence amoureuse. Le poète y avance un sentiment; un acteur qu'il introduit en soutient un autre, et après quelques couplets dans lesquels la question est débattue bien ou mal, un troisième personnage prononce entre eux et décide; ou bien celui qui parle le dernier est censé prononcer.

Il est parlé de ce genre de chansons dans les poésies du comte de Poitou *, le premier des troubadours, mort en 1122 ; et quoiqu'elles y soient désignées sous la double dénomination de *tenson*, et de *jeu-parti*, c'est-à-dire sous le nom françois et le nom provençal, je crois que l'invention en est due aux provinces troubadouresques, d'autant plus que ces contrées, comme on le verra par la suite, n'ont guère eu que des chansons.

Quoi qu'il en soit de l'origine de celles-ci, l'importance que donna aux choses d'amour ce respect pour les dames qui fut le fruit de la chevalerie, accrédita bientôt un badinage galant qui ne parloit que des dames et de l'amour. Mais aussi par l'influence de cette manie de subtilité qui régnoit dans les écoles, dans les harangues, dans les sermons et les écrits théologiques du temps, il arriva qu'on le fit consister en une métaphysique de sentiment, ridicule à

---

* *Histoire littéraire des troubadours*, tome 1, page 11.

force d'être déliée. L'empreinte de ce pédantisme
fut si profonde que plusieurs siècles ne purent l'effacer ; et la fameuse thèse du cardinal de Richelieu
sur l'amour n'est peut-être pas la dernière preuve
qu'on pourroit en alléguer. Molière lui-même, qui
fit disparoître à-la-fois, et ce jargon, et les *Précieuses* qui le parloient, n'a-t-il pas dans les *Fâcheux*
une scène dans laquelle on discute lequel aime le
mieux de l'amant qui est jaloux, ou de celui qui ne
l'est pas ? Eh bien ! cette question est le sujet d'un de
nos anciens *jeux-partis*.

Pour donner à mes lecteurs une idée des *jeux-par
tis*, il ne faudra que rapporter sommairement quelques-uns de leurs sujets. Les uns annoncent du libertinage, les autres un purisme d'amour poussé presque
jusqu'au fanatisme ; et ce sont là les mœurs du temps,
ce à quoi je prie de faire attention, parce que c'est
une des clefs principales de l'ouvrage qu'on va lire.

Lequel aimeriez-vous mieux que votre maîtresse fût morte,
ou qu'elle en épousât un autre ?

Qui souffre le plus, ou du mari dont la femme, ou de
l'amant dont la maîtresse est infidèle ?

Lequel est le plus blâmable de celui qui se vante des faveurs
qu'on ne lui a pas accordées, ou de celui qui publie
celles qu'il a reçues ?

Que doit préférer un amant, ou d'avoir les faveurs de sa
mie, en l'exposant à un éclat, ou de manquer ces faveurs
pour garder leurs amours secrètes ?

Si vous aviez un rendez-vous la nuit avec votre maîtresse,
préféreriez-vous de me voir sortir de chez elle, vous y
entrant, ou de m'y voir entrer, vous sortant?

J'aime une femme que je n'ai pu fléchir; une autre m'offre
son cœur: dois-je renoncer à la première, ou continuer
de la servir?

Vous êtes amoureux d'une femme; un autre en est amoureux
aussi : lequel choisirez-vous, ou d'avoir tous deux éprouvé
des refus, ou d'avoir tous deux été favorisés?

Vous avez éprouvé les bontés de votre maîtresse pendant
quelque temps; je parviens à lui plaire et à vous succéder:
qui de nous deux doit ressentir le plus de peine?

Un amant jouit de sa maîtresse; un autre l'aime comme lui
avec l'espérance d'en jouir bientôt. Si elle meurt, qui
des deux doit avoir plus de chagrin?

Qui rend un amant plus heureux, ou l'espérance de jouir,
ou la jouissance elle-même?

On vous propose de coucher avec votre mie une seule fois,
mais à condition que vous ne la reverrez plus de votre
vie, ou de la voir tous les jours, mais sans jamais rien
obtenir d'elle : que devez-vous préférer?

Deux personnes qui s'aiment sont couchées ensemble, et
elles s'en tiennent à de légères caresses : laquelle des deux
fait un plus grand sacrifice?

Lequel est le plus heureux d'une vieille femme qui devient
l'amie d'un jouvenceau, ou d'un vieillard qui a une jeune
mie?

Vaut-il mieux avoir pour maîtresse une femme ou une
demoiselle?

Lequel est préférable pour une femme, ou d'un amant expé-
rimenté qui a déjà connu le plaisir, ou d'un jeune homme
tout neuf qui ne le connoît pas encore?

De deux malheurs, lequel doit vous affecter le plus, ou
que votre maîtresse meure, ou qu'elle se marie à un
autre?

Qu'aimeriez-vous mieux, ou d'une maîtresse médiocrement
belle, mais très sage, ou d'une maîtresse médiocrement
sage, mais très belle?

Deux femmes sont égales en mérite et en beauté; mais l'une
est encore novice en amour, le cœur de l'autre l'a déjà
connu: de laquelle seroit-il plus satisfaisant de se faire
aimer?

Qui emploie mieux son temps, de l'homme qui poursuit
une femme de mérite, avec l'espérance d'en jouir, ou de
l'homme qui aime une sotte dont il jouit? etc., etc.

Alain Chartier a, dans ses œuvres, beaucoup de
questions pareilles, tirées presque toutes de nos anciens chansonniers. Mais les siennes, au lieu d'être
comme les leurs, une discussion en vers et par couplets, ne consistent qu'en une demande et une
réponse. Il diffère d'eux encore en ce que ses répon-
ses sont presque toutes libertines. On en jugera par
celle-ci. « Qu'aimeriez-vous mieux, ou jouir de
« votre maîtresse une seule fois et ne plus la voir,
« ou la voir tous les jours, sans aucune faveur? »
L'auteur répond : « Coucher. »

I.   2

Il devoit arriver souvent que le poète qui dans son jeu-parti décidoit une question d'amour, ne la décidât pas au gré de tout le monde, et qu'un autre, la traitant de nouveau, prononçât différemment. Les lecteurs alors prenoient parti ou pour l'un ou pour l'autre; et de là naissoient d'interminables disputes, dont on ne pouvoit espérer de voir la fin que quand des tribunaux absolus, et d'une autorité non contestée, auroient jugé en dernier ressort Chose qu'on aura peine à croire! ces tribunaux se formèrent. En différentes villes, des gentilshommes, des chevaliers, des poètes, réunis par une association libre, se chargèrent de prononcer sur ces risibles procès; et, d'après les préjugés du temps sur l'amour, ils s'honorèrent même de leur fonction. Mais ce n'étoit pas assez. Il falloit encore que les *Cours-d'amour*, ainsi se nommèrent ces assemblées, eussent une telle sanction que personne n'osât en appeler. C'est là un prodige dont on ne doit guère se flatter pour les décisions humaines. Il s'opéra cependant cette fois-là, parce que les femmes devinrent présidentes-nées du tribunal, et que dès ce moment, les jugements en devinrent sacrés.

J'aurai occasion ailleurs d'entrer dans quelques détails sur les cours-d'amour. Je me contenterai de remarquer ici qu'il est parlé de ces établissements dans nos fabliaux, et qu'il n'en est pas dit un seul mot dans les poésies des troubadours. D'où résulte une observation importante qui peint les mœurs des deux moitiés de la France ; c'est que les *tensons* ou *jeux-partis*, c'est-à-dire les chansons de controverse amoureuse, furent imaginés par la galanterie troubadouresque, et que les cours-d'amour sont dues à la galanterie françoise. D'un autre côté, et ceci est à remarquer encore, comme les contrées méridionales n'avoient guère en poésie d'autre patrimoine que des chansons, les assemblées dont je parle y furent à peine introduites qu'elles y devinrent tout-à-coup très brillantes ; au contraire, dans nos provinces où l'engouement s'étoit porté vers les romans et les contes, elles languirent toujours un peu, et ne prirent, comme je le dirai, quelque éclat que sous Charles VI, par l'importance que leur donna la frivole Isabeau, son épouse.

On pourroit croire, d'après ce qu'on vient de lire, que ce fut la galanterie ou l'amour qui produisit les romans. Non ; on les doit au même motif qui enfanta les croisades, à un zèle de dévotion mal entendu. Les Sarrasins étoient maîtres de l'Espagne, d'où sans cesse ils menaçoient la France, dont ils avoient même déjà possédé quelques provinces, et dans laquelle ils avoient, depuis leur expulsion par Martel, porté leurs armes plusieurs fois. Ils possédoient surtout les lieux-saints, et l'on croyoit la religion intéressée à cette sorte de profanation. On crut donc devoir sonner la trompette contre un peuple

infidèle et conquérant, que le fanatisme rendoit redoutable; et ainsi naquirent les trois premiers ouvrages romanesques * que je connoisse. Dans tous
les trois, on suppose pour ennemi aux Sarrasins le
héros le plus célèbre qu'eût encore produit la France,
Charlemagne. L'un lui fait faire une expédition en
Palestine; l'autre en Espagne; le troisième en Languedoc, pour délivrer Carcassonne et Narbonne,
assiégées par eux. Mais ce que je crois digne de
remarque, c'est que les auteurs de ces trois fables
dévotes furent trois moines. Aussi leur ouvrage,
employé en partie à vanter leur ordre, leur abbaye, ou de prétendues reliques auxquelles sont
attribués beaucoup de prétendus miracles, porte-t-il
à chaque page l'empreinte et le sceau de la monas-
ticité.

Les poètes ne tardèrent pas à s'emparer d'un
genre de fiction si favorable à des imaginations extravagantes et sans règle. Néanmoins, en adoptant
le genre et très souvent le héros, ils se gardèrent

---

* Le premier est un roman en vers françois, contenant les faits et gestes
de Charlemagne et son expédition en Terre-Sainte; le second est peut-être
la Chronique des prouesses et faits d'armes de Charlemagne, Paris,
1527, in-4°, portant faussement le nom de l'archevêque Turpin; mais
il faut noter cependant que cet ouvrage a été écrit en latin, et que sa
traduction françoise n'est pas plus ancienne que le commencement du
seizième siècle. Le troisième de ces romans est, ainsi que le dit lui-même
Legrand, ci-dessous, page 29, *Philumena*, qui est de la fin du douzième
siècle ou du commencement du treizième.   *R.*

bien d'adopter le sujet, et de se faire, comme les
trois moines, le tocsin d'un fanatisme religieux. La
chevalerie venoit de naître; ils la transportèrent
dans leurs poèmes avec sa bravoure inquiète, avec
son ardeur pour les exploits merveilleux, et cette
galanterie fameuse dont elle étoit devenue l'origine.
Dans tous, à-peu-près, le personnage principal fut
un chevalier errant, qui redressoit les torts, pour-
fendoit les géants, sauvoit l'honneur des belles, rem-
portoit le prix de tous les tournois, et opéroit pour
sa mie des prouesses auprès desquelles les travaux
d'Hercule ne sont que des jeux d'enfants. J'ai dit
pour sa mie, parce qu'il falloit alors qu'un héros fût
amoureux. Il n'y a pas un seul roman (on appela
ainsi les poèmes nouveaux, parce qu'ils furent
écrits en romane) qui manque à ce principe. Plusieurs même font rouler entièrement sur l'amour
les aventures de leur chevalier; et ceci prouve que
si quelquefois les écrits ont influé sur les mœurs de
leur siècle, plus souvent encore l'esprit du siècle a
influé sur les écrits.

Enfin, outre les romans de chevalerie et d'amour,
il en est une troisième espèce, la moins nombreuse
des trois, et qu'on peut appeler romans de féerie,
parce que les aventures qu'ils contiennent ont la
magie pour ressort principal. On trouvera plusieurs
fabliaux dans ce dernier genre. Ils donneront lieu
à une note sur la féerie et sur les fées; ce qui me

dispense d'en parler ici. Je ne puis y présenter que
des aperçus généraux ; les matières que j'y examine
sont si abondantes qu'elles exigeroient un volume
entier : or ce volume seroit l'histoire de notre ancienne poésie ; et je ne dois point oublier les bornes
que me prescrit mon sujet. D'autres, plus instruits,
entreprendront sans doute un ouvrage utile qui
nous manque encore.

Il n'est pas possible de dire jusqu'à quel point,
en moins d'un siècle, se multiplièrent les romans ,
et le succès prodigieux qu'ils eurent, non-seulement
en France, mais au-dehors. L'Italie et l'Espagne les
adoptèrent. Plusieurs furent traduits dans ces langues étrangères ; et ils y conservèrent même tant de
réputation, que par la suite, lorsque chez nous le
temps en eut aboli la mémoire, il se trouva des auteurs qui, de bonne foi les croyant italiens ou espagnols, les retraduisirent en françois, comme originairement étrangers. Il y a sur ce fait plus d'un
exemple connu : il me seroit aisé d'en ajouter plusieurs autres.

L'invention de la romancerie fut accueillie par
l'Angleterre avec la même ardeur que par nos autres
voisins. Mais ce peuple, jaloux et dès-lors envieux
de la France, ne voulut pas donner à ses paladins
un chef françois tel qu'eût été Charlemagne ; il imagina de s'en choisir un autre parmi ses rois, et d'en
faire un héros fameux qui, par ses exploits, éclip-

sât le nôtre. Le personnage destiné à ce beau rôle
fut Arthur*, prince ignoré et d'autant moins propre
à le remplir, que, dans l'histoire, il n'en joue aucun. Mais ce qu'on trouvera, je crois, plus mal-
adroit encore, c'est qu'au nombre de ses conquêtes,
ce preux des preux met une partie de la France**,
et qu'il se donne pour vassaux plusieurs des roite-
lets qu'on suppose y régner. Or maintenant, si l'on
se rappelle qu'au temps où s'écrivoient ces fictions mensongères, l'Angleterre conquise obéissoit
à des princes françois, on conviendra qu'aux yeux
de lecteurs attentifs, il en est des nations dans leurs
écrits, comme des individus : toujours le caractère
y perce par quelque endroit.

Au reste, ces récits de prétendues conquêtes que
nous trouvons aujourd'hui d'une si absurde invrai-
semblance durent pourtant choquer beaucoup moins

---

* Dans la plupart des ouvrages françois où il est question de ce
prince à moitié fabuleux, on le nomme Artus, mais son véritable nom
est Arthur. Imprimant en France un ouvrage françois, j'écris Artus. *R.*

** Les Anglois eux-mêmes conviennent un peu de cette exagération.
« ... *His exploits which their national vanity insensibly exaggerated,*
« *till the little prince of the Silures (South Wales including Hereford-*
« *shire) was magnified into the conqueror of England, of Gaul, and of*
« *the greater part of Europe.* » ... Ses exploits (d'Arthur) que leur
« vanité nationale exagéra insensiblement au point de faire du petit
« prince des Silures (Galles méridionale, dans laquelle se trouve le comté
« de Hereford) le conquérant de l'Angleterre, de la Gaule, et de la plus
« grande partie de l'Europe ». *Préface des Fabliaux,* traduits en vers
anglois par G. L. Way. *R.*

nos pères, parce que leurs yeux étoient accoutumés à
voir des rois anglois posséder par droit de succession
quelques-unes de nos provinces. L'histoire fabuleuse
d'Arthur plut même si fort à nos romanciers par la
magie qu'elle présentoit sans cesse, mêlée avec les
prouesses de chevalerie, que beaucoup d'entre eux
l'adoptèrent et choisirent pour héros de leurs poèmes
quelque paladin supposé du conquérant breton. Il y
a aussi des fabliers qui ont pris le même sujet. J'ai
réuni leurs contes, et c'est par eux que commence
ce recueil : ils me donneront lieu de parler encore et
de la romancerie angloise et de son héros.

Les romans d'amour et ceux de féerie sont peu
nombreux. Ceux de chevalerie, au contraire, le sont
infiniment. On range ordinairement ces derniers
sous trois classes : romans d'Artus, romans de
Charlemagne, romans des Amadis. On pourroit en
ajouter une quatrième, plus nombreuse que les
autres encore ; celle dont les héros n'étoient ni chevaliers de Charles ou d'Artus, ni descendants du
Gaulois Amadis, mais des paladins ou des princes
que le poète fait vivre dans d'autres temps ou dans
d'autres cours, tels que Perceforêt, Alexandre, etc.

Tous les anciens romans, au moins tous ceux que
je connois, furent écrits originairement en vers. On
ne commença guère à les traduire en prose que
sous Charles V, temps où la langue, déjà plus épu-
rée, acquéroit en même temps ce caractère exquis

de naturel et de naïveté dont le secret paroît perdu. François Ier, de qui la tête exaltée par ces lectures s'étoit passionnée pour l'antique chevalerie*, fit traduire de l'espagnol les Amadis, romans originairement françois, mais que le temps avoit fait oublier ainsi que beaucoup d'autres. Jamais livre n'eut une pareille vogue. Elle fut telle, et surtout sous le règne de Henri II, que, si quelqu'un, dit La Noue, avoit

---

* Non-seulement il voulut, comme chacun sait, être armé chevalier des mains de Bayard; mais il lui arrivoit quelquefois de se faire peindre la barbe, et de se montrer ainsi à ses courtisans, habillé comme les preux de nos romanciers. Brave et téméraire à la guerre, galant et magnifique dans sa cour, loyal, généreux, prodigue, fidèle à sa parole, il eut toutes les qualités et les défauts des anciens chevaliers. Il est probable que c'est à la pétulance de cet esprit chevaleresque qu'il faut attribuer la fatale journée de Pavie et les malheurs qui en furent la suite; mais, à coup sûr, c'est ce même esprit aussi qui dicta ce mot sublime, *tout est perdu fors l'honneur*.

Dans la suite, quoique l'âge et les malheurs eussent mûri sa tête, le monarque conserva néanmoins pour le gigantesque et le merveilleux cette inclination primitive qu'avoient développée en lui tous ces combats de géants dont la lecture avoit long-temps alimenté sa jeunesse. « Le roi « François, plus grand admirateur des choses hautaines que nul autre, « avoit délibéré faire jetter un Hercules de fonte; et veritablement il « l'eust fait, s'il n'eust esté prevenu de mort : car le patron a duré « long-temps à Paris, à l'hostel de Nelle, qui avoit de cinquante-deux à « cinquante-trois pieds de hauteur, et s'il l'eust achevé, il est à croire « que son ouvrage eust effacé toutes celles que les empereurs romains et « ægyptiens firent onc ériger. Quelques autres pensent qu'il entendoit « faire un Mars, car les patrons estoient desja grossoyez pour faire une « Venus de la mesme grandeur. Ceux qui l'ont veu en ont prins moult « grande admiration. Belon, *Observations de plusieurs singularitez trou-* « *vées en Grèce, en Asie*, liv. II, ch. 46. »

osé en dire du mal, *on lui eût craché au visage.*[*]

Ce fut cet engouement sans doute qui donna de l'humeur au grave La Noue, puisqu'il emploie un de ses discours tout entier à déclamer contre cette sorte d'ouvrage ; mais les raisons qu'il allègue pour le décrier, fussent-elles aussi excellentes qu'elles sont foibles, on ne peut nier au moins que, si les romans de chevalerie ont eu au seizième siècle quelque influence funeste, ils avoient spécialement contribué, pendant les quatre siècles précédents, à dissiper l'ignorance, à favoriser les progrès de la poésie, à inspirer aux nobles le goût de la lecture, et surtout à répandre dans la nation ce mépris des dangers, cette élévation d'âme et cet enthousiasme de gloire qui fait les héros. Quelques auteurs respectables ont reproché à Cervantes d'avoir par son *Don Quichotte* anéanti en Espagne l'esprit de chevalerie. Je ne serois pas surpris que quelqu'un chez nous regrettât les romans qui inspiroient cet esprit, surtout quand il se rappellera quels livres en ce genre on leur a fait succéder. A tout âge, nous sommes, pour certains objets, de vrais enfants. Jeunes ou vieux, nous nous repaissons, avec la même avidité, du récit de ces prouesses incroyables qui relèvent à nos yeux l'espèce humaine, et qui, pour émouvoir, ont les grands ressorts de l'âme, l'admiration, la terreur et

[*] *Discours politiques et militaires*, page 191.

la pitié *. Un peu plus d'art et de variété eût pu faire de nos romanciers des auteurs très séduisants. Homère n'a eu, comme eux, que des fables popu-laires : c'est absolument chez eux que l'Arioste et le Boyardo ont été prendre les leurs ; mais il leur a manqué le génie de l'Arioste et d'Homère ; et tandis que ceux-ci, toujours admirés, vivront toujours, les autres, tombés pour jamais dans l'oubli, n'ont laissé d'eux aucune mémoire.

On n'en doit pas moins excuser la nation qui, dans le temps, les admira, puisqu'après tout elle ne connoissoit alors rien de mieux. Au reste, s'il falloit pour nos ancêtres une meilleure excuse en-core, j'ajouterois que, parmi ces milliers de poèmes inconnus aujourd'hui, ou destinés tout au plus à fi-gurer sans aucun usage dans le cabinet d'un curieux, il en est plusieurs qui sont vraiment intéressants : on

---

* C'est ainsi qu'en pensoit, à ce qu'il semble, Cervantes lui-même, Cer-vantes l'ennemi le plus redoutable qu'ait eu la chevalerie. Voici comme il fait parler son hôtelier, causant avec le curé. « Est-ce qu'il y a une « meilleure lecture au monde ? j'ai lu deux ou trois de ces livres, et je « puis bien assurer qu'ils m'ont donné la vie; et non-seulement à moi, mais « encore à beaucoup d'autres. Car, dans la saison des blés, il vient « céans quantité de moissonneurs, les jours de fêtes ; et comme il s'en « trouve toujours quelqu'un qui sait lire, nous nous mettons vingt ou « trente autour de lui; et nous nous amusons si bien, qu'il ne peut « finir de lire, ni nous de l'entendre. Il ne faut point que je mente ; « quand j'entends parler de ces terribles coups que donnent les che-« viers errants, je meurs d'envie d'aller chercher les aventures, et « je ne m'ennuierois pas d'entendre lire les jours et les nuits. »

en verra la preuve par celui de Parthenopex que je
traduirai à la suite des fabliaux. Je dirai plus : c'est
que, même dans la plupart, on trouve, malgré tous
leurs défauts (et j'en atteste quiconque aura le courage de les lire), des morceaux très agréables, et surtout un talent particulier pour exciter la curiosité et
l'admiration. Ceux dont la veuve Oudot a composé
sa *Bibliothèque bleue* ne font-ils pas encore les
délices du peuple, tout étrangère qu'est pour lui une
pareille lecture ?

Ce qu'on vient de lire sur la romancerie regarde
nos seuls poètes françois. Je ne connois aux troubadours que quatre romans, et tous quatre dévots *.
Qui a occasioné chez eux cette disette, dans un
genre surtout si fêté, si long-temps à la mode ? Voi-

---

* Ce sont, *Philumena*, *Gérard de Roussillon*, *Guillaume au Court-
nez* et *Honorat de Lérins*. Ce dernier n'est qu'une légende ; *Gérard
de Roussillon* qu'une chronique rimée, contenant l'histoire des croisades contre les Albigeois (il y a aussi un *Gérard* en romane françoise,
tout différent de celui-ci, et dont le héros fait la guerre à Charlemagne). *Guillaume au Court-nez* est la Vie de ce saint Guillaume
auquel Charles confia le commandement de ses armées, qui se dis-
tingua contre les Maures d'Espagne, reçut de l'empereur en récompense le duché d'Aquitaine, et finit par se faire moine. *Philumena*,
composé sous le nom d'un prétendu secrétaire du même empereur,
par un moine de l'abbaye de Grasse, contient quelques prétendus
exploits de Charles contre les mêmes ennemis ; mais il s'étend fort
au long sur l'histoire et les miracles de cette abbaye, et surtout
sur ses reliques dont il fait un très long dénombrement. Selon lui,
c'est Charlemagne qui la fonde ; le pape en fait l'inauguration, assisté
d'archevêques, évêques et abbés portant crosse, etc., au nombre de

là encore un de ces faits que n'ont point remarqués ceux qui ont prôné les rimeurs en provençale. On vante tant l'imagination vive de ces provinces favorisées du ciel ; et elles n'ont pas produit un seul roman de féerie! Quoi! l'histoire nous parle sans cesse de leur galanterie, et cette galanterie aboutit à des chansons! Pas un seul roman d'amour! pas un seul de chevalerie surtout, dans des siècles où toutes les imaginations exaltées par les conquêtes d'Angleterre, de Sicile, de Constantinople, de Jérusalem, etc., par les spectacles guerriers des tournois, par les fêtes des cours plénières, ne respiroient que le fanatisme des grandes actions!

Ce n'est pas au reste que je prétende attacher un grand prix à un genre de composition qu'heureusement pour nous de meilleurs ouvrages ont anéanti. Je sais d'autant mieux l'apprécier, que j'ai lu un grand nombre de ces écrits; mais enfin c'étoit une

---

trois mille ; et Jésus-Christ, pour honorer sa mère à laquelle on avoit consacré cette église , y descend avec une foule d'anges et d'archanges qui par leurs chants célèbrent cette fête. Catel se met beaucoup en frais pour prouver que ce roman est fabuleux , et il le fait remonter à l'an 1160. Les auteurs de l'Histoire littéraire de la France citent, sur son antiquité, l'autorité de Catel , tome VII , page 4. Le comte de Caylus ne le croit pas plus ancien que le règne de saint Louis; et quelque certaine que me paroisse son opinion , j'ai bien voulu cependant citer plus haut (page 20) *Philumena* comme un des trois premiers ouvrages romanesques faits en France, de peur qu'on ne me soupçonne de vouloir diminuer en quelque chose la gloire des Provençaux.

production de longue haleine; c'étoit l'épopée du temps; encore une fois on ne connoissoit rien de mieux : et si l'on se rappelle ce qui a été dit plus haut, que non-seulement en France, mais dans les royaumes voisins, l'engouement sur ce point étoit général, on sera tenté de demander si c'est que les Provençaux n'avoient pas la tête épique.

Il est un genre plus agréable encore ainsi que plus varié, dans lequel les rimeurs de nos provinces l'emportent sur ceux des leurs : c'est le genre des contes. On nommoit ces contes *Fables*, *Flabels* ou *Fabliaux*, parce que la plupart ne sont que des fictions fabuleuses. Leurs auteurs s'appeloient *Fableors* ou *Fabliers*.

A Rome, dans la Perse, dans la Grèce et l'Ionie, les contes furent le fruit de la politesse, du luxe et des arts; ce qui pourroit induire à croire qu'ils accompagnent ou précèdent toujours la corruption des mœurs. S'il est vrai cependant que l'homme, pour être heureux, ait besoin de sensations, et qu'il aime à être ému, le goût des fables doit être commun à toutes les nations ou policées ou barbares. Avec quelle avidité en effet le peuple dans tous les pays ne recherche-t-il pas les histoires insensées de revenants et de sorciers ? On prétend que chez les Hurons et les Iroquois on fait, en certains jours de réjouissance, succéder les contes aux festins. Le plus ancien ou le plus bel esprit de la troupe se charge de

l'amuser; et l'on passe ainsi des nuits entières, qui
ne sont interrompues que par des applaudissements
et des ris. En Afrique, chez les Jalchlévéens*, quand
un père vouloit marier sa fille, il donnoit, dit Stobée, un grand repas auquel venoient assister tous les
prétendants. Chacun d'eux, pendant le festin,
égayoit tour-à-tour la table par des contes plaisants;
et celui qui le premier pouvoit arracher un sourire
à la belle devenoit de plein droit son époux. En
France, où les villes n'avoient point, comme aujour-
d'hui, des spectacles réglés, où la noblesse vivoit
retirée dans ses terres, et ne se voyoit qu'en certaines occasions et pour certaines fêtes, il entroit
dans ses plaisirs, les jours qu'elle se réunissoit,
d'entendre réciter des romans. Mais ces longs poèmes étant beaucoup trop considérables pour pouvoir être écoutés en entier, il fallut en imaginer
d'autres plus courts, ainsi que plus gais; et telle fut
probablement l'origine des fabliaux, à moins qu'on
n'aime mieux dire que nous les devons à l'Asie, et
que ce fut un fruit des croisades. Il est vrai que
plusieurs sont tirés de l'arabe, comme j'aurai occasion de le faire remarquer; et l'on sait que ce genre
d'ouvrage est dans l'Orient de la plus haute antiquité; qu'il y a toujours été en grande estime, et

---

* Il y a sans doute ici une erreur, car ni ce nom de peuple ni aucun
autre à-peu-près semblable ne se trouvent dans Stobée, ni dans Strabon,
Hérodote, Photius, Pomponius Mela, etc.　　　*R.*

que quelquefois même il a fixé l'attention du gouvernement. *

Au charme que ce petit poème doit à la nature
de ses sujets, nos auteurs joignirent encore celui de
la déclamation ou de la musique. Le renouvellement
de la poésie, et la faveur que tout-à-coup elle avoit
acquise auprès des grands, avoient fait éclore en
France une foule d'histrions, dont l'unique métier
étoit d'aller de province en province débiter les diverses productions des poètes : seule manière usitée alors de les faire connoître. Musiciens par état,
ils mettoient en musique ce qui étoit fait pour être
chanté, et le chantoient eux-mêmes en s'accompagnant de différents instruments. Avec eux s'asso-
cioient ordinairement des poètes, et presque toujours
des jongleurs habiles dans l'escamotage, ou qui
conduisoient des animaux dressés ; et ces bandes
joyeuses alloient ainsi de ville en ville, de châteaux
en châteaux, amuser le peuple et la noblesse.

Dès les premiers temps, la vie vagabonde de
cette profession la fit mépriser. La crapule de ceux
qui l'embrassoient, leur basse avidité, la corruption

---

* L'abbé Le Mascrier (*Description de l'Egypte*, t. 1er, p. 256) parle d'un
hôpital établi par les califes avec une magnificence et des soins incroyables, dans lequel, entre autres choses imaginées pour le soulagement des
malades, étoient plusieurs salles particulières où ceux qui ne dor-
moient pas pouvoient se rendre. Ils y trouvoient des musiciens qui
les récréoient par le son des instruments, et des hommes gagés pour
les égayer par des contes.

de leurs mœurs, finirent par la couvrir d'opprobre : mais ils amusoient ; et en méprisant leur personne on accueilloit leurs talents. Les états voisins en firent le même cas que nous. Richard I, roi d'Angleterre, les attiroit à sa cour par de grosses récompenses ; et l'on voit par un réglement des officiers municipaux de Bologne, fait en 1288 pour défendre aux chanteurs françois de s'arrêter dans les places publiques *, que dès-lors ils se répandoient jusqu'en Italie.

Les François qui disputent aujourd'hui si vivement sur le mérite de la musique italienne, introduite chez eux depuis quelques années ; les François qui se glorifient quelquefois de voir leur langue, leur théâtre, et jusqu'à leurs modes en honneur par toute l'Europe, sont loin de se douter assurément que leur patrie, il y a quelques siècles, a joui d'une gloire bien plus étendue encore ; que c'est à elle qu'on doit les premiers poètes et le renouvellement de la poésie ; que sa musique fut recherchée ; ses contes, ses romans admirés, imités ou traduits chez presque toutes les nations de l'Europe ; sa chevalerie enfin, et ses tournois adoptés depuis la Baltique jusqu'à la Méditerranée. Il n'y eut pas jusqu'à sa langue, toute barbare qu'elle paroît à nos yeux, qui eut une fortune prodigieuse. Transportée à Naples

---

* *Murat. Antich. Ital.* tome II, page 16.

et en Sicile par les Normands *; en Angleterre, par
Guillaume-le-Conquérant; en Syrie, en Palestine,
dans la Morée, dans l'île de Chypre, à Constantinople, par les croisades et les conquêtes qui en
furent les suites; elle domina encore sur la plupart
des langues vivantes de l'Europe par un mérite tellement avoué, que les Anglois envoyoient en France
leurs enfants pour l'apprendre; et que Brunetto
Latini ayant composé, pendant le temps qu'il passa
chez nous **, un cours d'étude, il préféra l'écrire dans
notre idiome, *parce que la parlure*, dit-il, *en est
plus délitable*, *et* COMMUNE A TOUS LANGAIGES.

Ce triomphe de la langue, quel qu'il soit, n'est
encore que le triomphe de la romane françoise. Dans
tout ce qu'on vient de lire, il ne s'agit aucunement
de la provençale. Ce que j'ai dit des fabliaux ne la
regarde pas davantage. L'histoire des troubadours,
publiée il y a quelque temps, n'offre d'eux que deux
contes : l'un d'Arnaud de Carcassès, l'autre de
Raimond Vidal ***, tous deux faits dans un temps

---

* Ce sont eux probablement qui portèrent dans ce royaume l'usage
de la rime : car Pétrarque dit au commencement de ses épîtres que
c'est de la Sicile que l'Italie l'a tirée. Si ce fait étoit prouvé, il dimi-
nueroit beaucoup la gloire des Provençaux, qu'on regarde comme les
premiers maîtres des Italiens.

** Il se réfugia en France l'an 1260, pour se dérober aux dissensions
civiles qui déchiroient Florence, sa patrie.

*** L'historien en compte quatre autres : savoir, un second du même
Raimond; deux d'un autre Vidal, nommé Pierre; enfin un quatrième

où la plupart de ceux des fabliers existoient déjà.
Pour pouvoir les comparer aux productions de nos
poètes, il est bon d'en donner l'extrait.

Un chevalier amoureux d'une dame envoie vers
elle son perroquet pour lui présenter une requête
d'amour. La dame accepte l'offre de son cœur; mais
il s'agit de pouvoir s'introduire auprès d'elle, et
l'amant embarrassé n'en imagine aucun moyen.
L'oiseau propose un expédient; c'est de mettre le
feu au château, dans l'espérance que le trouble d'un
pareil évènement permettra peut-être à la belle de
s'échapper. Il exécute son projet avec du feu gré-

par Cigala. Les deux de Pierre Vidal contiennent, l'un des instructions sur l'amour, l'autre des avis sur le métier de jongleur. Le troisième par Raimond Vidal a pour sujet un chevalier qui, rebuté des
rigueurs de sa maîtresse, porte son cœur ailleurs. Celle-ci alors réclame
ses droits sur lui. La nouvelle amie refuse de renoncer à sa conquête.
L'affaire est portée devant un juge, et celui-ci ordonne au chevalier de
reprendre son premier engagement, puisque la dame reconnoît ses
torts. Dans la quatrième aventure, par Cigala, deux frères chevaliers
partent ensemble, la nuit, pour un rendez-vous donné par leur maîtresse. En chemin ils entendent des voyageurs les nommer et annoncer
qu'ils vont leur demander un logement. L'un des amants aussitôt,
sacrifiant par courtoisie, en l'honneur de sa mie, les plaisirs qu'il
attend d'elle, retourne sur ses pas; et le poète fait examiner par deux
interlocuteurs lequel des frères a mieux prouvé son amour.

On sent qu'aucune de ces fictions ne doit être regardée comme un
conte. Les deux de Pierre Vidal ne sont que des cadres adroits pour
amener quelque instruction; celle de Raimond, un jugement dans le
goût des sentences des cours d'amour; et celle de Cigala, un tenson
ou jeu-parti.

geois qu'il porte sur la charpente dans sa patte. La
dame s'échappe en effet; elle vient au rendez-vous, et
trouve que ce tour *est le plus joli qui ait jamais été
joué.*

Dans le conte de Raimond Vidal, le chevalier Bascol aime la femme d'Alphonse de Balbâtre, son
voisin, sans avoir pu encore parvenir à lui plaire.
Le mari, instruit de cet amour, devient jaloux.
Afin d'éprouver sa femme, il feint de partir pour
un voyage, et revient le soir se présenter chez elle,
comme si c'étoit Bascol. Elle le reconnoît, le mal-
traite, l'enferme, et va trouver l'amant, auquel,
dans l'indignation que lui inspire cette épreuve in-
jurieuse, elle accorde ce que jusque-là elle avoit
constamment refusé. Le lendemain matin elle assemble ses vassaux pour leur demander vengeance
d'un séducteur qui est venu, dit-elle, tenter sa vertu.
On entre avec des armes et des bâtons. Alphonse se
fait reconnoître; il demande grâce, en jurant pour
l'avenir une confiance sans bornes : mais l'épouse
ne lui pardonne qu'à condition qu'il ira faire à
Bascol une réparation et des excuses convenables.

Résumons maintenant et voyons sur quels titres
est fondée la grande renommée des troubadours; ou
plutôt, que le lecteur prononce lui-même sur leurs
talents; car je ne plaide point ici une cause dont les
pièces soient inconnues. Leur histoire existe : ou-
vrez-la, qu'y trouverez-vous? Des sirventes, des ten-

sons, d'éternelles et ennuyeuses chansons d'amour, sans couleur, sans images, sans aucun intérêt; en un mot une assoupissante monotonie, à laquelle tout l'art de l'éditeur et l'élégance de son style n'ont pu remédier. Un de ces rimeurs, vantant la supériorité qu'avoient en poésie ses compatriotes, ne leur accorde lui-même que ce mérite. *Ils ont*, dit-il, *d'excellents troubadours pour faire vers, chansons, tensons, sirventes et descors* *! Voilà ce qu'ils appeloient alors par excellence *la science gaie* (gai saber); et voilà très exactement tout ce qu'a produit chez eux cette gaîté savante.

Cependant, encore une fois, quelques-unes de leurs provinces nous parlent sans cesse de leur ciel pur et de leur terre toujours fleurie. On croiroit, à les entendre, que, chez elles, se trouvent réalisées ces fables charmantes de l'Elysée ancien, et que les enfants n'y naissent presque qu'au son du tambourin et du galoubet. Mais, avec ce beau ciel, avec cet air voluptueux qui porte invinciblement dans les cœurs le goût du plaisir et l'amour, avec l'avantage que la provençale, harmonieuse et sonore, avoit sur notre romane, remplie de nasales et de syllabes muettes, pourquoi donc, je le répète, les troubadours de ces cantons n'ont-ils fait, comme les autres Provençaux, que de tristes chansons? Pourquoi tous également ont-

---

* *Histoire littéraire des troubadours*, tome II, page 416.

ils négligé les contes, celui des ouvrages de poésie qui
annonce le plus de gaîté, et celui qu'on employoit
particulièrement aux fêtes solennelles pour amuser
les souverains et les grands? N'est-il pas bien étonnant que leur plaisanterie se soit exercée uniquement, je ne dis pas à composer des satires, ils auroient ce tort de commun avec quelques-uns des
poètes en romane françoise et avec ceux de tous
les temps, mais à faire de ce genre odieux un genre
qui leur fut propre, et qui, sous le nom de sir-
vente, devint chez eux tellement en honneur, qu'il
forme une grande partie de leurs ouvrages? Quelles
réflexions douloureuses présenteroit ce fait, si on
osoit l'approfondir?

Enfin, pour abréger ces discussions dont les détails sortiroient de mon sujet, nos rimeurs françois
du treizième siècle ont ouvert en France la carrière
dramatique; je le prouverai plus bas par des pièces
originales que mon travail m'a mis à portée de découvrir. L'histoire qu'on nous a donnée de notre
théâtre offre dans les trois siècles suivants une
quantité innombrable de *moralités*, de *mystères*,
farces et *sotties;* ouvrages absurdes, j'en conviens,
sans plan, sans principes et sans goût, mais qui
pourtant ont préparé les jours brillants de notre
scène. Or maintenant, je demande quelles sont
parmi ces pièces celles qu'on doit aux troubadours?
Qu'ont fait pour les progrès de l'art ces possesseurs

exclusifs de la *science gaie?* Quelles obligations enfin leur a la scène françoise?

Il ne faut rien dissimuler et avoir le courage de publier une remarque intéressante et bien extraordinaire assurément, qui se présente ici, et que personne, je crois, n'a été jusqu'à présent dans le cas de faire: c'est que les provinces qui, aux douzième et treizième siècles produisirent les romanciers et fabliers françois, sont celles-là mêmes qui, au dix-septième et au dix-huitième, ont produit aussi Molière, Boileau, Racine, Rameau, Crébillon, La Fontaine, Bossuet, Voltaire, Rousseau, Corneille, Buffon, Condé, Turenne, Le Brun, N. Poussin, Descartes, Vauban, etc., etc., etc., c'est-à-dire le génie, l'éloquence, les belles imaginations, les talents sublimes, les poètes fameux, et les grands hommes enfin qui ont illustré la France, ou qui, dans leur genre, ont reculé les bornes de leur art. La nature, en mettant dans le partage de ses faveurs tant d'inégalité entre les différents cantons du royaume, se seroit-elle donc plu à départir spécialement au nord de la Loire les dons éminents de l'esprit? *

---

* Cette expression *au nord*, *au midi de la Loire*, dont je me suis servi jusqu'à présent pour désigner les limites des deux langues, ne doit pas être prise à la rigueur. Le domaine de la romane françoise ne se terminoit pas exactement à la rive de ce fleuve. A plus forte raison, les provinces dont une partie est située au-delà, comme la Touraine, l'Orléanois, doivent-elles être censées lui appartenir tout entières. J'ai

J'ignore les causes de ce phénomène, et je laisse à
d'autres l'honneur de les découvrir. Mais je ne puis
m'empêcher de faire remarquer que déjà elle commençoit à douer nos provinces septentrionales de
cette vertu créatrice, de cette vigueur et fécondité de
production, qui, depuis, pour la seconde fois, mais
à plus juste titre, a rendu nos bons écrivains le
modèle et l'admiration de l'Europe.

Par un effet de cette vanité si ordinaire aux versificateurs, les rimeurs provençaux se qualifièrent
du nom de *troubadours ;* et les rimeurs françois,
de celui de *trouveurs* ou *trouverres*, épithète fas-
tueuse qui, dans les deux idiomes, dérivée du mot
trouver, annonçoit le don de l'invention et du génie,
et répondoit à celle de *poètes* que s'étoient donnée
les versificateurs grecs. Mais le mot troubadour
changea bientôt d'acception. Comme on n'avoit,
pour désigner les poètes de la France méridionale,
que le terme de *provençaux*, et que ce terme, dé-
signant également les habitants de la Provence, étoit
en quelque sorte amphibologique, on s'accorda
généralement à user de l'autre, quand on parloit de
ces poètes, et à les appeler troubadours. On ne les
connoît plus aujourd'hui que sous ce nom flatteur,
qui, d'après l'opinion qu'on nous a donnée d'eux,

omis de même jusqu'ici d'excepter de ce partage la Basse-Bretagne,
qui avoit son langage particulier ; parce que dans la masse des provinces
françoises une si petite portion doit être comptée pour rien.

se présente toujours à notre imagination avec l'idée du talent!

Il n'en fut pas ainsi de l'acception honorable de *trouveurs*. Après avoir été quelque temps en usage dans la bouche des ménétriers, des poètes et des auteurs leurs contemporains, elle s'anéantit, parce que, n'étant pas nécessaire, elle n'avoit point passé dans la langue. Ces poètes eux-mêmes furent bientôt oubliés. L'Italie, d'un autre côté, ayant procuré aux troubadours une réputation, on ne parla plus que de ces derniers dans notre littérature moderne; et de là il est résulté une erreur : c'est qu'on leur appliqua indistinctement les passages concernant les *trouveurs* ; qu'on leur fit honneur de la plupart des faits qui regardent ceux-ci *, et qu'insensiblement

---

* On a même été jusqu'à compter parmi les Provençaux des auteurs qui ont versifié en romane françoise. Tel est, par exemple, Richard Cœur-de-Lion, roi d'Angleterre. Il existe de ce prince deux pièces ; l'une composée dans sa prison, lorsqu'en traversant l'Allemagne il fut arrêté par Léopold, duc d'Autriche ; l'autre adressée au dauphin d'Auvergne, et au comte Gui, parent du dauphin, pour les exciter à la guerre contre Philippe-Auguste. L'historien des troubadours nous apprend qu'elles sont en françois et en provençal, et il ajoute que le *françois probablement est une simple traduction.* S'il en étoit ainsi, ce seroit le seul exemple de chansons traduites que je connusse chez nos poètes ; mais n'est-il pas probable au contraire que la version françoise est l'originale ; et que, comme l'une des deux pièces étoit envoyée à deux Provençaux, et que l'autre devoit circuler parmi les Poitevins et les Gascons, vassaux de Richard, il les fit traduire en provençal ou plutôt en patois? J'ai trouvé cette dernière en françois dans plusieurs manuscrits

ils finirent ainsi par être regardés comme les seuls
pères des lettres françoises. Il n'est pas jusqu'à leurs
ménétriers sur lesquels n'ait rejailli une partie de
cette gloire exclusive. Voit-on un chanteur paroître
à la cour de quelque prince, on conclut aussitôt
qu'il chantoit des poésies provençales, et l'on ne
songe point que ces poésies, étant dans une langue
propre à certaines provinces, elles ne pouvoient pas
être entendues dans les autres *, à plus forte raison

composés d'anciennes chansons françoises, dans celui de M. le marquis
de Paulmy, dans la collection qu'a faite M. de Sainte-Palaye des chansonniers antérieurs au quatorzième siècle. Il est certain d'ailleurs que le
monarque anglois parloit notre langue, puisque c'étoit celle de ses
ancêtres, celle qui étoit établie en Angleterre par la conquête. Enfin,
une preuve sans réplique qu'il composoit en romane françoise, c'est
l'histoire de ce Blondel, dont l'adresse, dit-on, découvrit la prison du
prince, en chantant une chanson à laquelle celui-ci répondit de la tour
où il étoit détenu. Or Blondel étoit poète et ménétrier françois, et sa
chanson, de l'aveu même de l'historien des troubadours, étoit *une
chanson françoise qu'il avoit composée autrefois avec Richard.*

* Il est temps de mettre les lecteurs à portée de juger de la différence
des deux langues. Voici un couplet en romane provençale; il faut se
rappeler que la prononciation ajoutoit encore à la difficulté de
l'entendre.

> Al chans d'ausels commenza ma chanso,
> Cant aug chantar l'Agluenta et Aiglos,
> E p'els cortils vey verdeyar lo luis,
> La blava flors qe par entr'els boissos,
> E'l riu clar corren sobr'els sablos,
> La à s'espand la blanca flor del lis. . . . .

TRADUCTION.

« Aux chants des oiseaux je commence ma chanson, quand j'entends

dans les royaumes étrangers. Si un musicien des bords de la Garonne venoit aujourd'hui dans les villes et châteaux de Normandie ou de l'Ile-de-France, nous chanter du goudoulin, je le demande, quelle fortune feroit-il? Ce raisonnement peut s'ap-

« l'alouette et la fauvette chanter; que dans les vergers je vois reverdir
« la terre; que la fleur bleue paroît entre les buissons, et que les ruis-
« seaux clairs coulent sur le sable, là où s'épanouit la fleur blanche
« du lis. »

Voici maintenant de la romane françoise.

Quant florist la violette
La rose et la flor de glai,   (*glayeul, iris*)
Que chante li papegai,   (*sorte d'oiseau*)
  me   *amourettes*
Lors mi poignent amoretes
Qui me tiennent gai.
Jamais jusqu'ici
  Mès piéça ne chantai;
  Or chanterai,
   Et ferai
  Chanson joliette
    ma mie
Pour l'amour de m'amiette
(*A laquelle depuis long-temps je me suis donné.*)
Où grand piéça me donnai.

Autre couplet en romane françoise.

Prenés-i garde;
Si l'on
S'ou me regarde,
Dites-le-moi.
Trop sui gaillarde,
  l'aperçois
Bien l'aperchoi:

pliquer aux Provençaux, et quelques faits particuliers en leur faveur ne le détruiroient pas. Ne voyons-
nous pas de temps en temps des chanteurs italiens
ou allemands se hasarder à parcourir nos provinces? Et certainement un Allemand ou un Italien
auroit mauvaise grâce, si, dans deux ou trois siècles,
il venoit alléguer ce fait à nos neveux, comme
preuve du succès qu'auroit eu jadis en France la
musique de sa patrie.

En voilà suffisamment sur cette matière. Elle m'a
paru offrir une question littéraire assez neuve et
assez piquante pour croire qu'on me sauroit gré de
l'avoir discutée. C'est au lecteur maintenant à prononcer. On ne peut, je le répète, l'abuser sur les
preuves : il a pour juger les troubadours leur histoire même. Au reste, si le jugement alloit être
défavorable aux poètes méridionaux, si les belles
provinces qui leur donnèrent naissance étoient

(*Je ne puis m'empêcher de promener mes yeux à droite et à gauche.*)
   Ne puis laissier que mon regard s'esparde ;

          tel me lorgne
       Car tes m'esgarde,

          beaucoup
       Dont moult me tarde)
                avec lui } *Qui me donneroit grande envie*
       Qu'il m'ait o soi.) *d'être avec lui.*

Cette langue fut *absolument étrangère* dans les provinces méridionales
jusqu'au quinzième siècle, *et elle y étoit entendue de très peu de personnes, même parmi celles du premier rang.* *

____

* *Histoire du langage*, par D. Vaissette, tome IV, page 502.

condamnées à perdre la prééminence glorieuse dont
jusqu'ici elles se sont honorées sans titres, j'aime
à croire qu'il leur en coûteroit peu d'y renoncer. La
nature leur a prodigué tant d'autres avantages,
qu'elles doivent sans peine lui pardonner de leur
avoir refusé celui-ci. Il leur restera au moins d'avoir
inspiré à l'Italie le goût de la poésie, d'avoir formé
et pour ainsi dire nourri de leur lait Pétrarque,
Dante, etc. ; et une pareille gloire a de quoi flatter
encore.

En pesant dans la balance le talent réel des troubadours, je n'ai point, on a pu s'en convaincre,
voué à leurs rivaux une admiration aveugle. Eh!
après tout, que m'importe à moi quel canton du
royaume a produit, il y a six siècles, les meilleurs
poètes ? J'ai les mêmes raisons d'impartialité pour
les fabliers, ceux de tous dans lesquels on trouve
le plus de fécondité et de talent. Ce ne sont pour
moi que des enfants adoptifs qui intéressent foible-
ment mes entrailles paternelles, et je sens que je
pourrois les condamner sans devenir un Brutus.

Mais, en convenant de leurs défauts, défauts,
après tout, plutôt ceux de leur siècle que les leurs,
n'est-il pas de l'équité aussi de rendre justice à leur
mérite ? Si j'allois, par exemple, annoncer que de
simples bourgeois, sans lettres, sans culture, sans
modèles, enfin sans aucun de ces secours que nous
procurent les bons livres multipliés et les lumières

généralement répandues, ont imaginé des contes qui ont amusé leur siècle et alimenté long-temps la gaîté françoise, assurément ce fait littéraire, en même temps qu'il solliciteroit l'indulgence, exciteroit la curiosité. On voudroit voir de quoi est capable l'esprit humain réduit à ses propres forces. Mais, si j'ajoutois que ces mêmes hommes sont les premiers qui , depuis l'invasion des barbares , aient fait paroître des contes en Europe; que les autres nations n'ont fait que les copier ou les imiter; que l'Italie leur doit ce Boccace dont elle est si fière, et auquel elle attribue à tort l'invention d'un genre charmant; alors on commenceroit, je crois, à s'intéresser pour eux. Que seroit-ce donc si j'avançois que plusieurs de ces contes sont tels que j'ose les donner après Boccace et La Fontaine, et que, malgré la perfection qu'a dû nécessairement amener un intervalle de cinq siècles, tous les conteurs qui les ont suivis n'ont peut-être encore, avec beaucoup plus d'art, plus de poésie , plus de grâces dans le style, ni autant de vérité dans la narration , ni autant d'intérêt et de variété dans les sujets?

Les romanciers se ressemblent presque tous, parce que, prenant presque tous pour leur sujet principal, un chevalier auquel, selon l'esprit du siècle, il falloit faire exécuter diverses prouesses, ce cercle étroit n'admettoit qu'un certain genre de faits. Les fabliers, au contraire, dont le poème, fort borné pour l'étendue, consistoit dans une seule historiette, ne pouvoit s'astreindre à aucun cadre ; et de là vient que les physionomies chez eux sont très peu ressemblantes. Mais un avantage que ceux-ci ont spécialement sur les premiers, c'est que leurs contes étant faits ordinairement pour être débités dans les places publiques, ou dans les cercles de la noblesse, on y adressoit la parole aux auditeurs, non-seulement dans le début, comme chez les romanciers, mais très souvent encore dans le cours de la narration ; ce qui aujourd'hui les rapproche du dialogue beaucoup plus que nos contes modernes, et leur donne un air d'action dramatique. Joignez à cela une manière de narrer simple, claire et naïve ; du sentiment, des peintures du cœur humain vraies jusqu'à étonner ; aucun, il est vrai, de ces détails épisodiques de poésie dans lesquels se déploie de temps en temps l'imagination de l'auteur, et que l'art emploie quelquefois pour délasser le lecteur au milieu d'une narration aride ; mais une foule de ces petits détails accessoires, de ces faits secondaires, qui ajoutent au tableau principal et le font ressortir ; surtout cette sorte de bonhomie d'un narrateur convaincu de ce qu'il vous raconte, et dont l'effet est de séduire, même au milieu des invraisemblances, parce qu'à son ton de franchise il vous paroît incapable de vouloir tromper : du reste, nulle affectation, pas une seule antithèse ; quelquefois un pro-

verbe sensé; jamais de ces maximes tranchantes et
à prétention, si communes dans nos écrits modernes; enfin, souvent du mauvais goût et bien des
défauts, mais au moins aucun des défauts du bel
esprit.

Quiconque a un peu lu et s'est accoutumé à lire
avec attention, sait que non-seulement chaque
peuple a son style propre et sa façon de conter;
mais encore que dans les ouvrages de pure imagination, tels que les romans, et dans ceux même
des romans qui ne sont composés que des fictions
les plus extravagantes, on voit les mœurs, le caractère,
l'esprit d'une nation peints d'une manière aussi
vraie et souvent plus saillante que dans son histoire
même. Cette observation paroîtra fondée en raison,
si l'on réfléchit que l'écrivain, au milieu de toutes
les folies qu'enfante son cerveau, est obligé d'employer des hommes, et que les hommes qu'il emploie
sont ceux qu'il voit autour de lui. Il ne sera pas
même fort difficile à des yeux exercés d'y démêler
bientôt jusqu'à l'esprit du gouvernement. Ouvrez,
par exemple, les contes orientaux. Certainement
quand vous verrez les sultans, exaltés pour quelques exemples d'une justice atroce et inexorable,
pour une libéralité sans bornes, pour avoir contenu
leur colère ou écouté une vérité courageuse sans
la punir de mort à l'instant, vous vous direz à vous-
même : voilà le sceau de l'avilissement et du despo-

tisme. Parcourez ensuite nos romans de chevalerie;
et voyez d'un côté un héros qui se dévoue à courir de province en province pour exterminer les
tyrans et protéger les opprimés et les belles ; de
l'autre des vassaux toujours en guerre avec leurs
souverains, des chevaliers ne sachant que se battre,
des dames n'aimant que ceux qui se battent bien,
des défis continuels, la rage de ferrailler et d'attaquer
tout le monde : je demande maintenant si vous ne
reconnoîtrez point là l'oppression, l'anarchie, et
une inquiétude de courage, qui quelquefois heureusement enfantoit l'enthousiasme de la vertu.

C'est surtout par ce tableau si intéressant des
mœurs et du costume de leur temps, plus encore
que par quelques beautés particulières, que pourront plaire les fabliaux. Et ce ne sont point seulement des mœurs générales, ou celles des conditions les plus élevées, qu'ils nous représentent. Faits
par leur nature, comme la comédie, pour peindre
les actions ordinaires de la vie privée, ils montrent
la nation en déshabillé, s'il est permis de parler ainsi.
Opinions, préjugés, superstitions, coutumes, ton
des conversations, manière de faire l'amour, tout
se trouve là ; et beaucoup de choses ne se trouvent
que là. J'ose même croire que quand on les aura
lus, on connoîtra mieux les François du treizième
siècle, que si on lisoit toutes nos histoires modernes.
Au reste, je ne ferai point à mes lecteurs l'injure

de les rassurer sur la foi due à de pareils monuments. Ce sont des contes, il est vrai ; mais il en est
de ces contes comme de certains tableaux, dont le
sujet et les personnages sont imaginés par le peintre,
et dans lesquels tout est vrai excepté les personnages
et leurs aventures.

Les mœurs que présenteront les fabliaux ne sont
pas toujours honnêtes, il faut l'avouer ; et plus d'une
fois dans le cours de mon travail j'ai eu le chagrin
de faire cette triste réflexion. Les expressions, pires
encore, y sont ordinairement d'une grossièreté qui
révolte. Soit simplicité du temps, soit qu'on crût
qu'il n'y avoit point de mal, comme le dit le *Roman de la Rose*, à nommer ce que Dieu a fait,
soit plutôt que la langue n'étant point formée, le
libertinage n'eût pas encore inventé ces tours ingénieux, ces circonlocutions adroites qui parent la
débauche en la voilant à demi ; un chat chez les
fabliers est appelé un chat, et rien n'y est nommé
que par son nom. Et ce n'est pas seulement dans la
narration de l'auteur que se trouvent ces expressions dégoûtantes dont l'oreille est choquée ; on les
voit avec surprise dans la bouche de filles honnêtes, de femmes vertueuses, de pères instruisant
leurs enfants.

Après tout, si l'on n'avoit que des mots à reprocher
aux poètes de ce temps, peut-être pourroit-on entreprendre de les excuser, parce que ces mots étant,

comme tous les autres, de pure convention, ils ont
pu être bannis de la bonne société après y avoir
été admis. Mais c'est par le fond des choses que
certains contes sont répréhensibles; et jamais la
saine morale n'approuvera ni la débauche ni l'adultère.

Cependant, parmi ces contes malhonnêtes, j'en
vois plusieurs qu'un père (dans le *Castoiement*,
ouvrage dont j'aurai occasion de parler) récite à
son fils en l'instruisant; j'en trouve d'autres qu'au
siècle suivant le chevalier de la Tour a insérés dans
son *Instruction à ses filles*. Les idées de pudeur sur
ces nudités morales n'étoient-elles donc pas alors
les mêmes qu'aujourd'hui? Je suis tout-à-fait porté
à le croire, surtout lorsque je considère qu'en certains points elles différoient des nôtres sur la dé-
cence physique; que dans presque toutes nos villes
méridionales, par exemple, les adultères étoient
promenés publiquement par les rues, l'homme coupable en pur caleçon, la femme toute nue, ou dé-
pouillée jusqu'à la ceinture; que quelquefois on
obligeoit celle-ci de conduire elle-même son complice
d'une manière plus indécente encore; que ce châti-
ment d'être promenées dans la ville à moitié nues,
étoit la peine ordinaire des prostituées; que pendant
long-temps il y a eu à Beaucaire, pendant la foire,
une course publique, dont le prix étoit un paquet
d'aiguillettes, et où couroient seules ces malheu-

4.

reuses en chemise, ou même entièrement nues; qu'à l'entrée de Louis XI dans Paris, en 1461, il y eut à la fontaine du Ponceau dans la rue Saint-Denis, de jeunes filles exposées toutes nues, pour représenter des sirènes; qu'il a été un temps en France où les femmes, pour ornements, portoient des pr... dans leurs coiffures, etc.

Quelque étranges que soient les mœurs des fabliaux, il est de mon devoir de les représenter telles qu'elles sont, puisqu'elles peignent leur siècle. L'on auroit même, je pense, autant de droit de me blâmer, comme traducteur, si je les altérois, que comme auteur, si j'osois les imaginer. Eh! pourquoi ne les regarderoit-on pas avec le même œil dont on voit ces statues antiques qui dans tous les pays sont exposées sans voile aux regards du public, et de la nudité desquelles personne ne s'aperçoit parce qu'elles ne sont plus pour nous qu'un monument de l'art? Néanmoins, je n'ai garde d'oublier ce que je dois de respect à mes lecteurs. Il est des contes licencieux que je supprimerai en entier; il en est que je ne présenterai qu'en extraits, ou dont je retrancherai les détails trop libres. Ce n'est point là dépouiller un auteur; c'est le mettre en état d'entrer chez les honnêtes gens.

Il ne m'étoit que trop aisé pourtant de me laisser induire à la licence, si j'eusse pu céder aux exemples. Depuis assez long-temps les conteurs, par une

corruption étrange , semblent s'être accordés à con-
spirer contre les mœurs ; et qui dit conte aujourd'hui,
dit ouvrage licencieux, ou au moins libre. Ce genre
néanmoins, le plus agréable de la littérature, comme
il pourroit en être le plus utile, est en même temps
le plus étendu, puisqu'il n'exclut réellement aucun
sujet. Ainsi pensèrent les fabliers qui l'introduisirent
en France. Ils pouvoient dire avec Juvénal, *quid-
quid agunt homines... nostri est farrago libelli.*
En effet, s'ils ont des contes libres, ils en ont aussi
de nobles, d'intéressants , de gais, d'héroïques :
quelques-unes de leurs pièces même, telles que les
Deux amis, *Griselidis*, etc. joignent aux situations
les plus touchantes une morale sublime. Boccace,
qui a travaillé d'après nos poëtes, les a imités dans
leur variété. Comment se fait-il que La Fontaine,
qui a travaillé principalement d'après Boccace, que
La Fontaine qui a mis tant de sentiment et d'inté·
rêt dans ses fables, semble dans ses contes n'avoir
songé qu'à chatouiller les sens, sans jamais s'occuper du cœur? Pour les conteurs postérieurs à lui,
Piron, Vergier, Grécourt et autres, on sait quel
est le style de ces messieurs. En un mot, pour
permettre la lecture de Boccace, l'église n'a eu besoin que d'employer quelques retranchements très
faciles; et je demande ce qui resteroit à La Fontaine
et aux auteurs dont on vient de lire les noms, si
quelqu'un entreprenoit de les corriger.

Une autre observation encore, dérivée de la première, et que je ne crois pas plus honorable pour notre siècle, c'est que la plupart de ces historiettes licencieuses ont pour objet des religieuses ou des moines, comme si la luxure étoit nécessairement l'apanage d'un habit monastique. Je me vois avec chagrin obligé de citer ici de nouveau le bon La Fontaine; et je ne le cite même que comme le moins coupable. Mais malgré tout l'intérêt tendre qu'inspirent et son caractère connu et ses écrits charmants, n'est-on pas révolté quand on lit *les Cordeliers de Catalogne, Sœur Jeanne, l'Abbesse malade,* etc.? On croiroit presque, à l'entendre, qu'il n'habite dans les couvents que des Satyres et des Messalines. Non, non, ce n'est point ainsi que sont composées les sociétés humaines. Dans toutes peuvent se glisser des désordres sans doute, parce que dans toutes l'homme est le même; mais il n'en est aucune dont tous les membres s'accordent généralement à être corrompus.

Quelque licencieux que soient parfois les fabliers, on ne leur reprochera pas au moins d'avoir calomnié à ce point un état respectable et le sexe dont la pudeur est le principal ornement. Parmi ceux de leurs contes qui contiennent quelque intrigue galante, il en est plusieurs dont les acteurs sont des prêtres; et il faut convenir que les désordres du clergé de ce temps rendoient en quelque sorte la satire excusable; mais il n'en est que deux où il s'agisse de moines, et un seul où il soit question de religieuses : encore ce dernier n'est-il rien moins qu'un conte libre.

Ce n'est pas néanmoins qu'il n'y eût alors, comme aujourd'hui, du libertinage : les fabliaux n'en fourniront que trop de preuves ; et ce libertinage, chez le peuple, étoit d'autant plus grossier que ses mœurs l'étoient beaucoup. Mais parmi les nobles, l'élévation d'âme qu'inspiroit la chevalerie et ses incroyables préjugés, produisoit quelquefois un enthousiasme qui s'étendoit jusque sur l'amour, et qui ressembloit presque au délire. On aimoit une belle, parce que pour être estimable il falloit aimer ; on portoit ses livrées, on obéissoit à ses moindres desirs, on entreprenoit pour elle les prouesses les plus périlleuses : mais c'étoit une divinité qu'on s'engageoit à honorer et à servir toute sa vie. Jamais un mot, jamais une demande capables de faire rougir sa vertu. Pour quiconque connoît un peu les anciennes mœurs de la chevalerie, ce n'est point une fiction absurde et chimérique que la Dulcinée du chevalier de la Manche ; et si l'on peut faire quelque reproche à Cervantes, ce ne sera point celui-ci.

Toutes les têtes néanmoins ne devoient pas, à beaucoup près, être susceptibles de ce purisme fanatique. Mais, enthousiaste ou libertin, écuyer ou chevalier, tout noble enfin, de quelque rang qu'il fût, se piquoit vis-à-vis de la belle dont il éprouvoit les bontés, et même envers tout son sexe, d'un respect et d'un dévoûment semblables ; et c'est en cela particulièrement que consistoit cette galanterie célèbre dont on parle tant.

Quelques écrivains ont prétendu qu'elle nous avoit été apportée par les nations conquérantes, venues du nord. Si ce fait étoit vrai, l'on en trouveroit des preuves sans nombre dans les premiers temps de notre histoire : or, rien de moins galant, l'on en conviendra, que les mœurs de nos deux premières races. D'ailleurs les égards que les Germains avoient pour les femmes tenoient à la vénération et à une sorte de sentiment religieux. Ils les consultoient, suivoient leurs conseils, et croyoient, dit Tacite, qu'en elles étoit quelque chose de divin. Jamais chez nos chevaliers ne se vit préjugé pareil. Ils ne respectoient les dames que parce qu'ils les aimoient : ils étoient courtois, et non superstitieux. Enfin, ce qui prouve que leur galanterie différoit essentiellement de celle des Germains, et même de la nôtre, c'est qu'elle n'exigeoit pas seulement des honneurs et des prévenances, mais encore de la valeur.

De tout temps la nation avoit été brave. Quand les malheurs de l'état et l'anarchie du gouvernement eurent fait imaginer la chevalerie comme un rempart contre la violence, le sexe qui avoit en partage le courage et la force se fit une loi de secourir ou de protéger le sexe foible. On s'y engageoit même

par un serment solennel lorsqu'on recevoit cet honneur. Mais dès l'instant que le courage fut devenu
un acte de bienfaisance et de vertu, la haute opinion qu'on y attachoit déjà depuis long-temps s'ac-
crut à un tel point qu'on le regarda comme la première de toutes les qualités. L'estime de la noblesse
s'étant tournée ainsi du côté des armes, elle imagina
si bien que c'étoit là exclusivement son partage,
qu'elle en vint jusqu'à se faire gloire de son ignorance. Ses jeux alors devinrent des exercices guerriers ; toutes ses fêtes furent accompagnées de tournois et de joûtes ; elle ne crut plus pouvoir plaire
à une maîtresse qu'en rompant des lances en son
honneur, ou en terrassant à ses yeux un adversaire.
De pareilles mœurs, chez des gens qui ne se
voyoient que pour se battre, ne pouvoient manquer
de devenir féroces. Mais de la même cause d'où
procédoit le mal naquit le remède. La galanterie ,
l'envie de plaire aux dames, apprivoisa ces hommes
de sang. Il n'y eut plus bientôt de vraies prouesses
que celles dont elles furent les témoins, de gloire
véritable que la gloire qu'elles dispensèrent. Cette
humeur martiale, qui sans elle eût fait de la France
une arène de bêtes féroces , elles la dirigèrent vers
les tournois ; et, ce qu'on aura peine à croire, l'honneur dont on se couvrit dans les batailles ne fut
rien au prix de celui qu'on acquit dans ces jeux
magnifiques auxquels elles présidèrent.

Ces étranges préjugés du plus bizarre héroïsme dont l'histoire des nations offre l'exemple durèrent sans presque aucune altération jusqu'à l'accident funeste qui fit périr Henri II. Les tournois alors furent abolis; et quoique la cour cherchât à y substituer des carrousels et des courses de bague, la noblesse se trouva tout-à-coup sans exercices. Cette inquiétude belliqueuse, cette ardeur pour les armes et les combats, qui lui étoient naturelles, et qu'avoient échauffées encore les guerres d'Italie et celles de François Ier *, manquant tout-à-fait d'aliment, elles se convertirent en une fureur pour les duels, laquelle, aigrie encore par l'animosité des guerres civiles qui survinrent, a coûté à la France depuis deux siècles plus de sang peut-être que ses batailles les plus sanglantes **. Telle fut la principale et der-

* Il sembloit que la vie tranquille et pacifique fût alors, pour un gentilhomme, une chose honteuse. L'honneur exigeoit qu'il guerroyât. *Mon fils le capitaine,* dit Montluc, *ne pouvant non plus vivre en repos que son père, se voyant inutile en France pour n'estre courtisan, et ne sçachant nulle guerre estrangere où s'employer, desseigna une entreprise sur mer, pour tirer en Affrique et conquérir quelque chose.* *

**Au commencement du siècle suivant, quand les guerres civiles furent à-peu-près éteintes, quand la paix et l'ordre commencèrent à se rétablir dans le royaume, on voulut renouveler à la cour les joûtes anciennes des tournois; et, comme pour tromper l'imagination, que ce nom funeste eût pu alarmer, on les nomma *Combats à la barrière :* mais un nouveau malheur les abolit encore. Le dernier de ces combats fut celui qu'on donna, en 1605, sous les fenêtres de la reine, et dans

* *Mém. de Montluc,* liv. v, page 167.

nière révolution qu'essuya chez nous l'ancien esprit
chevaleresque. Cependant comme des traces aussi
profondes ne peuvent jamais, et subitement surtout,
s'effacer en entier, il s'en conserva parmi nos militaires des débris respectables ; une loyauté franche,
une fidélité inviolable à sa parole, une horreur
pour le mensonge, auprès de laquelle la vie n'est
rien ; enfin une estime exclusive pour la profession
des armes, et une haute idée de la valeur ; préjugés
qui dans certaines têtes malheureusement sont ,
comme autrefois, sujets à dégénérer en disputes et
en querelles.

Avec l'esprit chevaleresque, tomba aussi tout-à-
fait l'estime dont jouissoient les romans. Leur gloire
avoit duré jusqu'à cette époque sans interruption :
elle s'éclipsa sans retour. Quant à la galanterie , il
en subsista tout ce qui pouvoit en subsister, c'est-
à-dire que les dames continuèrent d'éprouver, dans
la société comme en public, tous ces égards, ces
prévenances, ces distinctions et honneurs dont elles
étoient en possession depuis environ cinq siècles ;
mais elles perdirent l'avantage le plus flatteur et le
plus glorieux qu'ait jamais obtenu leur sexe : on ne

---

lequel Bassompierre fut blessé par M. de Guise , d'un tronçon de lance
qui lui entra dans le ventre. « Le roi , dit Bassompierre lui-même dans
« son *Journal*, fit cesser les tournois, et ne permit qu'aucun autre cou-
« rust depuis. Cette course de camp ayant esté la seule qui ait esté faite
« cent ans auparavant en France , et n'a esté recommencée depuis. »

chercha plus à leur plaire par de belles et écla-
tantes actions.

La preuve de cette observation frappante se
trouve surtout dans les romans héroïques que le
dernier siècle fit succéder aux romans de chevalerie.
On y reconnoît encore, il est vrai, un fonds de
physionomie antique; mais, au lieu de ces preux
infatigables, ferraillant tout le jour, et couchant le
soir avec leur mie, ce sont de fades et langoureux
héros, toujours prosternés aux pieds de leurs belles,
et n'employant pour les fléchir que des soupirs, des
pleurs, un respect sans bornes, et d'éternels com-
pliments, remplis de ce jargon précieux qu'avoit mis
à la mode le bel esprit du temps.

Ce genre nouveau dura jusque vers 1660, qu'il
fut remplacé par les *Nouvelles*, auxquelles succédèrent les *Contes de Fées*, puis les romans historiques, puis les petits romans libres, puis les
romans anglois, les romans en lettres, les romans
philosophiques, etc. Il en a été de ces modes littéraires comme des autres modes: elles n'ont régné
qu'un instant. Un fait plus singulier est le long empire des romans de chevalerie. Pendant plus de six
cents ans, on les voit constamment, malgré leur
ennuyeuse uniformité, lus, admirés et traduits, tandis que, plus variés et bien autrement agréables,
les fabliaux tombent tout-à-coup en moins d'un
siècle dans le plus profond oubli. L'étranger imite,

pille, copie impunément ces derniers, et personne
ne réclame pour l'honneur de la France. On ne songe
même, ni à les recueillir, ni à les imprimer, ni à les
traduire en prose, comme les romans. Mais la chevalerie avoit répandu dans la nation l'enthousiasme
des hauts faits; et les romans, par le merveilleux
continuel de leurs aventures, flattoient ce goût d'héroïsme. Les fabliaux, au contraire, n'offroient dans
la trivialité des leurs que des évènements domestiques, peu faits pour intéresser auprès de tous ces
monstres et de ces géants terrassés : ils eurent à-peu-
près le sort qu'éprouva, au milieu des excellents
écrivains du siècle dernier, le burlesque de Scarron.
Une aussi grande différence de fortune dans deux
sortes d'ouvrages, qu'on croiroit destinés à des succès entièrement contraires, est digne de remarque ;
et, si je ne me suis point trompé dans le motif que
je lui prête, c'est peut-être un des traits les plus
honorables à la nation.

Fauchet est le premier, je crois, qui ait renouvelé
la mémoire des fabliaux ; mais, il faut l'avouer, l'idée
qu'en donnent ses notices ou extraits n'étoit pas
faite pour éveiller sur ce point la curiosité. Perdus
en quelque sorte dans des manuscrits qu'on s'accordoit à regarder comme les monuments d'un temps
de barbarie, ils étoient devenus, par la difficulté de
les lire et de les entendre, un objet d'érudition. Le
comte de Caylus en a fait le sujet d'un mémoire

inséré parmi ceux de l'académie des belles-lettres. Je
ne connois que Barbazan qui ait eu l'intrépidité d'en
faire imprimer un certain nombre *. Il est vrai qu'il
y a joint un court glossaire; mais ce glossaire n'explique que des mots, encore ne les explique-t-il pas
tous. De bonne foi, peut-on se flatter qu'il se trouvera des gens assez courageux pour entreprendre
une lecture dans laquelle, dix fois à chaque phrase,
il leur faudra consulter un vocabulaire. Ce n'est pas
connoître les lecteurs françois que de leur présenter
un pareil travail. Aussi l'ouvrage est-il resté inconnu, et il est même ignoré de la plupart des gens
de lettres.

Il n'est pas possible de faire lire les fabliaux au-

---

* De nos jours on a réimprimé ce même recueil de fabliaux, mais
beaucoup plus ample, et très consciencieusement revu sur plusieurs manuscrits. Les glossaires ont été améliorés et beaucoup plus
étendus; et ces six volumes que l'on doit aux soins laborieux de
M. Méon sont un très satisfaisant recueil de nos poésies primitives,
fort utile pour ceux qui s'occupent des origines de notre langue et de
notre littérature; quoiqu'à dire le vrai il soit très probable que, dans
leur texte presque inintelligible, ces vieux contes n'ont pas aujourd'hui
beaucoup plus de lecteurs qu'ils n'en eurent lorsque Barbazan les réunit et les publia en 1756.

A cette occasion je dois dire que le glossaire de Lantin de Damerey
que l'on trouve réimprimé à la fin de la très bonne édition du roman
de *la Rose*, donnée par M. Méon en 1814, 4 volumes in 8., doit ses
nombreuses augmentations à cet estimable éditeur, et que j'avois été
mal informé lorsqu'en 1819, dans le troisième volume de mon Catalogue,
j'avois attribué ce travail à M. Roquefort.

trement que dans une traduction où l'on se permettra certaines libertés. Il faut en réformer le style,
en retrancher beaucoup de longueurs et des choses
de mauvais goût, en resserrer quelquefois la narration ; en un mot, ce sont des métaux tirés de la
mine, qui doivent être purgés de leurs scories, fon-
dus et travaillés, mais qu'il faut bien aussi se garder
de dénaturer. C'est à quoi je me suis spécialement
attaché. J'ai conservé autant que je l'ai pu le caractère original de ces vieux poètes, leur manière naïve
de narrer, leur simplicité touchante. Quoique par
fois leurs sujets soient plaisants, leur expression l'est
peu ; je ne me suis pas permis de l'être davantage.
J'ai poussé le scrupule jusqu'à donner à quelques-
uns de leurs contes un style ou plus rapide ou plus
élégant, quelquefois même plus poétique, selon
que pouvoient l'autoriser les foibles nuances qui
distinguoient les auteurs. Enfin, leur langage étant
devenu inintelligible, je me suis fait leur interprète ;
et, sans jamais dire autrement qu'eux, j'ai cru dans
certains endroits pouvoir dire mieux. Ce n'est donc
point une traduction littérale que je donne, on ne
la supporteroit pas ; ce n'est point une traduction
libre, elles les altéreroit ; c'est une copie réduite,
pour laquelle il a fallu employer des couleurs nouvelles, et qui, sans rendre trait pour trait l'original, est cependant fidèle, parce qu'elle n'y ajoute
rien. Le succès, bon ou mauvais, qu'éprouvera

mon travail, m'apprendra si ma méthode est bonne
ou mauvaise ; et , dans l'un ou l'autre cas, ce
que je pourrois dire d'avance pour la justifier est
inutile.

Je dois à M. de Sainte-Palaye les premiers maté-
tériaux avec lesquels j'ai commencé cet ouvrage, et
qui m'en ont même inspiré le projet. Dans la collection d'anciennes poésies que, pendant soixante ans,
ce savant si estimable avoit pris soin de faire copier
dans toutes les bibliothèques, pour composer son
glossaire , j'ai trouvé sept recueils contenant en
grande partie des fabliaux ; un tiré de l'abbaye
de Saint-Germain-des-Prés , un de la Bibliothèque
de M. de La Clayette , deux de celle de Berne, un
de celle de Turin, un qui appartenoit à l'église cathédrale de Paris, sous le n° 2, et qui aujourd'hui
appartient au roi ; enfin , un , alors à M. Gaignat,
et maintenant à M. de Paulmy.*

Le possesseur généreux de ces richesses littéraires
les a mises à ma disposition avec cette libéralité qu'on
lui connoît, et qu'ont éprouvée avant moi tant de littérateurs et de savants. J'en ai fait mon bien. Il avoit
aussi une copie de trois manuscrits de la Bibliothèque du roi, n°ˢ 7218, 7615, 7989 ½, composés
en grande partie de fabliaux , et ce renseignement
me fit soupçonner que j'en trouverois beaucoup

---

* Dans la Bibliothèque de l'Arsenal.

d'autres dans le trésor précieux d'anciennes poésies
françoises que possède ce dépôt immense. Mais cette
abondance même me devenoit un obstacle. Comment deviner au milieu d'une telle multitude quels
volumes contenoient des fabliaux? Il m'a donc fallu
fouiller en aveugle dans cette mine, de laquelle,
enfin, l'impatience et le dégoût m'ont chassé, malgré la complaisance sans bornes des gens de lettres
attachés à la garde ou au service de la Bibliothèque.
Néanmoins, pendant le temps que j'y ai travaillé,
le hasard, auquel on doit tant de choses, m'a fait
rencontrer un certain nombre de manuscrits, du
genre de ceux que je cherchois ; tels sont les
n°s 7208, 7534, 7595, 7604, 7612, 7985, 86,
87, 96, etc., etc.

Par ces acquisitions nouvelles, je rendois, il est
vrai, mon ouvrage plus complet, mais j'en multi-
pliois aussi les difficultés à un point dont on n'a
pas d'idée. Il n'y a presque pas de fabliaux dont je
n'aie trouvé plusieurs copies, et presque toujours
ces copies différoient entre elles, soit par un certain nombre de vers, soit par des morceaux entiers,
plus ou moins considérables. Quelquefois elles n'a-
voient de commun que le titre, et quelquefois le
fonds du conte étoit entièrement le même sans qu'il
y eût un seul vers de semblable. Tout ceci me feroit croire que les ménétriers, lorsqu'on leur donnoit des fabliaux à mettre en musique, ou les con-

teurs*, lorsqu'ils alloient les réciter dans les provinces, ou peut-être même les copistes, quand ils en ont fait des recueils, se sont donné la liberté de les altérer à leur gré.

J'ai éprouvé le même inconvénient dans les manuscrits contenant des chansons. Souvent ils différoient par des couplets tout entiers, et ceci me rappelle une naïveté plaisante du fameux jésuite Hardouin. Il causoit familièrement avec un jeune homme de ses amis, auquel il étaloit toutes les raisons qu'il prétendoit avoir, pour prouver que les poésies des anciens sont des suppositions récentes, et qu'elles furent composées par des moines au temps de la basse latinité. Mais, mon père, lui dit l'ami en riant, si votre système étoit vrai, songez-vous quel coup terrible vous porteriez aux livres saints, aux canons des conciles, aux écrits des pères? Le jésuite étonné le regarde fixement, et après un moment de silence, lui serrant la main : Mon ami , s'écrie-t-il avec une sorte de transport,

---

* J'appelle *fabliers* les auteurs qui composoient des contes; *conteurs*, ceux qui les débitoient; *ménétriers*, les musiciens, dont le métier étoit de chanter et de jouer des instruments; *ménestrel*, le chef d'une troupe de conteurs et de ménétriers; enfin, je nomme *jongleurs* les farceurs, baladins, et joueurs de gobelets, qui ordinairement se joignoient à la troupe. Fort souvent ces différentes professions se trouvent confondues, même dans les écrivains du temps, comme on le verra. Je les distinguerai toujours, selon l'acception que je viens d'en donner.

il n'y a que Dieu et moi qui connoissions la force de l'objection que vous venez de me faire.

Si la multiplicité des variantes a beaucoup augmenté mon travail, souvent aussi elle m'a procuré un avantage. J'en ai tiré parti en les refondant ensemble, et me suis permis, toutes les fois que je l'ai pu, d'insérer dans la version principale que je suivois les traits les plus agréables qui se rencontroient dans les autres. C'étoit pour moi une nouvelle peine; mais les contes y ont gagné, et ce motif m'a suffi. Je me flatte qu'on ne blâmera point de pareilles restitutions. J'ai cru néanmoins devoir en prévenir, et je répéterai ailleurs cet avertissement plus d'une fois, afin de rassurer sur mon exactitude ceux qui, rencontrant par hasard l'original de quelque fabliau, croiroient voir dans ma traduction l'apparence d'une infidélité.

On trouvera insérées parmi les fabliaux certaines pièces qui ne sont point des contes; mais je regarde le recueil que je donne ici comme des mémoires pour servir à l'histoire de notre ancienne littérature, jusqu'à présent si peu connue. Quelques morceaux curieux, choisis dans différents genres, m'ont paru remplir ce projet ; surtout quand je les ai trouvés instructifs, et qu'ils ne s'éloignoient point trop du sujet principal.

Je ne m'excuserai pas autrement sur la multitude de notes que j'ai employées. Les objets dont elles

traitent sont la plupart d'une érudition si commune ; et dans ceux dont la discussion auroit eu
de quoi piquer l'amour-propre d'un dissertateur, je
suis obligé d'être si superficiel qu'assurément on ne
me soupçonnera pas d'avoir voulu étaler ce qu'on
nomme savantasserie. Au reste, ce sera l'utilité de
ces notes qui fera mon excuse. Si elles apprennent
quelque chose, elles ne sont pas trop nombreuses.
On reproche tant à notre histoire sa sécheresse et
sa monotonie ; on est si las de voir toujours les rois
avec quelques grands sur la scène, et jamais la nation, que peut-être aura-t-on quelque indulgence
pour un auteur dont les recherches n'ont pour objet que la nation seule, et qui la fait connoître jusque
dans les plus petits détails de sa vie domestique.

Les notes néanmoins avoient un grand inconvénient, celui de couper à chaque instant la narration, et par conséquent de détruire l'effet qu'elle
pourroit produire. J'ai pris le parti de les rejeter
toutes à la suite de chaque conte. Cette méthode a
bien quelque désavantage, mais au moins elle ne
nuit pas à l'intérêt ; et pour les lecteurs que touchent peu ces sortes de matières, elle est la plus
commode. Quant à ceux qui chercheront ici de l'instruction autant que de l'amusement, je leur conseille
de ne lire les notes que dans l'ordre où elles sont,
c'est-à-dire après le fabliau. Ils pourroient ensuite,
si le conte en valoit la peine, le lire une seconde

fois : rien ne les arrêteroit plus alors , et l'intelligence du sujet ajouteroit à leur plaisir. Je souhai-
terois que l'ouvrage fût assez bien fait pour mériter
lui-même en entier un pareil honneur ; mais je suis sûr
au moins qu'à commencer par cette préface, il contient une infinité de choses que l'on ne comprendra
bien qu'à une seconde lecture , parce qu'elles tiennent à l'ensemble des mœurs du temps , et que les
traits qui peignent ces mœurs se trouvent , par la
forme indispensable de l'ouvrage , épars et dis-
persés.

Dans ce grand nombre de notes , il y en aura
beaucoup probablement que les gens instruits trouveront superflues , comme expliquant des mots trop
aisés à entendre , ou des usages trop généralement
connus. Mais qu'ils songent quelle est la classe de
lecteurs qui s'occupe de contes, et quelles sont par
conséquent les personnes pour qui j'ai dû travailler.

Les citations seront faites avec la fidélité la plus
scrupuleuse , afin qu'on puisse connoître le langage
du temps. Cependant , pour en faciliter la lecture,
j'ai cru devoir donner aux lettres des cédilles et des
accents, quand ils leur sont nécessaires ; ajouter aux
phrases des points et des virgules ; ponctuer les *i*,
usages que ceux auxquels est familière la lecture des
manuscrits savent n'y être pas à beaucoup près
toujours observés. J'ai séparé les mots qui , dans les

originaux, se trouvoient réunis; j'ai écrit en toutes
lettres les abréviations; enfin, j'emploie le *v* con-
sonne partout où on l'emploieroit aujourd'hui,
quoique ce ne soit que plus tard qu'on en ait introduit l'usage, et que, au moins dans le courant des
mots, les copistes ne connussent alors que l'*u* voyelle.

En remarquant ci-dessus que les François avoient
cultivé les premiers la poésie vulgaire en Europe,
et que long-temps ils avoient servi de modèle, j'ai
ajouté qu'on leur devoit spécialement les contes.
C'est chez eux qu'en ce genre agréable sont venus
puiser leurs voisins, et les Italiens surtout auxquels
il a fait un nom. Les preuves de cette assertion se
trouveront à la suite de chaque fabliau. Je sais que
ces sortes de découvertes ne touchent pas également
tous les lecteurs. Pour certaines personnes, peu
importe quand et par qui un conte aura été copié,
pourvu que ce conte les amuse. Elles ont raison.
Mais j'espère aussi que quiconque s'intéresse à l'honneur des lettres françoises ne verra pas ces recherches d'un œil aussi indifférent. Quant à moi j'avoue
que c'est à cette idée particulièrement que je dois
le courage dont j'ai eu besoin pour me soutenir
pendant quatre années d'un travail assidu, contre
des dégoûts et un ennui que je puis seul apprécier.
L'amour-propre trouvoit peu d'aliment dans un ouvrage qui ne demandoit que beaucoup de lecture et
quelque goût; mais cet ouvrage tenoit en quelque

sorte à la gloire de ma patrie : il renfermoit nos titres d'aînesse littéraire, et dès-lors il m'est devenu précieux.

La même raison pour laquelle j'ai été forcé de glisser légèrement sur les matières trop abondantes de ce discours préliminaire, m'empêche aussi de m'étendre sur la versification des fabliaux ; car, à l'exception d'un seul, qui est mêlé de vers et de prose, tous, ainsi que les romans, étoient versifiés. Je me contenterai de dire que ces vers sont ordinairement de huit syllabes, rimant deux à deux, sans faire alterner régulièrement, comme aujourd'hui la règle l'ordonne, des rimes masculines et des rimes féminines. Ce n'est pas qu'on méconnût alors cette sorte d'agrément : il étoit au contraire fort en usage ; mais on n'en avoit pas encore fait une loi. Ceci montre combien se trompent nos écrivains modernes quand, disputant sur celui qui le premier l'a observée avec exactitude, ils en attribuent l'honneur, les uns à Garnier, les autres à Saint-Gelais ; ceux-ci à Clément Marot, ceux-là à des poètes postérieurs. Il ne falloit qu'ouvrir nos chansonniers du treizième siècle pour se convaincre qu'ils la connoissoient déjà. On en verra la preuve dans des chansons que j'aurai lieu de citer : on y verra même l'usage des rimes croisées et celui des rimes redoublées. J'ajouterai encore un fait qu'auront peine à croire certains littérateurs si fiers de la supériorité de leur siècle, mais que je me fais fort de prouver quand on voudra ; c'est que , pour les différentes mesures de vers , pour la variété de coupe des couplets lyriques, enfin , pour tout le technique de la versification, on n'a presque rien inventé depuis nos vieux poètes ; qu'il n'existe aujourd'hui que ce qui existoit de leur temps, et qu'ils employoient même des formes de vers agréables qui maintenant nous sont inconnues.*

* Il n'est pas jusqu'à ces extravagances bizarres et difficiles de rimes en écho , attribuées faussement à Marot et à son siècle , dont on ne trouve chez eux des exemples. Je n'en citerai qu'un seul , de Gilles le Viniers.

<pre>
        Icelle est la très mignote
            Chanson
            Note
        Qu'amors fait savoir ;
            avoir   { que qui peut avoir belle amie
        Qui puet belle amie , {
            pas
            mie
        Ne la
        Nel doit refuser.
            user
        En doit sanz folie :
            douce
            lie
        peine des vrais
        Est la painne as fins amans.
</pre>

La chanson est toute entière dans le goût de ce couplet. En voici une autre bien plus bizarre encore, composée de vers que l'auteur, Baudouin de Condé, nomme *Rétrogrades*. Chaque strophe est de trois vers , mais tellement faits qu'en les prenant à rebours , vous en avez trois autres qui forment deux nouvelles rimes entre eux , et fournissent une rime au troisième.

Un auteur ingénieux a proposé de nos jours de supprimer dans les contes et narrations ordinaires ces ennuyeuses répétitions *dit-il*, *reprit-il*, en donnant à leur dialogue, par la seule forme du style,

Amours est vie glorieuse.
Tenir fait ordre gracieuse,
     mœurs
Maintenir veult courtoises mours :
Mours courtoises veult maintenir,
Gracieuse ordre fait tenir ;
Glorieuse vie est amours.

Il y a quatre couplets dans ce genre.

C'est probablement d'après les *Rétrogrades* de Baudouin que furent faits au siècle suivant trois distiques latins qui, lus dans leur ordre naturel, offroient l'éloge du pape Clément VI :

Pauperibus tua das, nunquam stat janua clausa,
 Fundere res quæris, nec tua multiplicas, etc.

mais qui, lus à rebours, et en changeant la ponctuation, faisaient la satire du pontife :

Multiplicas tua, nec quæris res fundere ; clausa
 Janua stat, nunquam das tua pauperibus.

Il n'est point d'extravagances dont ne se soient avisés les rimeurs de ce temps. Quelques-uns firent des vers rimés, moitié françois, moitié latins. En voici un exemple tiré d'un manuscrit qui, autrefois avoit appartenu à l'église cathédrale de Paris, et qui aujourd'hui est à la Bibliothèque du roi.

Je maine bonne vie *semper quantum possum*,
  dépenser
A despendre le mien *semper paratus sum*, etc.

De leur côté, les versificateurs latins imaginoient, à l'envi, des difficultés pour pouvoir les surmonter. Ce n'étoit pas assez pour eux d'avoir ajouté la rime à leurs vers pour les rendre plus pénibles ; ils allèrent jusqu'à les couper tellement que deux hexamètres, rimant ensemble,

la vérité et la rapidité du dialogue théâtral. L'idée
est d'autant plus heureuse que l'auteur l'a exécutée
avec succès ; mais nos fabliers, qu'il n'a pu connoître , l'avoient exécutée aussi. C'est même chez
eux une manière de dialoguer fort ordinaire. Entre
mille exemples que je pourrois citer, je choisis celui-ci , tiré d'un conte qu'on lira ailleurs. Un amant
se plaint de sa maîtresse qui le fait mourir, dit-il.
Dans certains momens il se fait des objections à lui-
même.

> Par quelle réson
> *est-elle*   *l'occasion*
> Elle est de ta mort achoison?
>   *Et elle*
> Je l'aime, n'el ne m'aime mie.
>   *d'amour priée.*
> Comment? L'as-tu d'amors proïe?
>   *elle*
> Nennil. Donc ce n'est pas par li :
>   *lui*   *déclaré*
> Car si tu li eusses géhi
>   *ardeur*
> Et descouvert tout ton corage,

offroient quatre autres sortes de vers qui rimoient aussi entre eux. Un
exemple fera comprendre ce que je veux dire.

> *Largus eram,*
> *Multis dederam,*
> *Multumque laborem*
> *Hic tuleram :*
> *Nunc, quæso, feram*
> *Fructum meliorem.*

Ele est si douce, ele est si sage

auroit

Qu'ele averoit merci de toi.

Tu muers, et si ne sez porqoi.

oui, je le sais

PORQOI? SI SAI. Or di comment.

QUANT JE LA VI PREMIEREMENT,

Aussitôt je l'aimai oui.

TANTOST L'AMAI. Tu l'amas? VOIRE.

Porquoi? T'avoit-ele fet croire

t'accorderoit son amour

Qu'ele s'amor t'otrieroit, etc., etc.

Je n'ai rien à dire sur le personnel des fabliers. Les troubadours ont eu le bonheur de trouver plusieurs historiens ; et nos poètes, oubliés tout-à-coup avec leurs compositions, n'ont laissé d'eux aucune trace. Peut-être même n'en connoîtroit-on pas un seul aujourd'hui, si quelques-uns d'entre eux ne s'étoient nommés dans leurs contes. Voici ces noms, dont la plupart indiquent la patrie de l'auteur. J'y joins le titre des pièces, quoique plusieurs ne doivent être qu'extraites et même indiquées dans l'ouvrage.

Adam de Le Haîle, *surnommé* le Bossu d'Arras.	*Le jeu du Berger et de la Bergère.* *Le jeu d'Adam, ou le Mariage.*
Audefroi-le-Bâtard.	*Lai de Béatrix.* *Isabeau.* *Argentine.* *Idoine.* *Ammelot.*
Baudouin de Condé.	*Le dit des Hérauts.*
Bernier.	*Le Bourgeois d'Abbeville.*

FABLIAUX

ou

CONTES

DU DOUZIÈME ET DU TREIZIÈME SIÈCLES.

LA MULE SANS FREIN *,

PAR PAYSANS DE MAISIÈRES.

Artus [1] , aux fêtes de la Pentecôte, tenoit cour
plénière [2] dans sa cité de Carduel [3] ; et tout ce
que ses états renfermoient de femmes distinguées, de hauts barons et de chevaliers, s'y
étoit rendu. Le second jour, au moment qu'on
se levoit de table, on aperçut au loin, dans la
prairie une femme qui paroissoit venir vers le
château, et qui étoit montée sur une mule sans

---

* Ce conte, ainsi que le suivant, a déjà paru, d'après les manuscrits
de M. de Sainte-Palaye, dans la *Bibliothèque des Romans*, mais imité
plutôt que traduit. Pour moi, à qui les ornements étrangers sont interdits,
et qui suis sévèrement astreint à la fidélité de la traduction, je le donne
avec sa physionomie antique et tous les défauts de l'original.

licol et sans frein. Cet objet piqua la curiosité. Le roi, la reine, tout le monde accourut aux fenêtres; et chacun, cherchant à deviner, faisoit sa conjecture. Quand la pucelle fut plus à portée, on vit qu'elle étoit jeune et très jolie. Tous les chevaliers aussitôt volèrent au-devant d'elle : on l'aida à descendre; mais son visage étoit mouillé de pleurs et annonçoit un grand chagrin.

Introduite devant le prince, elle le salua respectueusement, et s'étant essuyé les yeux, lui demanda pardon de venir l'importuner de ses douleurs; mais on lui avoit pris, disoit-elle, le frein de sa mule; depuis ce jour elle pleuroit et se voyoit condamnée aux larmes jusqu'à ce qu'il lui fût rapporté. Il n'y avoit que le plus brave des chevaliers qui pût le conquérir et le lui rendre; et où chercher ce héros ailleurs qu'à la cour d'un si grand roi? Elle pria donc Artus de permettre que quelques-uns des braves qui l'écoutoient voulussent bien s'intéresser à son malheur. Elle assuroit le chevalier qui consentiroit à devenir son champion, qu'il seroit conduit sûrement au lieu du combat par sa mule; et, pour prix de son courage, elle s'engageoit publiquement à devenir sa mie.

Tous alloient s'offrir et briguer l'honneur du choix; mais le sénéchal messire Queux [4] saisit le premier la parole, et il fallut bien accepter son bras. Il jura donc de rapporter le frein, fût-il à l'extrémité du monde. Néanmoins, avant de partir, il exigeoit de la pucelle un baiser à compte, et s'avança même pour le prendre. Elle refusa absolument toute récompense jusqu'à ce qu'il fût de retour, et lui promit alors non-seulement ce qu'il demandoit, mais encore autre chose. Queux voulut bien se contenter de cette parole : il prit des armes et partit, se laissant conduire par la mule, comme on le lui avoit recommandé.

A peine fut-il entré dans la forêt que des troupeaux affamés, de lions, de tigres et de léopards, accoururent avec des rugissements affreux pour le dévorer. Le pauvre Queux se repentit bien alors de son indiscrète fanfaronnade ; et, dans ce moment, il eût pour jamais renoncé de grand cœur à tous les baisers du monde. Mais, dès que ces animaux terribles reconnurent la mule, ils se prosternèrent devant elle pour lui lécher les pieds, et retournèrent sur leurs pas.

Au sortir de la forêt se présenta une vallée si obscure, si profonde et si noire, que l'homme le plus brave n'eût osé y entrer sans frémir. Ce fut bien pis encore, quand le sénéchal y eut pénétré, et qu'entouré de serpents, de scorpions et de dragons vomissant des flammes, il ne marcha plus qu'à la lueur funèbre de ces feux menaçants. Autour de lui tous les vents déchaînés

mugissoient à-la-fois , des torrents grondoient
comme le tonnerre , des montagnes s'écrou-
loient avec un fracas horrible : aussi, quoique
l'air y fût plus froid et plus glaçant que celui de
mille hivers ensemble, la sueur ruisseloit sur tout
son corps. Il sortit pourtant, à la faveur de sa
monture , et, après avoir encore marché quelque
temps , il arriva enfin à une rivière large et profonde dont les eaux noires n'offroient ni pont
ni bateau , mais seulement une barre de fer en
forme de planche. Queux , ne voyant point là
de passage , renonça à l'aventure et revint sur
ses pas. Malheureusement il falloit repasser par
la vallée et la forêt. Les serpents et les lions s'élançoient sur lui avec une espèce de joie , et il en
eût été dévoré mille fois, s'ils l'eussent pu faire
sans toucher à la mule.

Du plus loin qu'on l'aperçut du château, on
s'apprêta à rire. Les chevaliers s'assemblèrent,
comme pour le recevoir avec honneur ; Artus
lui-même vint lui proposer de le conduire au
baiser promis ; hommes et femmes enfin , chacun le plaisanta, et le malheureux sénéchal , ne
sachant plus à qui répondre, et n'osant lever les
yeux, disparut et alla se cacher.

La demoiselle étoit plus affligée que lui encore.
Déchue de son espoir, elle pleuroit amèrement
et s'arrachoit les cheveux. Le brave Gauvain fut

touché de ses douleurs. Il s'approcha, lui offrit
avec assurance son épée et promit de tarir ses
larmes ; mais, comme messire Queux, il voulut
d'avance un baiser. Les dangers étoient connus,
les malheurs de la belle augmentés ; d'ailleurs,
comment refuser un chevalier si preux, dont la
valeur, tant de fois éprouvée, inspiroit la confiance : le baiser fut donc accordé, et Gauvain
partit à son tour sur la mule.

Les mêmes dangers se représentèrent : il n'en
fit que rire. Les serpents et les lions vinrent fondre
sur lui : il tira son épée et alloit les combattre.
Il n'en eut pas besoin ; les monstres, s'inclinant
de nouveau à l'aspect de l'animal, se retirèrent
tranquillement. Enfin il arrive à la rivière, voit
la barre, se recommande à Dieu et s'élance sur
ce pont périlleux. Il étoit si étroit, qu'à peine
la mule pouvoit-elle y poser les pieds à moitié.
Tout autour du héros les vagues écumantes s'éle-
voient en grondant, et s'élançoient sur lui pour
le renverser et l'engloutir ; mais il fut inébran-
lable et aborda heureusement au rivage.

Là se présenta un château fortifié, garni en
dehors d'un rang de quatre cents pieux, en forme
de palissades, dont chacun portoit sur sa pointe
une tête sanglante, à l'exception d'un seul qui,
nu encore, sembloit attendre cet ornement terrible. La forteresse, entourée de fossés profonds,

remplis par un torrent impétueux, tournoit sur elle-même comme une meule sur son pivot, ou comme le sabot qu'un enfant fait pirouetter sous sa courroie. Elle n'avoit d'ailleurs aucun pont et paroissoit interdire à Gauvain tout moyen d'exercer sa valeur. Il résolut d'attendre néanmoins, espérant que la forteresse peut-être, dans une de ses révolutions, lui offriroit quelque sorte d'entrée, et déterminé en tout cas à périr sur le lieu, s'il le falloit, plutôt que de retourner honteusement. Une porte s'ouvrit en effet : il piqua sa mule, lui fit sauter ce large fossé, et se trouva dans le château.

Tout sembloit y annoncer une dépopulation récente : des rues vides, personne aux fenêtres, partout le silence affreux de la solitude. Un nain paroît enfin et le regarde avec attention. Gauvain lui demande quel est son seigneur ou sa dame, où l'on peut les trouver, et ce qu'ils exigent. Le nain ne répond rien et se retire. Le chevalier poursuit sa route et voit sortir d'une caverne un géant d'une laideur affreuse, les cheveux hérissés, et armé d'une hache. Celui-ci applaudit à son courage ; mais il le plaint d'être venu tenter une aventure dont l'issue ne peut que lui être funeste, et que la palissade terrible eût dû l'avertir d'éviter. Il lui offre ses services cependant, le fait manger, le traite bien, le mène à la chambre

où il doit coucher; mais, avant de sortir, il ordonne au héros de lui abattre la tête, en annonçant qu'il viendra le lendemain à son tour lui
en faire autant. Gauvain prend son cimeterre, et
fait rouler la tête à ses pieds. Mais quel est son
étonnement de voir celui à qui elle appartient la
relever, la replacer sur ses épaules et sortir. Il se
couche néanmoins et dort tranquillement, peu
effrayé du sort qui l'attend le lendemain. Au
point du jour le géant arrive avec sa hache pour
effectuer sa promesse; il éveille le chevalier; et
selon leurs conditions de la veille, lui ordonne
de présenter sa tête. Gauvain tend le cou sans
balancer : ce n'étoit qu'une épreuve pour tenter
son courage : on le loue, on l'embrasse. Il demande alors où il pourra aller chercher le frein,
et ce qu'il lui faut faire pour l'avoir. « Tu le
« sauras avant la fin du jour, lui dit-on ; mais
« prépare toute ta valeur : jamais tu n'en eus plus
« besoin. »

A midi, il se rend au lieu du combat, et voit
un lion énorme qui, en écumant, rongeoit sa
chaîne, et de ses griffes creusoit la terre avec
fureur. A la vue du héros, le monstre rugis-
sant hérisse sa crinière; sa chaîne tombe et il
s'élance sur Gauvain, dont il déchire le haubert [5].
Après un long combat cependant il est tué. Un
autre est détaché plus grand et plus furieux en-

corc: il périt de même. Gauvain, ne voyant plus
d'ennemis paroître, demande le frein. Le géant,
sans lui répondre, le reconduit à sa chambre. Il
lui fait servir à manger pour rétablir ses forces,
et lui présente ensuite un autre ennemi.

C'étoit un chevalier redoutable, celui-là même
qui avoit planté les pieux de l'enceinte, et qui de sa
main y avoit attaché les têtes des quatre cents chevaliers vaincus. On leur amène à chacun un cheval; on leur donne une forte lance: ils s'éloignent
pour prendre carrière et fondent l'un sur l'autre[6].
Du premier choc leurs lances volent en éclats,
et les sangles de leurs chevaux se rompent. Ils
se relèvent aussitôt pour commencer à pied un
combat nouveau. Leurs armes retentissent sous
leur épée redoutable, leur écu étincelle, et pendant deux heures entières la victoire reste incer-
taine. Gauvain redouble de courage: il assène
sur la tête de son adversaire un si terrible coup,
que, lui fendant le heaume jusqu'au cercle, il
l'étourdit et l'abat. C'en étoit fait du chevalier:
il alloit périr s'il ne se fût avoué vaincu, et déjà
on lui arrachoit les lacets de son heaume. Mais
il rendit son épée et demanda la vie. Dès ce moment, tout fut terminé. Le vainqueur avoit droit
au frein; on ne pouvoit le lui refuser: il ne restoit plus que la ressource de l'y faire renoncer
lui-même, et voici comment on espéra réussir.

Le nain, venant le saluer avec respect, l'invita, de la part de sa maîtresse, à manger avec elle. Elle le reçut parée de tous les attraits que l'art peut ajouter à la beauté, et assise sur un lit [7] magnifique dont les pieds d'argent portoient un pavillon orné de broderie et de pierres précieuses. La dame le fit placer à ses côtés : elle n'eut avec lui, pendant le repas, qu'une même assiette [8], et après quelques reproches flatteurs sur ce courage qui l'avoit privée de tout ce qui pouvoit la défendre, lui avoua que la pucelle étoit sa sœur, et qu'elle lui avoit enlevé le frein. « Mais si vous voulez renoncer aux droits de « votre victoire, ajouta-t-elle, si vous voulez « vous fixer auprès de moi et me vouer ce bras « invincible dont je viens d'éprouver la force, « ce château et trente-huit autres plus beaux « encore, sont à vous avec toutes leurs richesses; « et celle qui vous prie de les accepter s'hono- « rera elle-même de devenir le prix du vain- « queur. »

Gauvain ne fut point ébranlé par ces offres séduisantes. Il persista toujours à exiger le frein; et quand il l'eut obtenu, il repartit sur sa mule au milieu des cris de joie d'une foule de peuple qui, à son grand étonnement, accourut sur son passage : c'étoient les habitants du château qui, confinés jusqu'alors dans leurs maisons par la tyrannie de leur dame, ne pouvoient en sortir sans être aussitôt dévorés par ses lions, et qui, maintenant libres, venoient baiser la main de leur libérateur.

De retour à Carduel, le chevalier fut reçu de la pucelle avec les transports et la reconnoissance que devoit inspirer un pareil service. Elle l'embrassa plus de cent fois, et convint que le héros qui avoit tant fait pour elle méritoit bien plus qu'une si foible récompense. Mais elle fit tout préparer aussitôt pour son départ. En vain Artus et la reine la pressèrent d'attendre que les fêtes fussent terminées; rien ne put la retenir: elle prit congé d'eux, monta sur sa mule et repartit.

Avec un peu plus de variété, quelques changements, et la suppression surtout de cette bride ridicule que deux sœurs se disputent sans qu'on sache pourquoi, l'auteur, eût pu rendre intéressant ce conte qui est en petit un vrai roman de chevalerie; et c'est pour faire connoître à mes lecteurs le genre de composition de ces longs poèmes, que j'ai admis ici, avec toute leur étendue, certains détails que sans cela je n'eusse fait qu'indiquer. De la féerie, des combats incroyables, de grands moyens qui ne produisent que de petites choses; un nain, un géant, des monstres, des entreprises périlleuses, une belle pour qui le héros expose ses jours sans la connoître, ou qui, devenue sa mie, court les chemins avec lui; voilà à-peu-près à quoi se réduisent ces milliers de poèmes, taillés tous sur un même patron ; qui, malgré tous leurs défauts, offrent quelquefois cependant des morceaux d'imagination très agréables, et, comme je l'ai dit, possèdent particulièrement surtout le talent d'exciter la curiosité.

Le texte entier de ce conte est dans le nouveau *Recueil de fabliaux et contes* publié par M. Méon, 1823, 2 vol. in-8°, formant un supplément au Recueil de Barbazan, réimprimé par les soins du même M. Méon, en 4 vol. in-8°, 1808. *Voy.* tome 1er, page 1re.

NOTES.

(1. *Artus.*) Héros fameux dans nos vieux romans, lequel, selon eux, régna dans la Grande-Bretagne, fit beaucoup de conquêtes, et porta au plus haut degré de gloire l'ordre prétendu des *Chevaliers de la Table-Ronde*, institués par son père, et nommés ainsi d'une table mystérieuse que leur avoit donnée l'enchanteur Merlin. Artus possédoit une épée magique nommée *Escalibor*, à laquelle nulle arme ne pouvoit résister ; pour enseigne il avoit un dragon d'acier qui vomissoit des flammes, etc. ; et, malgré tous ces avantages merveilleux, il fut tué dans une bataille avec un grand nombre de chevaliers. On peut voir dans La Colombière[*] le nom et les armoiries de ces braves, la merveille du monde.

J'ai déjà remarqué, page 23, que le personnage d'Artus fut le fruit d'une jalousie nationale. J'ai dit (et d'autres l'avoient avancé avant moi) que ce héros prétendu de la romancerie angloise, imaginé pour suppléer Charlemagne,

---

[*] *Théâtre d'Honneur*, tome II, page 136.

le héros de la nôtre, n'en est cependant qu'une copie mal-
adroite. Guerres, conquêtes, beaux faits d'armes, carac-
tères, actions, tout est calqué. Si les romanciers françois
donnent à Charles des paladins, les romanciers bretons en
font des *chevaliers de la Table-Ronde*. La *Durandal*, cette
épée fameuse que les premiers prêtent à leur héros, chez
les seconds c'est l'*Escalibor*. Il n'est pas jusqu'aux personnages secondaires qui ne soient une imitation. Chez nos
poètes, le plus célèbre d'entre les paladins est Roland,
le neveu de Charlemagne; chez nos rivaux, c'est Gauvain,
le neveu d'Artus. Enfin, ce qui, plus que tout le reste
encore, trahit ceux-ci, c'est qu'au couronnement de leur
Artus, ils font assister les *douze pairs* de Charlemagne (nos
romanciers appellent ainsi les douze chevaliers les plus
braves du monarque françois).

Au reste, je puis alléguer ici, en faveur de notre anté--
riorité, un témoignage irrécusable : c'est celui d'un auteur
anglois, M. Warton, qui a écrit sur l'origine des romans
en Europe. Voici ce qu'il raconte au sujet de sa patrie.

« Au commencement du douzième siècle, un certain Gual-
ter, ou Gautier, archidiacre d'Oxford, ayant eu occasion de
faire un voyage dans notre Bretagne, y eut connoissance
d'une vieille chronique, intitulée : *Brut-y-Brenhined* (Histoire
des rois bretons). Aucun livre ne devoit flatter davantage
un Anglois: aussi Gautier fit-il copier celui-ci, et il l'emporta en Angleterre, dans le dessein de le publier. A la vérité, l'ouvrage étoit écrit en bas-breton; mais Gautier savoit
que, parmi ses compatriotes, les habitants de la province
de Galles entendoient cette langue, et il s'adressa, pour
faire traduire sa chronique, à un moine gallois, nommé
Geoffroi de Monmouth. Geoffroi la traduisit en effet, et,
quoiqu'on ignore quand elle fut publiée, néanmoins ce fut
postérieurement à l'année 1138; mais le translateur, pour

embellir son sujet, se permit d'y faire des additions, et d'y
insérer certaines traditions populaires, tirées, soit de la
province de Galles, sa patrie, soit de la Bretagne, où
Gautier les avoit apprises. Au nombre de ces choses inter-
calées, étoient les prétendues prophéties de Merlin, enchanteur à qui Geoffroi faisoit jouer un grand rôle; enfin il
s'étendoit beaucoup sur le couronnement d'Artus; et, comme
je l'ai dit ci-dessus, il y faisoit assister les douze pairs
de Charlemagne. (*History of english poetry.*) »

Tel est, en abrégé, le récit de M. Warton, et, d'après
cet exposé, il est aisé de concevoir quel parti purent tirer
de Merlin et d'Artus les romanciers qu'enfanta dans l'Angleterre la chronique de Geoffroi. Quant à cette chronique,
je crains que M. Warton ne se soit trompé, et que son *Brut-
y-Brenhined* ne soit notre *Roman du Brut*, ouvrage composé
en effet dans le douzième siècle, mais composé en Normandie, et qui contient une prétendue histoire des rois d'Angleterre, dont le premier, selon l'auteur, fut un certain *Brutus.*
Au reste, que le *Brut-y-Brenhined* soit dû à la Bretagne ou
à la Normandie, il n'en est pas moins une production de
nos provinces septentrionales; et, à ce titre, elles peuvent
revendiquer tous ceux des romans de chevalerie anglois
qu'il a produits.

(2. *Tenoit cour plénière.*) Les rois et les princes souverains
ne tenoient pas alors, comme les nôtres, une cour ouverte dans tous les temps. Enfermés avec leur famille
et les officiers de leur maison dans des cités ou châteaux,
où ils vivoient des différents revenus de leurs domaines,
ils ne déployoient leur magnificence qu'en certaines occasions d'éclat. C'étoit ordinairement aux trois ou quatre
grandes fêtes de l'année, et ces assemblées se nommoient
cours plénières. Des hérauts et des messagers alloient les
annoncer dans les villes, et y inviter non-seulement les

barons et seigneurs relevant du prince, mais même les
étrangers. Outre les festins et les danses, on y réunissoit encore tous les amusements connus dans ces siècles,
les ménétriers, les jongleurs, les joueurs de gobelets, les
ours dansants, etc. Pendant ce peu de jours tout sembloit être à l'abandon. C'étoit une libéralité ou plutôt une
profusion incroyable ; des présents sans fin, des distri-
butions d'habits, de l'argent jeté au peuple, en criant
largesse, etc. Mais malheureusement, comme il arrive toujours, le peuple faisoit les frais de la fête ; car les vassaux
étoient tenus d'offrir un don à leur seigneur, et la ville où
elle se donnoit étoit obligée d'en payer une partie.

Les *cours plénières* durent leur origine à ces diètes célèbres que convoquoit Charlemagne pour y délibérer des
affaires de ses vastes états, et auxquelles se rendoient des
ducs, des comtes puissants, suivis d'une cour égale à celle
des rois. Quand Hugues Capet fut monté sur le trône, pour
cacher au peuple la foiblesse de sa puissance sous une magnificence apparente, il rétablit les *cours plénières*. Ses
successeurs maintinrent un usage qui se trouva bientôt
adopté par tous les autres souverains. Saint Louis lui-même,
tout modeste et tout économe qu'il étoit, outroit la somp-
tuosité dans ces jours de représentation. Joinville qualifie
de *non-pareille* la *cour plénière* que le monarque tint à Saumur, quand il reçut chevalier son frère Alphonse. Mais ces
assemblées, même sous les rois de France les plus puissants,
ne furent jamais que l'ombre des *cours plénières* de Charlemagne, parce que les grands vassaux qui s'étoient rendus
souverains, en tenoient d'autres chez eux, et souvent dé-
daignoient de se trouver à celles du prince. Charles VII enfin, sous prétexte des guerres qu'il avoit à soutenir contre
les Anglois, se dispensa de donner ces fêtes ruineuses, et
elles s'abolirent ainsi.

On verra dans le conte dévot *de la Cour du Paradis* une image, et dans le fabliau du *Siège prêté et rendu*, des détails d'une *cour plénière*.

(3. *Sa cité de Carduel.*) Les romanciers donnent au roi Artus quatre de ces cités; Caramalot où étoit la fameuse *Table-Ronde*, Carlion, Caradigan et Carduel; et c'est de là que partent presque toutes les aventures des romans.

(4. *Messire Queux.*) Queux, frère-de-lait d'Artus, étoit son gonfanonier et son sénéchal, c'est-à-dire qu'il portoit en guerre la lance qui servoit d'enseigne au prince, et qu'il étoit le grand-maître de sa maison. Caustique d'ailleurs et médisant, grand fanfaron, grand ferrailleur et toujours battu, c'est le Thersite de nos romanciers qui n'en parlent jamais que pour le rendre ridicule.

(5. *Le haubert.*) Pièce de l'armure défensive, nommée aussi *cotte* (habit) *de mailles*, parce qu'elle étoit faite de chaînons ou mailles de fer. Elle eut d'abord la forme du sarreau de nos rouliers, se serroit sur le corps avec une ceinture, et ne descendoit qu'aux genoux, ce qui suffisoit dans les combats particuliers où il étoit défendu de frapper ailleurs qu'entre *les quatre membres*. Bientôt on y ajouta des gants et des chausses de la même matière. Il y avoit aussi un chaperon ou capuchon qu'on relevoit sur la tête pour la couvrir, de façon qu'un chevalier qui portoit le haubert n'avoit absolument de découvert dans tout le corps entier que le visage. Afin d'empêcher les impressions que ce treillis de fer devoit laisser sur la peau, on avoit soin de se matelasser en-dessous. Malgré ces précautions cependant, il en laissoit encore. Ces marques s'appeloient *camois*, et on les faisoit disparoître par le bain.

Le haubert étoit à l'épreuve de l'épée. Même avec la plus lourde, il y avoit peu d'hommes assez vigoureux pour pouvoir l'entamer; et c'est là une des prouesses que

les romanciers prêtent à leurs héros. L'effort de la lance
étoit plus à craindre : elle pouvoit blesser, soit en perçant les
mailles du haubert , soit en les enfonçant dans le corps.
On y avoit pourvu par une espèce de camisole épaisse
et fortement rembourrée , qu'on nommoit *gambeson*, *gambi-*
son, *gaubeson*, et ordinairement, en outre, par une plaque
de fer ou cuirasse , nommée *plate*, qui s'appliquoit immédiatement sur la peau. L'avantage de cette armure dont
l'usage dura deux cents ans , et que les curieux peuvent
aller voir encore au garde-meuble du roi , étoit tel que les
chevaliers se l'attribuèrent exclusivement, et qu'ils la défendirent aux simples écuyers , comme s'ils eussent voulu être
les seuls invulnérables. Cependant, malgré sa bonté, elle
étoit si incommode par la chaleur des garnitures qu'elle
exigeoit, que , vers la fin du treizième siècle on commença
à y renoncer pour en prendre une de fer plein , composée
de différentes pièces adaptées aux différentes parties du
corps. Celle-ci , sous Philippe de Valois , étoit presque généralement en usage. Mais , outre la difficulté d'en bien faire
jouer toutes les pièces entre elles , pour se prêter aux mouvements de celui qui la portoit, elle eut bientôt un autre
inconvénient : ce fut le poids qu'elle acquit, à mesure que
l'usage des armes à feu s'étendant, il fallut la fortifier, poids
qui devint tel à la fin, que La Noue (*Disc. polit. et mil.*) l'appelle une enclume, et qu'à trente-cinq ans, dit-il, un jeune
homme est estropié des épaules. On l'abandonna enfin comme
l'autre ; et, malgré l'ordonnance de Louis XIII, pour enjoindre
à tout gentilhomme, sous peine de dégradation, et à tout soldat, sous peine de punition corporelle, de porter des armes
défensives , on ne les a point reprises, et malheureusement
pour le courage , on n'y a point suppléé.

En route le haubert se rouloit et se portoit en trousse.

Les baronnies , dans quelques coutumes, sont appelées

Fiefs de haubert, parce qu'on étoit obligé de les desservir avec le *haubert*, le heaume, l'écu et les armes complètes du chevalier.

(6 *Ils s'éloignent pour prendre carrière, et fondent l'un sur l'autre.*) Je demande pardon de la multiplicité de ces notes et de la longueur de quelques-unes ; mais il s'agit ici d'usages abolis depuis long-temps, d'usages inconnus à la plupart de mes lecteurs, et qui, se rencontrant fréquemment dans le cours de cet ouvrage, ne seroient, sans ces explications préliminaires, jamais entendus.

Ce duel des deux chevaliers est ce qu'alors on appeloit *joute*, c'est-à-dire un combat à cheval, dans lequel deux rivaux, après avoir pris carrière, fondoient l'un sur l'autre de toute la roideur de leur course pour se renverser avec la lance. La distance étoit ordinairement de la portée d'un trait d'arbalète. Le grand art de ces combats consistoit à savoir opposer adroitement son écu, afin de parer le coup, et surtout à se bien tenir en selle ; sans cela, on risquoit d'être enlevé et jeté quelquefois à huit ou dix pas au loin, brisé par la chute, hors d'état de se relever par la pesanteur des armes, et à la merci du vainqueur, quand le combat étoit à outrance. Souvent le cavalier se trouvoit renversé avec son cheval, et c'est ce qui arrivoit aux joûteurs vigoureux. Dans ce cas, s'il ne vidoit pas les arçons, il n'étoit pas censé vaincu. Aussi avoit-on sévèrement défendu de se faire lier ou attacher à la selle ; et, dans les tournois, il étoit enjoint aux hérauts de s'en assurer par les visites les plus exactes.

Les lances étoient d'un bois souple et en même temps léger, tel que le frêne, l'orme, etc. Comme elles se brisoient ordinairement dès la première course, ce combat duroit fort peu ; et à moins qu'on ne reprît une autre lance, il falloit en venir à l'épée.

1.

Ces épées étoient de la longueur du bras, larges de trois
doigts, afin que la pointe ne pût pas entrer par la visière
du heaume, et si pesantes que, pour donner un grand
coup, on les levoit à deux mains. Ce n'étoit presque que des
barres de fer, avec un tranchant mousse des deux côtés,
et une pointe un peu arrondie. Le P. Mabillon, qui a eu la
curiosité de faire peser celle qu'on prétend avoir appartenu
à Ogier-le-Danois, l'un des preux de nos vieux romans, dit
que son poids est de cinq livres un quart, et que la lame a
trois pouces vers la garde, et un et demi vers la pointe. Au
reste, on juge que, pour fracasser toutes ces armures de fer,
la trempe des épées devoit être excellente. Les plus renom-
mées venoient d'Allemagne.

L'écu des chevaliers, *scutum*, étoit un bouclier ordinairement de forme à-peu-près triangulaire, large par le haut
pour couvrir le corps, et se terminant en pointe par le bas,
afin d'être moins lourd. Cette arme défensive se faisoit non
de fer ou d'acier, mais de bois qu'on recouvroit avec du
cuir bouilli, avec des nerfs ou autres matières dures. Seulement il étoit permis, pour l'empêcher d'être coupée trop
aisément par les épées, de l'entourer d'un cercle d'or,
d'argent ou de fer. C'est ce cercle que le poète fait étinceler
dans son fabliau.

La pièce de monnoie à laquelle nous donnons aujour-
d'hui le nom d'*écu*, n'a été ainsi appelée que parce qu'elle
portoit l'image de l'*écu* du prince. Il y avoit aussi des écus
ronds et d'autres carrés-longs et concaves, de la forme
à-peu-près de nos tuiles faitières.

On a vu plus haut que le haubert couvroit tout le corps.
Quand un chevalier l'avoit endossé, il n'avoit plus que sa
tête à couvrir; et c'est ce qu'il faisoit avec le heaume, sorte
de casque fermé qui l'enveloppoit tout entière. Le heaume
ne laissoit par-devant, pour voir et pour respirer, qu'une

petite grille, qu'on nomma par cette raison *visière* ou *ventaille*, laquelle étant à coulisse, et pouvant glisser sur le
front du casque, se levoit quand on vouloit prendre l'air.

Pour soutenir le heaume et l'empêcher d'être brisé par
les épées, par les haches et les massues, on le fortifioit en
dedans avec plusieurs cercles de fer. C'est un de ces cercles
qu'atteint l'épée de Gauvain. D'un autre côté, les mouvements violents d'un combat pouvant le déranger, on l'assuroit sur la tête en l'attachant au haubert, par le bas, avec
des lacets. Ainsi, quand on avoit renversé un chevalier,
comme il étoit cependant encore invulnérable, on cherchoit
à soulever les pans de son haubert, pour lui percer le
ventre, ou à lui arracher son heaume en cassant les lacets,
afin de découvrir le cou et de pouvoir l'égorger. On se
servoit pour cette dernière opération d'un petit poignard
qu'on portoit au côté droit, et qu'on nommoit *miséricorde*,
parce quand il étoit une fois tiré, si le vaincu ne crioit pas
miséricorde, il étoit mort.

La forme des heaumes a beaucoup varié. Sous saint Louis,
temps où la plus grande partie des fabliaux a été composée,
on s'avisa de les faire plats par le haut. Mais, comme on
s'aperçut enfin que le coup, ne pouvant glisser et tombant à
plomb, ne perdoit rien de sa force et n'en étoit que plus dangereux, on les arrondit. Dans la suite on y ajouta un timbre,
un cimier, des plumes, etc. Paris étoit renommé pour la
fabrication de cette armure; et l'une de ses rues s'appelle
encore aujourd'hui de la *Heaumerie*, du nom de la sorte
d'ouvriers qui alors l'occupoient. Il y avoit des heaumes
qui étoient relevés en or et garnis de pierreries.

Par-dessus le haubert, se mettoit la *cotte d'armes*, qu'on
doit plutôt regarder comme un ornement que comme une
armure. C'étoit une sorte de tunique, sans manches, assez
semblable à celle de nos diacres, ou plutôt à celle que portoient

jadis les mousquetaires. On l'appeloit *cotte*, d'un nom commun à divers habillements extérieurs, et *cotte d'armes*, parce qu'on ne la portoit que quand on étoit armé. Comme ce n'étoit qu'un ornement, on y employoit des fourrures précieuses, des draps d'or et d'argent, des étoffes brodées et chargées d'armoiries. Ce devint même un tel objet de luxe, que les souverains furent obligés d'en fixer le prix*. L'inutilité réelle de cette cotte d'armes si embarrassante, le poids dont la surchargeoit sa broderie, la chaleur de ses fourrures, son prix même, en dégoûtèrent. Elle s'abolit peu-à-peu, et n'est plus restée qu'aux hérauts d'armes dans les grandes cérémonies.

Qu'on se représente maintenant un homme couvert de toutes les parties d'armes offensives et défensives que je viens de décrire, ayant sur le corps une platine de fer, un pourpoint rembourré, un haubert, une cotte d'armes, et l'on verra qu'il devoit être, comme le dit un auteur du temps, plus gros que long. Joignez à cela le poids des autres armes, des chausses de mailles, d'une longue lance, d'une épée forte et massive, d'un heaume et d'un écu garnis de cercles de fer, et imaginez quelle force de corps exigeoit un pareil attirail : aussi, dans certains jours de chaleur, arrivoit-il quelquefois que des chevaliers mouroient étouffés, sans aucune blessure, et même sans avoir combattu.

(7. *Assise sur un lit magnifique.*) On verra par plusieurs endroits des fabliaux que la coutume de manger sur des espèces de lit, à la manière des anciens, subsistoit encore. On s'en servoit aussi pour la conversation, et peut-être est-ce à ces lits qu'ont succédé nos chaises longues, nos lits de repos, sophas, ottomanes, etc.

(8. *N'eut avec lui, pendant le repas, qu'une même assiette.*)

---

* DANIEL, *Hist. de la milice françoise.*

L'usage de faire manger avec soi quelqu'un dans son assiette étoit la plus grande marque d'amitié qu'on pût donner : de là cette expression, *manger dans la même écuelle*,
pour *être ami*. Dans les grands repas, on étoit réuni deux
par deux ; et les deux personnes qu'on avoit mises ensemble
n'avoient qu'une même assiette ou un seul plat. La galanterie du maître du logis consistoit à savoir bien arranger
ses convives ; et peut-être les avantages qui en résultoient
quelquefois feront-ils regretter cette coutume à quelques-
uns de mes lecteurs : * *Y eut huit cens chevaliers séant à
table ; et si n'y eust celui qui n'eust une dame ou une pucelle à
son escuelle.* Dans Lancelot-du-Lac, une dame que son
mari ** jaloux fait manger à la cuisine, dit que *grand temps
y a que chevalier ne menja en son escuelle.* Un fabliau que je
supprime, parlant d'un oncle qui vivoit scandaleusement
avec sa nièce, ajoute :

> Et si sachiez que chascun jour
> En une escuelle menjoient.

Manusc. de la Bibl. du Roi, n° 7588.
3 5

Les dévots eux-mêmes suivoient cette coutume par un
esprit d'humilité. Une *Vie de sainte Elisabeth*, en vers,
célébrant la charité de la Sainte envers les pauvres, dit :

> Mengier les fet en s'escuele.

Manusc. du Roi, n° 7218.

Au reste, cet usage, bon ou mauvais, s'est conservé long-
temps en France, et même il a subsisté en partie à la
cour jusque sous Louis XIV. « Le roi, dit la duchesse de
« Montpensier (*Mémoires*, t. IV, p. 17), ne mettoit pas

---

* *Perceforest*, vol. I, fol. 21.
** *Roman de Lancelot*, tome II, folio 60.

« la main à un plat, qu'il ne demandât si on en vouloit,
« et ordonnoit de manger avec lui. Pour moi, qui ai
« été nourrie dans un grand respect, cela m'étonnoit,
« et j'ai été long-temps sans m'accoutumer à en user
« ainsi. Quand j'ai vu que les autres le faisoient, et que la
« reine me dit un jour que le roi n'aimoit pas les cérémo-
« nies, et qu'il vouloit qu'on mangeât à son plat, alors je
« le fis. »

LE CHEVALIER À L'ÉPÉE.

LE CHEVALIER A L'ÉPÉE.

Quelqu'un aime-t-il joie et déduit? qu'il vienne à moi et qu'il écoute l'aventure de ce bon chevalier qui fut l'ennemi des traîtres et des lâches, et qui maintint toute sa vie honneur, prouesse et loyauté : c'est monseigneur Gauvain.[1]

Après ce début pittoresque, l'auteur fait un reproche à *Chrestien de Troyes*[2], dont la plume a célébré tant de chevaliers de la *Table-Ronde*, d'avoir oublié celui-ci. Il veut réparer, dit-il, l'injure faite à la gloire de ce héros. Il chantera au moins quelques-unes de ses actions, puisqu'il est impossible de les raconter toutes; et sans un plus long préambule, il entre en matière.

Artus habitoit Carduel avec la reine, son épouse, Gauvain, son neveu, et un certain nombre de chevaliers. On entroit dans le printemps : le jour étoit extrêmement beau. Gauvain, dans le dessein d'en profiter, demanda son cheval; et, après avoir chaussé ses éperons d'or[3], sans autres armes que son épée, sa lance et son écu, il prit le chemin de la forêt. La beauté du ciel, le chant des oiseaux, la fraî-

cheur de la verdure naissante le plongèrent insensiblement dans une douce rêverie : il s'y abandonna quelque temps, et n'en sortit que pour
s'apercevoir qu'il s'étoit égaré. La nuit qui alloit
le surprendre dans le bois l'inquiétoit beaucoup.
Il retourna donc sur ses pas, suivit, quitta, reprit diverses routes, et ne fit que s'égarer encore plus.

Gauvain étoit dans cet embarras, quand ses
yeux entrevirent au loin à travers les arbres la
lueur d'un grand feu. Arrivé plus près, il vit un
cheval attaché à une branche, et près du feu un
chevalier assis. Il l'aborda aussitôt pour le sup-
plier de vouloir bien lui enseigner la route de
Carduel. Le chevalier s'offrit à le conduire lui-
même au château, dès que le jour le leur per-
mettroit ; et, en attendant, il le pria d'agréer
qu'il lui fît compagnie. Gauvain descendit donc
de cheval : il s'enveloppa dans son manteau, et,
prenant place auprès de l'inconnu, se mit à
causer avec lui. Naturellement droit et loyal, il
déploya dans cet entretien sa franchise ordinaire :
l'autre, au contraire, ne cherchoit qu'à le tromper, et vous en verrez bientôt la raison. Enfin,
après quelque temps de conversation, le sommeil les gagna, et ils s'assoupirent jusqu'à ce
que le jour vint les réveiller. « Nous sommes assez
« loin de Carduel, dit alors le chevalier, et vous

« n'avez point soupé; mon château est à quelques
« pas d'ici, acceptez sans façon un repas sans
« apprêt et offert avec amitié ». Gauvain ne se
fit pas prier; l'on partit. Mais, à peine furent-ils
sortis de la forêt, que l'inconnu demanda la
permission de prendre les devants : « Je n'ai
« personne, dit-il, qui puisse aller annoncer
« votre arrivée [4]; souffrez que je vous quitte un
« instant pour m'acquitter de ce devoir. Vous
« voyez mon manoir sur la croupe de cette mon-
« tagne au bout du vallon : c'est là que je vous
« attends ». En disant cela, il partit au galop;
et Gauvain, qui n'avoit pas sur cette offre si généreuse le moindre soupçon, le suivit tranquillement au pas.

A quelque distance, celui-ci rencontra quatre
bergers qu'il salua. L'air noble du héros, cette
prévenance de sa part les intéressa en sa faveur :
« Beau sire! s'écria l'un d'eux, vous ne méritez pas
d'aller à la mort ». Le prince ne fit point d'abord
attention à ce discours, et il continua sa route :
mais tout-à-coup il s'arrêta par réflexion et revint
sur ses pas pour demander aux pasteurs l'explication des paroles sinistres qu'il venoit d'entendre. Ils répondirent naïvement que, s'ils
l'avoient plaint, c'est qu'ils voyoient souvent
de braves chevaliers se rendre, comme lui, au
château, et que jamais ils n'en avoient vu re-

venir aucun. Gauvain étonné fit sur cela diverses questions auxquelles ils ne purent satisfaire; car, comme personne n'avoit pu dire ce qui lui étoit arrivé, on ne pouvoit guère en parler que d'après des bruits et des soupçons. Ils lui apprirent seulement, et d'après ces bruits, que le chevalier ne vouloit être contredit en rien, que sa coutume étoit de lasser par les épreuves les plus dures ceux qu'il pouvoit attirer chez lui, et qu'à la moindre résistance de leur part, il les faisoit égorger.

Ces avis, donnés avec l'air et le ton de la vérité, étoient faits pour effrayer, et Gauvain hésita quelque temps s'il ne retourneroit point sur ses pas. Mais le peu de foi dû à de pareils propos, tenus malicieusement peut-être pour tenter son courage; la crainte surtout qu'on ne pût lui reprocher un jour d'avoir manqué à sa parole et tremblé une fois dans sa vie, lui fermèrent les yeux sur le danger, et il résolut de tenter l'aventure.

On l'attendoit au château. Dès qu'il parut, tout ce qui l'habitoit, et le seigneur lui-même, accoururent au-devant de lui avec les apparences du plaisir et de la joie. On prit son cheval, on le désarma lui-même, et le chevalier le conduisit par la main dans une salle richement ornée, où il le fit asseoir en attendant qu'on ser-

vît. « Beau sire, lui dit-il, soyez ici à votre aise,
« et si quelque chose y déplaît à vos yeux, dites-
« le en maître ; car vous l'êtes dès ce moment,
« et tout y est à vous ». Gauvain n'avoit pas oublié l'avis des bergers, il trouva tout bien. Un
moment après, le châtelain rentra avec une
demoiselle d'une beauté éblouissante [5]. C'étoit
sa fille. Il lui ordonna d'obéir en tout aux vo-
lontés de Gauvain, et, pour que celui-ci ne s'en-
nuyât pas, il la laissa seule avec lui.

Ce discours, cette conduite, cette belle fille surtout, avoient tellement troublé le prince, qu'il fut
quelque temps sans parler. Revenu un peu à lui,
sa situation ne lui parut pas médiocrement embarrassante : il se voyoit enfermé avec la fille de
son hôte, et craignoit de lui faire trop ou trop peu
de politesses. Il se hasarda pourtant à lui offrir
l'hommage de sa valeur, et la pria de permettre
qu'il fût son chevalier. A travers tout cet embarras et cette circonspection, la jeune beauté
lut sans peine dans les yeux de Gauvain l'impression qu'elle avoit faite sur lui. Elle se sentoit
de son côté quelque penchant pour lui, et avoit
été frappée de sa bonne mine. Néanmoins la
crainte combattoit dans son âme l'intérêt que
lui inspiroit l'aimable étranger, et elle n'osoit l'en
instruire. L'amour l'emportant enfin, après avoir
fait jurer à Gauvain un secret inviolable, elle

l'avertit, comme avoient fait les bergers, de ne
jamais contredire son père, et lui recommanda
sur toutes choses de la respecter. « Vous l'avez
« entendu, dit-elle, m'ordonner de vous obéir
« en tout. Mon doux ami, gardons-nous en bien;
« vous ne seriez déjà plus, si vous eussiez rien
« exigé. »

Le chevalier rentra pour conduire son hôte
à table. « Quand j'ai un convive chez moi, dit-il
« en s'asseyant, s'il est curieux de ne pas me
« déplaire, je veux qu'il y ordonne, qu'il se fasse
« servir, et se plaigne enfin comme s'il étoit chez
« lui ». D'après cette déclaration, il offre de tout
à Gauvain, le fait boire largement et le ques-
tionne sur chaque plat. Celui-ci boit et mange
sans réplique, et vous vous doutez bien qu'il
trouve tout excellent. On va même jusqu'à lui
proposer la pucelle pour mie : il ne fait pas la
moindre objection, accepte et remercie.

Après le repas, le châtelain qui vouloit aller
au bois à son ordinaire pour chercher aventure,
se fit seller un cheval; mais, avant de partir,
il commanda expressément à son hôte de l'attendre, et lui défendit, sous peine de la vie, de
quitter le château sans sa permission. Il lui laissa
cependant sa fille pour l'amuser; car il vouloit
surtout qu'il s'amusât. Gauvain interdit ne savoit
que penser de ce mélange incroyable de caresses

et de brutalité. Néanmoins, comme de son naturel il étoit franc et loyal, il cherchoit à tout
cela des excuses et ne pouvoit croire qu'un
homme qui, de son plein gré, l'avoit invité
à venir chez lui, et qui l'y traitoit si bien, pût
songer à le trahir. La demoiselle dont la tendresse commençoit déjà sérieusement à s'alarmer pour lui, étoit plus inquiète encore. Elle
eût voulu connoître tous les pièges qui le menaçoient, afin de l'en instruire et de lui apprendre à les éviter. Elle lui répétoit au moins
de se bien tenir sur ses gardes et lui recommandoit surtout d'acquiescer sans résistance à tout
ce qu'on lui demanderoit.

A souper recommencèrent les mêmes importunités que le matin. Mais ce fut bien un autre
étonnement, quand on se leva de table, et que
le père, donnant ordre qu'on lui dressât un lit
dans la salle, destina le sien pour sa fille et pour
l'étranger. A ce discours, Gauvain ouvre de
grands yeux : il craint d'être tué s'il refuse, d'être
tué s'il accepte, et n'a pas la force de répondre.
Sans attendre son aveu, on le conduit dans
la chambre avec la pucelle. Douze bougies [6] y
sont allumées ; et pour qu'il puisse jouir toute
la nuit des charmes de la compagne qu'on lui
destine, il lui est expressément défendu de les
éteindre. On l'enferme après cela, et la clé est

emportée. La demoiselle se couche donc, et
Gauvain se place auprès d'elle.

Quelques dangers qu'on lui eût annoncés jusqu'alors, le péril s'oublie aisément en pareille
circonstance. Il alloit manquer de mémoire :
tout-à-coup on l'arrête; je ne suis pas ici sans
garde, lui dit-on. Ce mot de garde l'étonne, il
promène ses yeux dans la chambre et ne voit
rien ; mais on lui fait remarquer près de la fenêtre une épée suspendue. « Cette épée est en-
« chantée, dit la demoiselle ; elle me garde et
« veille sur moi ; et c'est la dernière épreuve
« que réserve mon père à ceux qui ont eu le
« bonheur d'échapper aux autres. A l'instant
« même qu'on s'oublie, elle sort du fourreau et
« vient percer le coupable. De plus de vingt
« chevaliers qui, comme vous, sont entrés dans
« ce lit, aucun n'en est sorti vivant. O mon bel
« ami, de grâce, ne vous exposez pas à leur
« sort, et n'allez pas me coûter des larmes qui ne
« finiroient qu'avec ma vie. »

A ce discours s'augmenta encore la surprise
de Gauvain. Jamais il n'avoit entendu parler de
pareille aventure : elle lui paroissoit si étrange
qu'il ne pouvoit y croire, et qu'il alla même jusqu'à la regarder comme une ruse adroite de la
pudeur aux abois. Déjà il s'apprêtoit à en faire
l'épreuve : soudain la fille jette un cri ; et l'épée,

tombant comme la foudre, vient blesser le prince,
et retourne à sa place. Il reste éperdu et presque
interdit. Sa compagne lui fait un tendre reproche
sur le danger auquel il s'est exposé : elle
cite de n'avoir mérité au moins qu'u
blessure, et l'exhorte à se livrer comme elle au
sommeil.

Mais les bougies brûloient toujours, et l'épée
enchantée ne punissoit pas les regards. Cette
clarté cruelle faisoit le supplice de Gauvain ;
bientôt il ne fut plus le maître de commander
à sa contrainte. Eh ! que diroit-on d'ailleurs à la
cour d'Artus, d'un chevalier à qui fut offerte
la plus douce des aventures, et que la crainte
du danger arrêta ? Qu'y penseroit-on de cette
épée incroyable que personne ne conduisoit ?
Que de railleries ! que de reproches....! C'en est
fait, il aime mieux mourir. Mais déjà l'épée vole,
elle fend l'air, et le sang coule de nouveau.

Après cette seconde leçon, vous devinez aisément que le prince ne se plaignit plus de la
clarté des bougies, et que, pendant toute la
nuit, quelque longue qu'elle lui parût, les railleries de la cour d'Artus ne furent pas ce qui
l'occupa davantage.

Le père, quoique par un autre motif, n'avoit
pas dormi plus que lui. Il étoit inquiet du succès de sa cruelle épreuve, et n'attendoit que

le jour pour s'en éclaircir. Quelle fut sa surprise quand il vit l'étranger vivant ! Par ma foi,
répond Gauvain,

> ▓▓▓hiez que je n'ai chose fet
>   *quoi*   *mis*
> Par coi je doie estre à mort tret.

La couverture sanglante et percée le trahissoit
ce▓▓▓lant ; et, malgré la prétendue sagesse dont
il se vantoit, il se vit obligé d'avouer la vérité.
On lui demanda son nom, ce nom si célèbre et
illustré déjà par tant d'exploits. Le châtelain alors
parut saisi de respect, et il avoua, malgré lui,
à son tour, que l'enchantement de l'épée venoit
de finir. « Elle devoit épargner, dit-il, le meilleur
« et le plus preux de tous les chevaliers : c'étoit là
« l'époux que je destinois à ma fille, et il en a
« coûté, pour le rencontrer, la vie à plusieurs
« braves ; mais, puisqu'elle l'a trouvé enfin, ac-
« ceptez sa main avec ma terre et mon châ-
« teau. » [7]

> Lors l'en a Gauvain mercié :
> « Sire, dit-il, bien suis payez
> « De la pucelle seulement. »

On sut bientôt dans les environs qu'au château étoit un chevalier que l'épée redoutable
avoit épargné. De toutes parts, on accourut
pour le féliciter, et sa victoire fut célébrée le

jour même par une fête et des divertissements.
Après le festin, les ménétriers entrant dans la
salle, la firent retentir du son des violons, des
flûtes et des chalumeaux : d'autres chantèrent
s'accompagnant de la vielle ou de la harpe.
Ceux-ci lurent des romans : ceux-là contèrent
des fabliaux [8]; et pendant ce temps, les conviés s'amusoient aux échecs ou à d'autres différents jeux [9]. Les plaisirs furent ainsi prolon-
gés jusqu'à la nuit. Alors tout le monde se
retira pour dormir. Quant aux deux amants, ils
furent conduits en pompe dans cette même
chambre où ils avoient été enfermés la veille;
et comme cette fois-ci l'un n'eut point l'épée
fatale à craindre, l'autre n'eut pas non plus de
représentations à lui faire.

Après être resté quelque temps dans le château, uniquement occupé de ses plaisirs, Gauvain songea cependant à son départ. Une absence
aussi longue pouvoit causer des inquiétudes au
roi, son oncle : il prit donc congé du père, et
partit avec sa mie pour Carduel. Elle montoit un
joli cheval richement enharnaché. Lui, armé
comme quand il étoit venu, l'accompagnoit monté sur son grand palefroi. Mais ils avoient à peine
fait cent pas que la demoiselle, s'arrêtant tout-
à-coup avec une sorte de colère, se plaignit
d'avoir laissé au château deux chiens qu'elle

avoit nourris et qu'elle aimoit beaucoup. L'amant
empressé retourna aussitôt : il les ramena et l'on
continua de marcher.

Vers le milieu de la forêt s'offrit un chevalier
armé de toutes pièces, et qui voyageoit seul.
Le prince s'apprêtoit à le saluer, quand celui-ci,
poussant brutalement son cheval entre les deux
amants, saisit par le frein celui de la demoiselle
et s'en fit suivre.

Je n'ai pas besoin de vous dire quelle fut la
colère de Gauvain ; mais avec une épée, une
lance et un écu, que pouvoit-il contre un homme
invulnérable [10] ? Il s'avança vers lui cependant,
et avec un ton de fierté menaçante : «Vassal [11],
« s'écria-t-il, vous venez de commettre l'ac-
« tion d'un lâche. Si vous ne l'êtes pas, quit-
« tez vos armes, ne gardez que celles que j'ai,
« ou donnez-moi le temps d'en trouver de pa-
« reilles aux vôtres ; et alors disputez-moi ma
« maîtresse, si vous l'osez. »

Le chevalier répondit froidement :« Vous pou-
« vez sans crainte m'insulter ; je suis armé, vous
« ne l'êtes pas, et j'ai sur vous trop d'avantage ;
« mais, écoutez-moi. Cette femme est votre maî-
« tresse, dites-vous ; sans doute, parce que vous
« vous en faites suivre. Eh bien ! je vais l'em-
« mener à mon tour, et elle sera la mienne. Au
« reste, pourquoi nous battre et ne pas nous

« en rapporter à elle, puisque c'est d'elle qu'il
« s'agit ? Eloignons-nous tous deux, laissons-la
« choisir et suivre celui à qui elle croira devoir
« donner la préférence. Si elle retourne à vous,
« j'y renonce et vous quitte ; mais si elle vient à
« moi.....—Oh ! de tout mon cœur, reprit Gau-
« vain qui, sûr de sa mie, ne croyoit pas que,
« pour l'univers entier, elle eût même hésité
« un seul instant : Çà, la belle, jugez-nous et pro-
« noncez ». A ces mots ils s'éloignent. Elle les
regarde tous deux, les examine, balance ; or,
devinez quel fut son choix [13].....? Elle se décida
pour l'homme qu'elle n'avoit jamais vu. Le héros
fut humilié ; mais il étoit si modéré et si sage
que, malgré toute sa colère, il ne dit mot, et
continua sa route.[14]

La demoiselle, quand elle eut fait quelques pas,
s'aperçut que les chiens le suivoient. Elle voulut
les ravoir et exigea de son nouvel amant qu'il
allât les reprendre. « Lorsqu'il s'est agi de ma
« maîtresse, répondit Gauvain au chevalier, vous
« avez exigé qu'on s'en rapportât à elle, et
« qu'elle fût libre de choisir. Il s'agit des chiens
« maintenant ; eh bien ! appelons-les, et qu'ils
« soient de même à celui de nous deux qu'ils
« suivront. »

La proposition étoit si raisonnable qu'on ne
pouvoit s'y refuser sans injustice. Les chiens

furent appelés ; et ces animaux fidèles, sourds
à la voix d'un inconnu, accoururent aussitôt à
celle de l'homme qui les avoit vus et caressés au
château. « Ami, ajouta le prince, je viens de
« recevoir une leçon que probablement on vous
« rendra bientôt ; mais auparavant apprenez de
« moi qu'on voit tous les jours des ingrates trahir
« ceux qui ont tout fait pour elles, et qu'on n'a
« point vu encore un maître délaissé par le chien
« qu'il a nourri. » [15]

Le chevalier ne répondit rien, et s'en retourna ; mais, quand la demoiselle le vit revenir
seul, elle entra en fureur et lui déclara que, s'il
ne lui rendoit ses chiens, elle ne vouloit le revoir
de la vie. Il galoppe donc de nouveau après
Gauvain, la lance en arrêt. Le prince, forcé de
se défendre, se couvre adroitement de son écu,
et en même temps il porte au ravisseur un tel
coup de la sienne, qu'il l'enlève hors de la
selle. Il saute ensuite à terre, met l'épée à la
main, lui soulève les pans du haubert, et lui
perce le flanc ; puis, appelant les chiens, il remonte tranquillement sur son cheval. La demoiselle s'étoit approchée pour voir le combat. Sans
ressources par la mort de celui à qui elle venoit de se donner, elle se jette en larmes aux
pieds de Gauvain, lui demande pardon et le
conjure de ne pas l'abandonner seule, aux ap-

proches de la nuit, dans cette forêt. « Je vous
« laisse où vous m'avez laissé, répondit-il. Avec
« les talents que je vous connois, vous saurez
« y trouver compagnie ; adieu ». Alors il la
quitta et il arriva le soir à Carduel, où il raconta
son aventure, que l'on eut soin d'écrire aussitôt.

M. Imbert a versifié ce conte dans ses Fabliaux choisis,
mis en vers. Le texte original est dans le nouveau recueil
donné par M. Méon, t. 1ᵉʳ, p. 127.

NOTES.

(1) Ce Gauvain, le héros du conte précédent et de celui-
ci, étoit le neveu, le conseiller et le bras droit d'Artus. Il fut
l'un des plus fameux chevaliers de la *Table-Ronde*. Nos
vieux romanciers ne le désignent que sous le nom du *sage
Gauvain*. On voit par le fabliau quelle étoit la sagesse de ces
temps-là.

(2. *Chrestien de Troyes*.) Poète qui florissoit vers l'an 1168.
Il traduisit en vers l'Art d'aimer d'Ovide et quelques-unes
de ses métamorphoses, et fit, entre autres ouvrages, plusieurs romans dont quelques-uns existent encore manuscrits.
Il fut surnommé *de Troyes* parce qu'il étoit né dans cette
ville. C'étoit un usage assez général parmi les poètes de ce
temps d'ajouter à leur nom celui du lieu de leur naissance. On
a pu le voir par la liste des fabliaux donnés à la fin de
la préface, et l'on en trouve encore aujourd'hui des exemples
parmi les gens de lettres.

Fauchet et La Croix-du-Maine ont attribué à Chrestien *le Chevalier à l'épée* ; il ne falloit que lire ce préambule pour être convaincu du contraire.

(3. *Après avoir chaussé ses éperons d'or.*) Les éperons d'or ou dorés étoient le signe distinctif des chevaliers : les écuyers ne pouvoient en porter que d'argent. Dans les commencements de la chevalerie, les éperons n'étoient que des espèces de poinçons, qu'on faisoit tenir en les enfonçant par une de leurs pointes dans le talon du soulier *. Un sceau d'Alain Fergent, duc de Bretagne, en 1084, le représente avec ces sortes d'éperons. A ces pointes meurtrières on substitua ensuite une molette, qu'avec le temps on agrandit au point que, vers le règne de Charles VII, elle eut la largeur de la main, sans compter une branche d'environ un demi-pied de longueur.

Quand quelqu'un recevoit la chevalerie, la première pièce de l'armure qu'il commençoit à prendre étoit les éperons d'or ; et ordinairement le roi ou le prince qui lui conféroit cette dignité les lui chaussoit de sa propre main. Lorsqu'on le dégradoit, la première cérémonie étoit de les lui couper, ou de lui faire chausser ceux d'argent.

(4. *Je n'ai personne qui puisse aller annoncer votre arrivée.*) Ceci étoit en usage lorsqu'on vouloit recevoir avec distinction quelqu'un que l'on considéroit. Alors, non-seulement tous les domestiques, mais la maîtresse même du château et ses filles, venoient au-devant du chevalier. Elles lui tenoient l'étrier pour l'aider à descendre, le désarmoient elles-mêmes, et lui donnoient de ces habits commodes que l'on tenoit en réserve pour ces occasions. On en verra plusieurs exemples dans la suite : les romans en fourmillent.

Le château du chevalier est représenté sur une montagne.

---

* *Nouvelle Diplomatique* , tome IV , page 228.

Dans un temps où les armes à feu et l'artillerie n'existoient pas encore, c'étoit la situation la plus favorable : on ne pouvoit guère prendre ces forteresses que par la famine. Le même principe a fait bâtir sur des hauteurs la plupart des villes anciennes.

Comme les châteaux étoient de véritables places fortes, et que trop souvent les seigneurs ne s'en servoient que pour tyranniser et mettre à contribution les pays voisins, un concile de Toulouse, en 1229, défendit non-seulement d'en bâtir de nouveaux, sous quelque prétexte que ce fût, mais même de reconstruire ceux qui étoient ruinés. (Labbe, *Concil.* t. xi, 1ʳᵉ partie, page 416.)

(5. *Une demoiselle d'une beauté éblouissante.*)Ici, dans l'original, est le portrait de la demoiselle ; et ce portrait, ainsi que plusieurs autres qu'on verra dans la suite, montre qu'on avoit alors sur la beauté les mêmes idées à-peu-près que nous avons encore aujourd'hui. L'auteur a grand soin de répéter que son héroïne étoit blonde. C'étoit le genre de beauté qu'on estimoit le plus. Tous les chansonniers, les romanciers, les poètes de ce temps ne célèbrent jamais que des blondes ; et je ne me rappelle qu'un seul exemple du contraire : c'est le couplet suivant, dans lequel une jeune fille se vante d'être brune et d'avoir quelques agréments.

> Je suis sade et brunete,
> *jeune*
> Et jone pucelette ;
> *couleur*
> Ai color vermeillette,
> *bleus*   *petite bouche.*
> Yeux vairs, bele bouchette,
> *me pousse*
> Si mi point la mamelette.
> *n'y*
> Je ni puis durer :

Raison est que m'entremette (*que je goûte*)
        d'aimer
    Des doux maus d'amer.

On remarquera qu'en se vantant d'être brune, la pucelle
néanmoins se vante aussi d'avoir les *yeux bleus*, ce qui la
rapprochoit du genre de beauté, que seul on estimoit alors.
On verra plus bas, dans un autre fabliau, des cheveux noirs
regardés comme un signe de laideur. Trois siècles après
nos poètes, Clément Marot disoit encore.

Brunette elle est, mais pourtant elle est belle.
        Chant nuptial du roi d'Ecosse avec madame Madelaine,
        fille de France.

Ce préjugé en faveur des blondes étoit si général, qu'on
avoit imaginé diverses recettes pour donner aux cheveux
et aux sourcils cette couleur, quand ils ne l'avoient pas naturellement. Arnaud de Villeneuve, médecin, mort au commencement du quatorzième siècle , enseigne ce secret dans
son traité *de Ornatu mulierum*, et Eustache Deschamps, poète
du même siècle, compte ce talent au nombre de ceux qu'exige
une bonne éducation. Coquillart, en 1523, parlant des mignons de son temps, dit de ceux qui avoient les cheveux
noirs

    « Broyent pelures d'ongnons
    Et font une saulce commune
    Pour les jaunir. »

Enfin Liébaut , dans sa *Maison rustique* (ann. 1574),
donne la recette d'une *eau de lard,* qui, selon lui, rendoit
les cheveux, non-seulement blonds, mais même luisants.

Au dix-septième siècle, on pensoit encore sur les blondes
comme au siècle de nos fabliers. Bassompierre raconte
qu'en 1608 se tint chez le marquis de Cœuvres *une grande*
assemblée où il se joua une comédie qui estoit toute de femmes

blondes *. Quand les perruques devinrent à la mode, il n'y eut, pendant long-temps, de perruques du bel air que les blondes. *

Au reste, telle étoit originairement la couleur des anciens Gaulois, telle étoit celle des Barbares qui vinrent successivement conquérir la Gaule. On sait que les premiers employoient même, pour la rendre plus foncée, une sorte de lessive faite avec la chaux **; que les Bourguignons, par le même motif, se frottoient les cheveux avec du beurre rance. (*Sidon. Apollin.*)

> *Infundens acido comam butyro.*

Et personne n'ignore que les hommes, par toute la terre, n'attachent la beauté qu'aux traits qu'ils ont reçus de la nature. Ce n'est que peu-à-peu, par le commerce, par les émigrations, les guerres, les conquêtes, etc., que les peuples bruns des pays méridionaux de l'Europe, se mêlant dans toute la France avec la race nationale, en ont altéré insensiblement la couleur originelle.

(6. *Douze bougies.*) Il y a dans l'original *douze cierges ;* c'est le mot dont se servent toujours les fabliers et les romanciers. Je ne me rappelle pas avoir lu celui de *bougies* dans les poésies de ce temps, et ne l'ai remarqué pour la première fois que dans une ordonnance de Philippe-le-Bel, en 1313, par laquelle il défend aux épiciers de mêler du suif dans la cire des *bougies.* (*Ordon. des rois de Fr.*, tome 1.)

(7. *Acceptez sa main.*) Le mariage dans l'original n'est pas tout-à-fait aussi solennel que je le fais ici; mais j'ai craint d'offrir un tableau qui eût révolté. Le père y dit à Gauvain que, puisqu'il a mis à fin l'aventure, son château, sa fille et l'épée lui appartiennent. Telles étoient alors les lois des combats. Tout ce qui faisoit l'objet ou le prix d'une

---

* *Journal de Bassomp.*, tome 1, page 157. ** Plin. *Hist. nat.*

entreprise appartenoit de droit au vainqueur; les poésies
du temps en offrent mille preuves. C'étoit la faute du chevalier d'avoir risqué sa fille; cependant, quoiqu'on n'eût pas
alors tout-à-fait les mêmes idées qu'aujourd'hui sur les bâtards; quoique les romans présentent beaucoup d'exemples
de parents s'applaudissant d'en recevoir de leurs filles quand
les pères étoient de grands hommes; quoique la plupart de
ces héros fabuleux soient dits être bâtards eux-mêmes, pour
l'honneur de ces siècles j'aime à croire qu'une pareille dé-
pravation n'a jamais existé que dans les romans, et qu'en
tout temps les hommes ont eu trop d'intérêt à accréditer les
mœurs et la vertu pour avoir attaché l'honneur au libertinage, et la probité à la prostitution.

Dans les *Contes du Sérail*, attribués à Mlle Fauque, il y
a un géant cruel qui, ayant conduit chez lui deux jeunes
frères, les envôie de même coucher avec ses filles, dans
l'espérance que, pendant la nuit, elles les massacreront.
Mais ce sont eux qui tuent les jeunes filles, et ils ont ensuite différentes aventures qui ressemblent plus à celles de
Gauvain.

(8. *Les ménétriers entrant dans la salle.*) Il a été déjà parlé
de ces troupes de musiciens ambulants qui, dans les grandes
fêtes, dans les cours plénières et aux mariages, accouroient
amuser la noblesse. Cette profession, que la misère, le libertinage et la vie vagabonde de ces sortes de gens, avoient fort
décriée, exigeoit pourtant une multiplicité de connoissances
et de talents qu'on auroit aujourd'hui de la peine à trouver
réunis, et qui ont bien plus droit d'étonner encore dans
des siècles d'ignorance; car, outre toutes les chansons anciennes et nouvelles, outre les historiettes courantes, les
contes et fabliaux, qu'ils se piquoient de savoir; outre les
romans du temps qu'il leur falloit connoître et posséder en
partie, ils pouvoient déclamer, chanter, composer u mu-

sique, jouer de plusieurs instruments et accompagner. Souvent aussi, ils étoient auteurs et faisoient eux-mêmes les morceaux qu'ils débitoient. Tels ont été Rutebœuf et Baudouin de Condé, dont les noms se trouvent parmi ceux des fabliers. Enfin il y en avoit qui, à tous ces talents, joignoient la science de l'escamotage, de la jonglerie et de tous les tours connus : on en verra la preuve dans une pièce qui est à la suite du *Siège prêté et rendu*.

La musique dont il est parlé ici, et dont on trouve encore beaucoup de morceaux dans les anciens manuscrits, est un plain-chant en notes carrées, rangées sur quatre lignes, sous la clef de *C sol ut*. Ce ne fut que vers la fin du règne de saint Louis * qu'on ajouta une cinquième barre aux quatre premières portées.

En faveur de ceux de mes lecteurs qui seroient curieux de la connoître, en voici un morceau calqué très exactement sur l'original. Il montrera en même temps quelle étoit l'écriture de nos manuscrits.**

On connoissoit, au temps de nos fabliers, la musique à plusieurs parties, et cette musique se nommoit *déchant*. L'abbé Lebeuf cite plusieurs manuscrits du temps qui en offrent la preuve, et même un qui contient les règles de ce chant.***

Quant aux instruments de musique, militaires ou autres, il y en avoit plus de trente différents. Leur nom se trouve

---

* *Chansons du roi de Navarre*, par La Ravallière.

** *Traduction de cette chanson qui se trouve gravée sur un feuillet placé en face.* Quand le rossignol joyeux chante sur les arbrisseaux qu'a fait fleurir l'été, quand naissent le lis et la rose, et que la rosée brille sur la verdure des prés, plein d'ardeur amoureuse, je veux chanter comme un loyal amant. Mais une chose me trouble, c'est que j'ai placé si haut mes desirs, que difficilement j'obtiendrai la récompense du service dont j'attends le prix.

*** *Dissert. sur l'état des sciences depuis le roi Robert*, p. 112.

dans un de nos anciens romans, et La Ravallière l'a cité [*].
Les ménétriers n'avoient pris que ceux qui pouvoient accompagner la voix. On verra le nom de ceux-ci dans un
morceau que j'ai annoncé ci-dessus. Je crois auparavant
devoir faire une remarque sur ceux dont parle ici le fabliau.
Voici le texte.

> *l'un   touche*
> Li uns atempre sa vielle;
>
> Cil flauste, cil chalemele, { *celui-ci joue de la flûte,*
> { *celui-là du chalumeau,*
>
> Et cil autres rechante et note
> Ou à la harpe ou à la rote.

La harpe de nos ménétriers avoit vingt-cinq cordes : c'est ce
que nous apprend un morceau de poésie, intitulé : *Le Dict
de la harpe.* Ce qu'ils nommoient *vielle* paroît être notre
par-dessus-de-viole d'aujourd'hui, ou le violon ; car les
miniatures des manuscrits et les monuments anciens la représentent avec cette forme ; et d'ailleurs elle se touchoit
avec un archet.

> *de l'étui tirée*
> La vielle a dou suerre traite,
> *l'archer aux*
> L'arçon as cordes fait sentir.

> *Miracles manusc. de Gautier de Coinsi.*

> *elle dans la prairie*
> J'alai à li el praelet
> *avec*
> O la vielle et l'archet.

> *Chansons manusc.*, par Colin Muset.

La Ravallière prétend que ce que nous appelons vielle
est leur *rote*, ainsi nommée, dit-il, de sa roue, *rota*. Ce-

---

[*] *Chansons du roi de Navarre.*

pendant on lit dans les Lettres de Boniface, archevêque
de Mayence, *Citharizare in citharâ quam nos appellamus*
ROTTÆ. C'est une attention bien essentielle à avoir que celle
de la signification des mots, lorsqu'il s'agit de nos vieux
écrivains. Si on les explique par les acceptions subsistantes,
on risque souvent de se tromper; et je pourrois, en ce
genre, citer plus d'une erreur. Telle est celle, par exemple,
de l'auteur d'une dissertation sur la vielle. Il a trouvé dans
Fauchet quelques passages où ce mot se rencontre; et, par
un beau zèle pour son instrument, il les lui applique tous,
sans être arrêté par cet archet qui eût embarrassé un autre,
et qu'il prétend signifier la manivelle ou la poignée de la
vielle.

(9. *Les conviés s'amusoient aux échecs ou à d'autres différents jeux.*)

jouent aux

Cil chevalier jeuent as tables,

Et as eschés de l'autre part,

O à la mine, o à hazart.

Le *hazard* étoit une sorte de dés. La dénomination en est
restée aux jeux où les combinaisons et la science sont inutiles, et dont le succès dépend uniquement du sort. Je ne
connois point la *mine*. J'ai trouvé seulement ailleurs un
passage qui prouve que ce jeu étoit très dangereux et qu'on
pouvoit s'y ruiner en peu de temps. Celui des *tables* est
très ancien : il en est fait mention dans Grégoire de Tours,
dans Frédégaire, Aimoin, etc. Le dictionnaire étymologique
de Ménage, et l'éditeur de Gerard de Nevers (1724), disent que
c'est notre *jeu de dames*, d'aujourd'hui. Je crois qu'ils se sont
trompés; car on le jouoit avec des dés. De plusieurs preuves
que je pourrois en rapporter, je me contenterai de celle-ci.
Saint Louis, à son retour d'Egypte, voyant le comte d'Anjou,
son frère, jouer aux *tables* dans le vaisseau, malgré tous les
malheurs qu'ils avoient essuyés, il alla en colère prendre

les *dez* et les *tables*, et les jeta dans la mer avec l'argent qui étoit sur les *tabliers* (*Joinville* , p. 80). Je retrouve les *tables* dans Montaigne et dans les *Nuits de Straparolle*. Probablement c'est ce qu'aujourd'hui nous nommons *trictrac*.

Il est parlé d'échecs dans les *Miracles de saint Bertin*, ouvrage du onzième siècle ; cependant, comme à la manière dont s'exprime le légendaire, il paroît que ce jeu se jouoit avec des dés, *cum talis ludens, ad aleas nescio, seu ad scacos*, sans doute c'en étoit un autre que celui-ci ; et Freret (*Mémoires de l'académie des Belles-Lettres* , t. v) a eu raison d'avancer que nos romanciers sont , dans l'occident, les premiers qui aient fait mention des échecs. Ce jeu philosophique, originaire de l'Inde, avoit été porté par les Persans chez les Grecs et chez les Sarrasins de qui l'apprirent nos croisés. La vogue prodigieuse qu'il eut en France me surprend d'autant plus qu'avec les combinaisons réfléchies qu'il exige, c'étoit de tous les jeux le moins fait pour une noblesse élevée dans la plus crasse ignorance, et incapable, par l'éducation qu'elle avoit reçue, de la moindre application d'esprit. Un changement qu'on y fit sur la seconde pièce, qu'aujourd'hui nous nommons *reine* , et qu'ils nommoient *fierce* (vierge) présente une réflexion intéressante. Cette pièce dans l'orient s'appelle le *ministre :* elle ne peut aller que de case en case comme le pion, et s'éloigner du *roi* que de deux. De ce ministre , la galanterie chevaleresque fit une dame : puis, trouvant que cette marche gênée, trop ressemblante à l'esclavage des femmes d'Asie , et contraire aux égards dont jouissoient celles d'Europe, lui convenoit peu, ils lui en donnèrent une aussi libre qu'elle pouvoit l'être, et en firent la pièce de toutes la plus importante.

Eudes de Sully, évêque de Paris sous Philippe-Auguste, défendit aux clercs de jouer aux échecs, et même d'en garder chez eux. L'an 1212, un concile de Paris le leur

interdit comme jeu illicite(Labbe , *Conc.* t. xi, p. 66). Saint
Louis condamna à l'amende tous ceux qui y joueroient *.
Pierre Damien imposa une pénitence à un évêque qu'il
avoit trouvé s'y amusant.**

(10. *Que pouvoit-il contre un homme invulnérable ?*) On se
rappelle ce qui a été dit ci-dessus du haubert et du gambison.

(11. *Vassal, s'écria-t-il.*) Terme de mépris dont on se
servoit lorsqu'on vouloit insulter un chevalier, et qui devenoit une insulte quand ce chevalier n'étoit pas *vassal* de
celui qui lui parloit.

(12. *Elle les examine, balance.*) L'auteur, outre le plaisir
du changement, donne encore à la demoiselle les motifs de
la *Bartholomée* de Boccace et de La Fontaine ; et ce morceau
est fort plaisamment tourné.

(13) *Le dictionnaire d'anecdotes*, tome 1er, page 269, donne
l'abrégé de notre conte ; mais il le termine ici et supprime
le combat qui suit.

(14) Cette histoire des chiens , au dénoûment près, se
trouve dans le roman de Lancelot, où on l'a insérée d'après
notre fabliau probablement. J'ai voulu vérifier si elle se
trouveroit aussi dans les anciens originaux de ce roman en
vers : j'en ai cherché des manuscrits et n'ai pu en rencontrer.

* *Ordonnances des rois de France.*
** *Histoire ecclésiastique par l'abbé Fleury.*

LE MANTEAU MAL TAILLÉ.

TIRÉ D'UN MANUSCRIT DE LA BIBLIOTHÈQUE DU ROI, N° 7980.

Ce conte, dans les manuscrits que j'ai eus entre les mains, porte le titre *Du Court Mantel.* Il fut mis en prose dans le seizième siècle, et imprimé à Lyon par Didier (*qui imprimoit en* 1577), sous le titre de *Manteau mal taillé,* que l'éditeur prétend lui convenir mieux que le premier. Il en a paru depuis une autre édition sans nom de lieu ni d'imprimeur, mais postérieure aux Contes de La Fontaine, puisqu'on parle de lui dans une note. Comme cette version est très rare, qu'elle est d'ailleurs conforme à l'original, et que le style, malgré plusieurs défauts, a une naïveté et une certaine bonhomie charmante, je vais m'en servir, me réservant néanmoins, outre la liberté d'élaguer dont je me suis déjà mis en possession, celle de quelques changements dans l'orthographe ancienne et dans quelques tournures de phrases que la plupart des lecteurs n'entendroient pas.

Le comte de Caylus a imprimé cette ancienne version dans un recueil intitulé *Les Manteaux.**

MADAMOISELLE ma cousinne ma mye, pour ce que je say que vous prenez plaisir à ouyr compter

---

.* Le conte tel que le reproduit en entier le comte de Caylus étant d'une naïveté qui n'est pas sans agrément, j'ai cru que bien qu'un peu prolixe il pourroit être substitué avec avantage à l'extrait qu'en avoit fait Legrand, et j'ai eu l'attention de le relire sur le manuscrit original, auquel il est ici bien conforme, sauf la ponctuation et les accents.   *R.*

des adventures qui advenoient en la maison du
noble roy Artus, au temps de la table ronde, je
vous en ay icy volu mettre une par escript, laquelle j'ay trouvée en ung très ancien livre que
à peine pouvoye-je lire. Toutesfoys pour vous cuider donner plaisir comme à celle à qui plus je
desire le faire, je me suis pour ce effoursé le ex-
traire pour le vous donner, et donques s'il vous
plait le lirez et l'appellerez le compte du *mantheau mal taillé.*

Vous devez savoir que ce bon roy dont je vous
parle fut de son temps le plus renommé prince
du monde, tant en hardiesse, bonté de chevalerye, comme en libéralité, courtoysie et doulceur·
Car l'humilité de ce noble roy fut si grande que
oncq pour fortune qui luy advint, il ne fut mené
jusques là qu'il sourtit de sa bouche parolle oul-
trageuse à quelque personne que ce fust, bien
cougnoyssoit-il les bons chevaliers parmy les
maulvais. Mais je vous lairray tout cecy pour vous
compter icelle adventure dont je vous ay parlé,
qui advint en la court de ce gentil roy Artus.

Ce fut à une Penthecouste que ledit roy voulut
tenir la plus haulte et riche court qu'il eut oncques
en sa vie tenue; car il manda à celle foys à tous
les roys, ducz, contes, barons, chevaliers et es-
cuyers qui de luy terre tenoyent, qu'ils ne fail-
lissent à venir à celle belle feste et assemblée, car

il y devoit avoir grans joustes et tournoys; et pour ce vouloit-il que chascun y amenast sa femme ou s'amye, ce qu'il fut fait : car tant y vint de noblesse et de chevalerye avecques dames et damoyselles, que oncques par avant n'avoit esté veue une si belle compaignye au royaume d'Angleterre comme elle y fut à celles foys-là en la *cité de Kamalot* qui toute en fut pleine.

Il ne fault pas demander si la reine Genievre sçeut recueillir et festier la compaignye et par especial les dames. Elle mesmes les loge chascune selon son degré, dedens les belles chambres de son triumphant palais toutes garnyes de très riches tapisseryes, où elles trouverent tout ce que mestier leur estoit. La reine les visite l'une après l'aultre et les festie en leur faisant de riches dons tant en habillemens de fins draps d'or et de soye, comme en bagues et joyaulx, car la coustume estoit pour lors ainsy le faire; et si bien la bonne reine sceut ordonner ses presens qu'il n'en y eut pas une seulle qui pour l'heure ne se tint à trop heureuse et contente.

Aultre part le roy festye ses princes et chevaliers, en leur donnant chevaulx, harnoys, habillemens et de tout ce qui à chevalerye apertenoit; car puis Alexandre n'avoit point esté ung si acompli prince comme il estoit. Il feit tant de belles choses en son temps, que la bonne renom-

mée et l'effect de ses vertuz l'ont fait nommer
preux jusques en la fin du monde. Pour abréger
il feit presens et à grans et à petitz, tant que
chescun se dispousa de mener joye plus que en
feste où ils eussent jamais esté; ce que l'on eust
fait, si ne fust Mourguein ¹ la fée ², qui par son
enchantement deslibera de troubler la reine et
toute sa belle compaignye, pour ce que elle
estoit envieuse de sa grant beaulté, et jalouse de
messire Lancelot du Lac qu'elle aimoit, mais il
ne la vouloit aimer; qui fut cause la faire con-
spirer sur la reine et toutes ses dames, telle
chose dont la feste fut despartye, et par adventure si la reine l'eust fait semondre à celle feste,
l'inconvenient jamais ne fust advenu.

Ainsi comme je vous ay ja compté, fut toute
celle noblesse grande dès le sabmedi, veille de
Penthecouste, assemblée et lougée dedens Kamalot, desliberée commencer le lendemein à faire
grant chere.

Chascun se lieve matin, et se pare de ses
meilleurs habillemens comme à tel feste apertenoit. Les seigneurs et gentils-hommes s'en vont
au palais pour accompaigner le roy en la grant
église. D'aultre part viennent les dames au logis
de la reine pour faire de mesmes, et lui font
compaignye jusques après le service fait, que le
roy et la reine s'en retournent avec toute leur

suite jusques au palais où ils trouverent desjà
les grans tables mises et couvertes, toutes apres-
tées pour disner; mais le roy avoit une coustume que à tel jour jamais ne se asseoit pour
manger que premierement ne fut advenue en son
palais quelque adventure. Doncques le roy, en
attendant si riens surviendroit, s'estoit apuyé à
une fenestre qui regardoit sur la maistresse rue
de Kamalot, et devisoit avecques messire Gauvein. Il estoit jà près de nonne, quand messire
Keux le seneschal vint au roy et luy dit : Sire,
vous jeunez trop, long-temps a que vostre disné
est prest. Le roy luy respont et dit : Keux, ne
savez-vous dez long-temps ma coustume? Me
veites-vous oncques asseoir au manger à tel
jour comme nous sommes aujourd'huy, que premierement ne fust advenue quelque adventure
seans? Sire, il est vray, respondit Keux, mais
il y en a ung cent, voire deux en ceste salle
qui meurent de faim; et en disant ces parolles,
le roy regarde aval la rue et voit venir ung jeune
gentil-homme monté sur ung cheval qui bien
monstroit aux enseignes de sa sueur qu'il avoit
longuement couru, et aussi il estoit chargé, car
il pourtoit sur son col une grosse malle de fin
velours cramoysi toute à bendes, et lassée de
soye verde; au bout du lasset avoit une petite
serrure d'argent dont la clef estoit d'or, qui la

tenoit fermée. Le jeune gentil-homme arrive au
pié des degrez du Palais : assés y eut qui son
cheval luy tint; quand il fut descendu, il prent
sa malle sur son bras et se met à monter au palais. Le roy qui tout se voit par la fenestre se
torne vers sa compaignye et dit assés haultement :
Or croy-je que nous disnerons tost, car j'ay veu
arriver messaiger qui nous aporte nouvelles bien
hastives, ou je suis deceu. En disant cecy, le
gentil-homme entre dedens la salle et s'adresse là
où il voit le roy. Assés luy fait-on place, et luy qui
estoit saige et bien aprins pour savoir faire son
messaige, met le genoil en terre , en saluant le
roy, et dit : Sire, je suis transmis à vous de par
une très haulte dame qui moult vous aime, la
quelle vous suplye de par moy qu'il vous plaise
luy ouctroyer ung don, devant que plus vous
en dye, car elle me a chargé de ainsi le faire;
mais tant vous puis-je bien dire de par elle, Sire,
que en ce don ne pouvez-vous avoir reprouche ni
dommaige. Le roy pence ung petit, et ne respont
riens; adonc messire Gauvein de costé luy estoit,
luy dit : Sire, vous ne pouvez refuser ce don qu'il
ne fust tourné à villennye, veu que n'y pouvez
avoir honte ny dommaige. Alors le roy haulce la
teste et dit au gentil-homme : Amy, et je vous
ouctroye le don que demandé m'avez; et le gentil-homme le remercye de par sa dame le plus

humblement qu'il le scet faire, et prent sa malle
et la deslasse. Vous devez entendre que le roy
avoit grant desir et toute la chevalerye qui là
estoit assemblée de voir ce qui estoit dedens; le
gentil-homme en tire hors le plus beau et riche
mantheau qui ancoures eust esté veu en ce temps
là au royaume d'Angleterre. Il estoit d'ung riche
pourpre, tout batu à or, semé de feuilliages, cou-
vers de très grosses perles; la bourdure en estoit
toute semée de grappes de raisins dont les grumes
des ungs estoyent de purs diamans nayfs, et les
autres de fins balais et rubis, tous percez à jour,
en manière que vous eussiez dit que c'estoyent
vrays raisins venans de vigne, tant estoit l'euvre
bien enchassée que c'estoit chose merveilleuse
de le voir. Le roy tout le premier s'esbahit de
la grant richesse qu'il voit; aussi font tous
ceulx de la salle. S'il estoit estrange, ne se fault
esmerveiller, car il estoit fée, et fait d'une fée
par enchantement: en effect, tant fut l'ouvraige
auctentique de ce *mantheau*, que à peine le
pourroit l'on croyre. Mais tout ce avoit fait la
faulse Mourguein pour mieulx à ce qu'elle entendoit pervenir. C'estoit affin que la reine et ses
dames qui point ne savoyent sa vertu desirassent
à le vestir, pour le cuider avoir; mais si elles
eussent sceu de quelle soye il estoit tissu, jamais
ne l'eussent vestu, ni ne se fussent trouvcez pour

chose du monde en lieu ny place où ce mantheau eust été : car il estoit de telle vertu qui
descouvroit par son enchantement la desloyauté
des dames et aussi des damoyselles; car jà nulle
d'elles ne l'eust vestu que le manthcau ne luy
eust esté trop court ou trop long, pourveu qu'elle
se fut meffaite envers son mary ou son amy. Ainsi
fut adoncques tiré hors de la malle ce riche mantheau par le gentil-homme mes saiger, et présenté
au roy en luy disant toute sa vertu, et en oultre
luy dit : Sire, le don qu'il vous a pleu ouctroyer
à ma dame, ma maistresse, est tel qu'il n'y aura
ceans ny dame ny damoyselle à qui vous ne le
fassez assayer, et celle à qui il sera de mesure ny
trop court ny trop long, ma dame luy en fait le
present par tel si qu'elle en sera toute sa vie
honnourée. Pour quoy, sire, puisqu'il vous a
pleu donner ce don à ma dame, je ne suis deli-
béré jamais partir de ceans que je n'en aye veu
l'espreuve. Sire, votre plaisir sera mander toutes
les dames et les faire venir en vostre presence, si
en verrez l'assay : je suis venu de loing, faites
que la fiance de vostre proumesse et parolle ne
perde son nom, qui estes par tout le monde
renommé le plus véritable roy qui vive. Quant
le roy ouït parler le gentil-homme messaiger et
voit qu'il ne se peust desdire de la promesse qu'il
luy a faite, il est trop marry, car il cougnoit évi-

demment que ce sont des ouvraiges Mourguein
qui tousiours s'assayoit fair desplaisir en tous
cas à la reine, et que à cause de ce toute la compaignye sera troublée, mais il n'y peust mettre
remede. Lors messire Gauvein prent la parolle
et dit au roy : Sire, puisque tant y a, il faut que
vous mandez la reine et toutes les dames et damoyselles de ceans, qu'elles viennent icy à vous.
Or y allez doncques, dit le roy, et menez avec
vous le roy Urien, et dites à la reine que je l'at-
tens, et qu'elle s'en vienne icy disner, et que elle
ameine toute sa belle compaignye, car je veulx
tenir promesse à ce messaiger. Le roy Urien et
messire Gauvein s'en vont querir la reine, ainsi
comme le roi l'a commandé, et la treuvent qu'elle
vouloit jà laver ses mains pour disner en sa
chambre, car elle ne pouvoit plus attendre. Messire Gauvein parla le premier et dit : Madame,
le roy nous envoye à vous et vous mande que
veniez disner en salle, voyre fait le roy Urien, et
amenez toute vostre belle compaignye; le roy
veult voir laquelle est plus belle, car il luy voul-
dra faire un présent. C'est d'un mantheau le plus
riche que vous veites oncques; l'on le luy a
meintenant apourté, et le veult donner à celle à
qui il sera le mieulx seant, il le nous a ainsi promis. Ils se garderent très bien de desclairer la vertu
qu'il avoit, car jà dame ne fust venue. La reine

part de sa chambre, et s'en va avecques les
deux chevaliers en grant desir d'assayer ce riche
mantheau, et ne laisse en ses chambres dame ne
damoyselle qu'elle n'ameine. Elle est venue jusques en salle, où elle fut fort reguardée pour sa
très grant beaulté ; sa noble compaignye la suit,
chescun lui fait place : elle est venue devant le
roy, qui tenoit le mantheau entre ses mains, et
en le despliant dit à la reine : Madame, j'ay donné
ce beau mantheau que vous voyez à celle de toute
la compaignye à qui il sera le mieulx seant, et
plus n'en dit, car il luy desplaisoit de tant en
faire. La reine, qui voit la grant beaulté du
mantel, le desire et convoite de tout son cueur,
et pour ce le prent elle toute la premiere, et
le fait mettre sur ses espaules pour le assayer.
Mais sans nulle doubte il luy fut ung petit trop
court devant, bien du travers d'ung doy, mais
il estoit de bonne longueur par derrière. Messire
Yvein, le fils au roy Urien, qui estoit de costé
elle, luy voit tout changer le visaige, pour ce
que elle s'apperceoit à la risée des gens qu'il y a
quieulque chose. Messire Yvein luy dit : Madame,
il m'est adviz que ce mantheau vous est assés
bien fait par derriere, mais le devant est ung
peu court, faites le assayer à celle damoyselle
qui est auprès de vous, car elle est de vostre
taille. C'est la mye Hector le fils. Ores, baillez-le

luy, Madame, je vous en prie, et la reine le luy
baille. La damoyselle voulentiers le prent et le vest
incontinent, mais sans nulle doubte il luy fut
court de demy grant pié de tous costez. Mais regardez, fait messire Gauvein, comment il s'est retrait,
si n'a il pas esté pourté loin, puisque la reine
l'a laissé. La reine regarde autour d'elle, et dit
aux gentils-hommes : Messires, ne m'estoit-il pas
plus long que à ceste damoyselle ? Messire Keux,
qui estoit le plus grant gandisseur de la maison
du roy, dit à la reine en ceste manière : Madame,
voyrement estes-vous plus loyalle que elle. Dea,
fait la reine, messire Keux, comment l'enten-
dez-vous ? Dites-le moi à coup, je le veulx savoir. Alors messire Keux luy va tout compter de
point en point comment Mourguein avoit envoyé
ce mantheau au roy par ce messaiger present,
lequel avoit à faulses enseignes prins la foy du roy,
qui luy avoit promis le faire assayer à toutes les
dames et damoiselles de sa maison, et que le roy
avoit fait cette promesse avant qu'il en sceut la vertu, dont il estoit très desplaisant; mais il n'y avoit
plus de remede, car pour riens ne faulseroit sa
foy. La reine fut saige, et se pense que si elle fait
semblans de courrous, que la honte en seroit
plus grande, si le prent en jeu, et en rit comme
celle qui n'estimoit que mocquerye tout ce qui
venoit de Mourguein. Toutesfoys si eust-elle bien

voulu n'y estre point venue à celle foys, ce néanmoins en chere joyeuse dit tout hault : Or sa,
mes dames, qu'allez-vous attendant, puys que
j'ay commencé la premiere? Que ne vous des-
pechez-vous de le vestir et assayer comme moy?
Messire Keux , qui estoit tant joyeux que plus
ne pouvoit de ce qu'il voit si entreprinzes ces
poures dames, leur dit : Or sa, mes damoyselles,
avansez-vous , affin que on cougnoysce aujour-
d'huy la plus loyalle de ceans, et que ce beau
mantheau soit à elle; aujourd'huy sera cougnue
la foy que vous tenez à ces poures chevaliers qui
tant seuffrent de peine pour vous aultres. Quant
les poures dames ouyent parler messire Keux
qui se va ainsi mocquant d'elles, et scevent desià
la vérité du mantheau, il n'y eust celle qui n'eust
bien voulu estre en son pays. Chascune refuse à
le vestir. Le roy les reguarde, qui en prent pitié
et dit au messaiger : Amy, il me semble que des
or mais pouvez-vous remporter votre mantheau,
car il est si très *mal taillé*, à ce que je puis jà voir,
qu'il ne saura bien venir à dame de ceans. Ha!
sire, fait le messaiger, je vous appelle de promesse, jamais ne l'oseroye reprendre qu'il n'ait
par tout ceans esté assayé et en vostre mesme
presence, sire. Ce que roy promet doit estre
tenu. Or doncq, fait le roy, puisque l'ay promis,
qu'il se tiengne, mais il m'en desplaist. Adoncq

n'y eut poure dame ny damoyselle qui ne tres-
suast d'angoysse et qui ne changeast de coulleur.
Chescune veult faire honneur à sa compaigne de
le luy faire assayer la premiere, sans de riens luy
en pourter envye. La reine voit messire Keux,
qui ne se peust taire et ne fait que railler, l'appelle et luy dit : Messire Keux, assayez-le à
vostre femme sans tant caqueter, si verrons comment il luy fera. Or estoit-il maryé à une très
belle damoyselle des plus avanceez de cheux la
reine, et y avoit telle fiance qu'il lui sembloit
bien qu'il n'en avoit point de loyalle au monde,
si celle-là ne l'estoit. Messire Keux, par le commandement de la reine, l'appelle : Venez avant,
m'amye, car aujourd'huy sera cougneue vostre
grant valleur, et serez nommée la fleur des
dames; prenez-moy ce mantheau hardiment et
le vestez, car je croy qu'il a esté fait pour vous
seulle. Sa femme lui respont : Messire Keux, il
m'est adviz, mais que ce fust vostre plaisir, qu'il
vauldroit mieulx que le feissiez assayer à ces aultres dames que vela; il leur semblera adviz par
adventure que je le veuille assayer la premiere
par arrogance ou par orgueul, et m'en sauront
pis. Ne vous chaille, m'amye, fait messire Keux,
je vous promets ma foy que si elles devoyent en-
raiger, vous le vestirez la premiere. Et lui mesme
sans plus dire, le luy met sur les espaules : mais

ce villain mantheau se alla si très fort racourcir
par derriere, qu'il ne couvroit pas le jarret, et par
le devant ne venoit que environ deux doys soubs
le genoil. Saincte Marye, fait messire Breux (Bré-
hus) sans pityé[5], qui estoit tout joingnant d'eux,
et qu'est-ce que je voy, messire Keux? Que dites
vous, eussiez-vous jamais creu cecy? Or vous
y fiez, car aultrement vous auriez tort. Messire
Keux ne sait quelle contenance tenir : il voit
qu'il ne peust couvrir cecy; chescun en est
joyeux, pour ce qu'il avoit tant malmené de
lengaige les poures dames. Dès l'heure commence
il à perdre son hault caquet et baisse la teste.
Messire Ydier[4] l'appelle et luy dit : Messire Keux,
que voulez-vous dire de ce mantheau? A mon advis qu'il seroit bon à vostre femme s'il n'estoit si
court; le retiendra elle ou non, affin que les
aultres l'assayent. Keux ne respont riens, mais
sa femme toute despite et honteuse le desvet et
le gette au beau milieu de la place, et s'en fuyt
tant marrye que plus ne peult, en mauldissant
le mantheau et celle qui jamais l'envoya. Quant
les dames voyent qu'il sera forse que chescune
assaye la fortune, pource que le roy l'a ainsi promis, et qu'il n'y a point de remede, elles sont tant
doulentes que plus ne peuvent, et ne scevent à
quel sainct se vouer. Messire Lucan le Bouteiller,
qui estoit fort aimé du roy et des plus près de sa

personne, il luy dit : Sire, il fault que vous faciez
assayer ce mantheau à la mye de messire Gauvein,
qui tant est belle et saige ; vrayment, elle ne
deust pas demourer des dernieres. La damoyselle estoit appellée Genelas et l'aimoit fort messire Gauvein. Toutesfois il avoit eu quelque peu
de soupesson d'elle et d'ung chevalier, et eust
bien voulu que messire Lucan n'eust point miz
cela en jeu. Néanmoins, le roy fait appeller la
damoyselle qui n'ose reffuser. Le mantheau luy
est vestu, lequel s'estendit si long par derriere
qu'il treinoit bien ung pié et demy. Le pan devant
du costé destre ne luy venoit pas au genoil, mais
le senestre le couvroit. Alors je vous asseure que
messire Keux , qui longuement avoit perdu le
parler, le recouvra, car il a moult grant joye de
ce mantheau qui tant s'estoit defiguré sus la
poure damoyselle Genelas. Il dit : Or ne seray-je
huy, mais mocqué seulet, la Dieu mercy. Messire
Gauvein regarde sa damoyselle de travers, comme
celuy qui est très mal content. Messire Keux la
prent et la meine seoir de costé sa femme et dit :
Madamoyselle, tenez-vous près de ma femme,
car vous estes aussi femme de bien que elle. Le roy
qui voit toute sa court pleine de ris, ne se peust
tenir de faire comme les aultres, et deslibere,
puisque tant en a fait, qu'il en verra la fin. Il
prent par la main la mye de messire Yvein, le

fils au roy Urien, l'ung des meilleurs chevaliers
de la table ronde, et lui dit : Madamoyselle, ce
mantheau à mon advis doit estre vostre; car je
nouys oncques dire chose de vous, pourquoi
vous ne le deviez avoir. Girflet le petit, qui estoit
des mignons du roy, print la parolle et dit : Sire,
vous affermez fort pour ceste damoyselle, attendez
ung peu, jusques ayez veu ce qu'il à Dieu plaira
en dispouser. Faites-le luy mettre sur les espaules
vistement, si le verrons. Le mantheau lui fut
affublé, mais sans nulle doubte ce fut toute pityé
de le voir, tant estoit de maulvaise sorte sur elle,
car il treinoit par devant, et ne venoit que jusques au cul par derriere. Hélas! mon Dieu, dit
Girflet[5], voycy une terrible [tromperye, il est
bien fou qui en femme se fye, je n'en ay pas ancour veu une qui n'ait fait quelque finesse à son
homme.] Sire, vous asseuriez meintenant que
ceste-cy le gaigneroit, regardez comment vous
en estes. La poure damoyselle est tant honteuse
qu'elle ne scet que dire. Elle a prins ce mantheau
par l'ataiche et l'a jetté sur ung chevalier. Keux
le seneschal lui a dit : Madamoyselle, ne vous
courroussez point, ce sont des fortunes de ce
monde; allez vous seoir auprès de Genelas et de
ma femme si serez guerye; et elle s'en y va bien
peneusement. Le roy appelle la mye de Perseval
le Galloys et luy dit : Belle, assayez ce mantheau,

je vous en prye, car je me fye tant au bon rapport que l'on fait de vous, que si nous avons
failly aux aultres, à mon advis ne fauldrons
nous point à vous. Girflet prent la parolle de re-
chef et dit au roy : Sire, vous souvient-il comment il vous en print à l'aultre coup de ce que
aviez tant affermé; gardez qu'il ne vous en ad-
vieigne ainsy à cette foys. La poure damoyselle
seuffre que on le luy mette sur le doz, car force
luy est. En effect, dez ce qu'il fut sur elle, les
ataiches vont rompre tellement que le mantheau
tumbe à terre. La damoyselle est bien desplaisant
et le laisse là, et s'en va asseoir de costé les aultres, baissant la teste sans oser regarder le roy au
visaige ne chevalier qui soit là, et mauldit en son
cueur celuy ou celle qui en trouva jamais l'in-
vencion. Je ne croy pas, fait le roy, que ce mantheau face jamais honneur à dame ne à damoyselle
de ceans. Le messaiger relieve son mantheau et
dit : Or me faut-il cercher aultres ataiches.
Lors boute la main en sa malle, si en tire de
semblables, car il ne veult en nulle maniere
que par faulte d'ataiches sa besoigne soit des-
tourbée. Le roy reprent le parler comme ung
peu fasché de l'ennuy qu'il voit à ces poures
dames, et dit au messaiger : Amy, n'est-ce pas
assés assayé, il seroit meshuy temps que je dis-
nasse. Le roy ne demandoit sinon occasion de

tout laisser; mais le messaiger se remet avant et
appelle du roy pour la foy qu'il lui a promise
devant toute sa baronnye, disant : Sire, vous ne
feites oncques tort à homme; je vous suplye, ne
commencez point à moy, tenez vostre promesse.
Toute la chevalerye de leans est esbahye; car il
n'y a celuy qui n'y ait femme ou amye. Messire
Ydier avoit son amoureuse auprès de luy, qui
ne cuidoit pas que en tout le monde en eust une
de plus grant loyaulté pleine. Il la prent par la
main et luy dit : Or, m'amye, vous savez la grant
amour que je vous ay tousiours pourtée, et la
fiance que j'ay eu en vous, pourquoy je me tiens
seur comme de la mort que ne pensastes oncques
à me faire ung maulvais tour, dont à ceste heure
fort mon cueur se resjoye, car je cougnoys clere-
ment que ce mantheau vous sera de mesure;
vostre bonté et loyaulté vous feront aujourd'huy
grant honneur. Or, regardez m'amye, de quoy il
sert d'estre ainsy loyalle; je suis plus aise de l'envye que auront sur vous ces aultres damoyselles,
et du desplaisir que vous ferez aux mesdisans,
que d'aultre chose. Je les verray à ceste foys
bien marris et confus, et ne fust-ce que messire
Keux. Allez, m'amye, empoignez-moy ce mantheau et le vestez hardiment devant tout le
monde, pour estre la fleur des dames. La damoyselle à moytié entreprinze respondit : Messire

Ydier, mon bon et loyal amy, il me semble, soubz correction, que ne vous devriez si fort haster, et devriez attendre que le roy le commandast. Non, non, dit messire Ydier, faites seulement ce que je vous diz. Lors la damoyselle prent tout doulcement le mantheau et le vest; mais oncques habillement qu'elle pourtast ne lui fut si bien fait de mesure comme il se trouva par devant, tant que toute la compaignye qui estoit de ce costé là cuida ung coup qu'elle l'eust gaigné; puis ils tournerent à voir le derriere, mais c'estoit toute pityé, car sur ma foy, il ne venoit pas jusques aux fesses, dont la risée commensa merveilleusement grande. Ha! damoyselle, dit Girflet, je ne voy nul moyen que ce mantheau vous soit jamais bon, car l'on ne le sauroit tant tirer par derriere qu'il soit à l'esgal du devant. Keux aussi ne se peust tenir de parler, pour ce que messire Ydier l'avoit gaudi, et luy dit : Qu'en dites-vous, messire Ydier? Il est bien mussé à qui le cul appert. Messire Idier ne scet que dire, sinon que par courrous il prent le mantheau, et le gette jusques aux piedz du roy. Keux prent la damoyselle par la main et la meine avec les aultres qui jà avoyent assayé la vertu du mantheau, et leur dit : Mes dames, mes dames, faites grant chere, je vous ameine compaignye. Mais nulle n'y eust qui l'en remerciast. Que vous yroye-je plus contant pour faire

longue la matiere : mais pour conclusion, il n'y
eust chevalier leans qui ne le feist assayer à sa
femme ou à sa mye, dont ils eurent depuis les
cueurs doulens; car tel y avoit eu fiance, qui
oncques puis ne feit que grumeler. Le messaiger
voyant que son manthèau ne se veult acourder
d'estre à nulle des damoyselles qu'il ait leans
veues, dit tout hault : Or, je vois bien qu'il m'en
fauldra rapourter mon present de là où je vins,
dont il me desplait. Sire, je vous supplye affin que
je me soye aquité de mon devoir, qu'il vous
plaise renvoyer ancour ung coup par toutes les
chambres de ceans cercher s'il y a plus riens,
car j'ay toujours ouy dire que oncques adventure
n'advint en vostre maison qui ne s'en retour-
nast fournye; ce seroit grant malheur s'il m'en
failloit ainsi retourner. Par mon chef, dit messire Gauvein , sire , il vous dit vray. Lors commande le roy à Girflet qu'il s'en voyse cercher par
toutes les chambres de leans, et qu'il ne demeure
jusques à la plus petite que tout ne vieigne.
Girflet si en va vistement, et ne laisse coing ne
quignet de tout le palais où il ne fasse sa queste,
ainsy que le roy le commande; et après tout
avoir bien cerché n'y treuve que une seulle damoyselle couchée sur un lict malade. Girflet la
salue, disant : Madamoyselle, levez sus, il vous
fault en salle venir, le roy vous demande. Messire

Girflet, dit la damoyselle, je obéiray voulentiers au roy, mais vous voyez comment je suis, pour quoy il me semble que me devez tenir pour excusée; long-temps a que je ne bougey d'icy, et ne suis habillée ne accoutrée, pour me trouver en salle. Madamoyselle, dit Girflet, je attendrey jusques vous vous soyez mise en point pour venir, car aultrement ne m'en puis-je tourner sans vous mener. Quant la damoyselle voit qu'il n'y a remede, elle se lieve et se acoutre le plus honnestement qu'elle peust, et s'en vient en salle avecques messire Girflet. Quant son amy qui là estoit la voit venir, tout le sang luy mue dedens le corps, tant qu'il luy apparoit au visaige. Il avoit esté joyeux à merveilles de ce qu'elle ne s'estoit point trouvée en la compaignye pour les dangers qu'il y avoit veu; mais la joye est tournée en deul, de peur qu'elle n'y reccoive deshonneur et reprouche; car il l'aimoit de si grant amour que plus ne pouvoit, et si ce eust esté à son dit, jamais n'eust le mantheau assayé. La damoyselle est jusques devant le roy venue : le messaiger luy présente le mantheau et luy conte toute sa vertu. Et ainsi qu'il luy disoit ces parolles, voy cy venir le chevalier amy de la damoyselle, et si voulez savoir son nom, je vous avise que c'estoit messire Karados Brisebras, bon chevalier et hardi, lequel s'aproucha de sa dame et luy dit : Hélas, m'a-

mye, je vous prye que si vous doubtez de riens,
que ne vestez point ce mantheau, car pour
chose de ce monde je ne vouldroye voir devant
mes yeux vostre honte, ne chose pour quoy je ne
vous doyve tant aimer comme je foys. J'en eime
beaucoup mieux estre en doubte que d'en savoir
la vérité, et vous voir assise costé madamoyselle
Genelas et la femme de messire Keux. Girflet
prent la parolle et dit à Karados : De quoy vous
tourmentez-vous tant ? N'en voyez-vous là plus
de deux centz assises sur ces bancs, que l'on
cuidoit au matin entre les plus loyalles de tout le
pays ? Et toutesfoys vous avez veu comment il
en va. La damoyselle, qui de riens ne s'esbahis-
soit, en faisant chere joyeuse dit à Messire Karados : Amy, de quoy vous sociez-vous ? cuidez-
vous que je vous doyve estre meilleure que les
aultres ? au regard de moy je le vestirey et ne
m'en socye, car je ne me veulx pas vanter de en
riens passer les aultres. Au piz venir, ne pouvez faillir d'estre très bien accompaigné, voyre
des plus gens de bien du monde ; par ma foy, je
le vestirey, et deussiez-vous ancour plus pleindre,
et en advienne ce qu'il pourra. Je seroye, fait-il,
content que non, mais le roy commande que si,
et maintenant elle l'a prins et affublé très hardiment devant toute la compaignye, qui regardoit
de grant affection quelle en seroit la fin. Mais

10.

en effect, ce mantheau fust si bien séant et de
bonne mesure et devant et derrière sur la damoyselle, que tous les cousturiers du monde ne
l'eussent sceu mieulx tailler pour elle. Le gentilhomme messaiger, qui meintenant voit l'adventure achevée, dit tout hault : Damoyselle, damoyselle, je vous prometz que vostre amy doit estre
à ceste heure bien joyeux, car je veulx que vous
saichez que j'ay pourté vostre mantheau en meins
estranges lieux, et l'ay fait assayer à mille dames et
damoyselles à qui oncques il ne fut bien séant, et
n'en veiz jamais que vous seulle à qui il fust bon;
pour quoy je le vous délivre, car il est vostre de
bon droit; et le roy mesmes le reconferme, dont
la damoyselle très humblement le remercye. Il
n'y a leans dame ny chevalier qui aille à l'encontre, combien qu'il y ait de l'envye assés, mais
semblant n'en font, car ils ne scevent chose nulle
sur la damoyselle à redire. Le messaiger prent
congé du roy, car moult luy tarde de retourner
à sa dame rapourter son messaige, ny ne veult
demeurer au disner pour priere que on luy fasse.
Le roy se assiet à table, car temps en estoit.
Meins chevaliers y disnerent, qui après s'en
tournerent en leurs maisons tristes et doulens,
qui oncques puis n'en rirent; mais qui qu'en ait
deuil, messire Karados⁶ s'en va avec sa mye tant
joyeux et content, qu'il n'estoit poussible de

plus, et empourterent le mantheau, et le garderent depuis toute leur vie bien cherement. Après
leur trespas, il fut mis en ung lieu secret, et n'y
a plus personne de nostre temps qui sache où il
est que moy; pourquoy je veulx bien advertir
vous, ma cousinne, la premiere, que quant il
vous plaira l'assayer, il est en ma puissance le
faire apourter ou pour vous ou quelcune de vos
bonnes amyes; toutesfois si vous voyez que on le
doyve ancour laisser là où il est, qu'il y demeure,
vous y penserez; au regard de moy je ne veulx
sinon ce que vous voulez, car je suis et seray
tant que je vivray vostre meilleur amy; et puis
que le mantheau vous seroit ung peu court, si
ne lairroye-je pas de vous aimer. Or vous ay-je
achevé mon compte, ce est du *mantheau mal
taillé*, sinon que j'avoye oblié à vous dire le nom
de celle qui par sa bonté gaigna le dangereux
mantheau, sachez que on l'appeloit.....

*Le fabliau finit par cette réticence, qui me
paroit fort ingénieuse.*

———

Ce joli conte se trouve aussi dans la première partie du
roman de Tristan et dans le roman de Perceval; mais chez
l'auteur de Tristan, au lieu d'un manteau, c'est un cor (*cornet à boire*) d'ivoire qu'envoie la fée Morgane. *Et c'estoit pour
qu'Artus pust connoistre toutes les bonnes dames de sa court,
et, si la royne avoit jeu avec un autre chevalier, le sauroit son*

mari par le cor. On le faisoit remplir de vin, et on le donnoit aux dames à boire. Celle qui son seigneur avoit faussé ne y pouvoit boire, que le vin ne répandît sur elle ; et qui ne l'avoit pas faussé y pouvoit boire sans répandre.

Dans Perceval, les hommes, comme il est juste, essaient la coupe les premiers, afin qu'on sache aussi leurs torts ; et il ne s'en trouve aucun qui n'ait la maladresse de répandre. Parmi les femmes, celle qu'on trouve fidèle est l'épouse et non la mie de Karados, ce qui est plus dans les bonnes mœurs et doit consoler les maris.

Il n'est sans doute personne qui ne se rappelle ici la *Coupe enchantée* de l'Arioste, imitée depuis par notre célèbre La Fontaine qui, en tirant ses contes des auteurs italiens, n'a fait que restituer à notre langue, sans le savoir, ce que ceux-ci, comme on verra dans la suite, en avoient eux-mêmes emprunté. La scène dans l'Arioste ne se passe point à la cour d'Artus, mais dans le château d'un seigneur dont une magicienne est devenue amoureuse. Celle-ci possède la coupe qu'avoit faite autrefois la fée Morgane pour convaincre le roi son frère de l'infidélité de son épouse. La magicienne la donne dans le même dessein au seigneur, lequel à son tour y fait boire tous ceux qui viennent loger chez lui. Renaud, à qui elle est présentée, refuse seul de la prendre, et préfère sagement la tranquillité que lui donne la bonne opinion qu'il a de la vertu de sa femme à un éclaircissement dangereux qui, sans rien ajouter à son bonheur, eût pu peut-être y nuire pour toujours.

La Fontaine a changé peu de chose à la marche du poète italien, et ne s'est permis, à son ordinaire, que l'embellissement des détails dans lesquels on sait qu'il excelle.

On sait aussi qu'après avoir mis en conte ce sujet, il en a fait sous le même titre une comédie qui se trouve sous le le nom et parmi les œuvres de Champmêlé.

Dans le roman de Perceforet, quatrième partie, on lit quelque chose de semblable au *Manteau mal taillé* ou à la *Coupe Enchantée* ; c'est une rose magique, douée de la même vertu. Portée par une fille ou par une femme qui n'a aucun reproche à se faire, elle reste fraîche ; dans l'autre cas, elle se fane.

Dans les *Contes à rire*, page 89, une sylphide, amoureuse d'un prince, et voulant lui faire connoître l'infidélité de son épouse, lui donne une fleur et un vase qui doivent noircir si la femme est infidèle.

Dans le conte de Sénecé, intitulé *Camille*, un magicien donne au mari jaloux un portrait en cire qui aura de même la propriété de changer de couleur.

Dans la petite comédie de Piron intitulée *Le faux Prodige*, un valet, pour servir son maître dont la maîtresse a été promise en mariage à un certain Fernand, se fait passer auprès de lui pour sorcier, et prétend posséder une robe rouge, qui, par magie, a la propriété de paroître noire aux yeux de ceux dont la maîtresse est infidèle. La robe, qui véritablement est noire, paroît telle à Fernand, et cet amant, trompé sur l'innocence de celle qu'il aime, l'abandonne à son rival.

A la fin du volume des Manteaux, le comte de Caylus donne une assez curieuse notice sur l'original et la traduction ici réimprimée.

Les fabliers se sont égayés sur la fidélité de leur sexe, comme ils ont plaisanté sur celle des femmes. Le *Vallon des Faux Amants*, qui va suivre, est le pendant du *Manteau mal taillé*.

NOTES.

(1) Mourgue, Mourguein, Morgane ou Morgain, comme l'appellent les anciens manuscrits, étoit sœur d'Artus et élève de Merlin qui lui enseigna la magie. Elle avoit pour amant le chevalier Guiomars, avec lequel elle fut un jour surprise au lit par la reine. Genèvre, qui, de son côté, aimant le beau Lancelot, avoit des motifs pour excuser sa belle-sœur, eut l'imprudence d'aller publier sa honte. Morgane se retira de la cour; mais elle jura de se venger, et de là vinrent toutes les niches qu'elle fit dans la suite à son ennemie.

Ce Merlin, dont nos romanciers la font élève, naquit, selon eux, en Angleterre, du commerce d'un démon avec une fille vierge. Il servit long-temps par sa science magique le roi Artus; mais enfin il périt par cette science même : car, s'étant choisi pour maîtresse la jeune Viviane, celle-ci, sous prétexte d'avoir un préservatif contre la colère de ses parents, demanda au magicien deux enchantements, avec lesquels elle pût les tenir endormis ou enfermés autant qu'il lui plairoit. Merlin les lui enseigna. Elle se servit du premier pour l'endormir lui-même toutes les fois qu'il venoit coucher avec elle; et par cette adresse, dont le motif est louable, sut ainsi se conserver toujours pure. Mais, par une perfidie horrible, qu'on ne peut excuser, elle employa ensuite le second pour l'enfermer dans une forêt (d'autres manuscrits portent dans un tombeau), où il mourut. Les romanciers ajoutent que son esprit y subsistoit toujours, et que de temps en temps on y entendoit sa voix.

L'Arioste a adopté la version du tombeau, et il le place auprès de Poitiers. (*Ch.* iii *et* viii *du Roland Furieux.*)

J'ai honte de tirer de l'oubli où elles devroient rester, ces fables insensées de l'enfance de notre littérature; mais ce sont des mémoires qui, comme je l'ai dit, peuvent servir à l'histoire de l'esprit humain; et je vois tous les jours applaudir à de gros volumes sur la Mythologie grecque et romaine, souvent bien autrement absurde, et assurément bien plus étrangère pour nous.

(2. *La Fée.*) Il y avoit deux sortes de fées. Les unes étoient des espèces de nymphes ou de divinités, et on en va voir un exemple dans le fabliau de Lanval. Les autres n'étoient à proprement parler que des sorcières, c'est-à-dire des femmes instruites dans la magie, telles que Morgane, Viviane et la fée de Bourgogne, toutes trois élèves de Merlin. Ces dernières fées avoient à leurs ordres tout l'enfer, et pouvoient opérer les plus grands prodiges ou causer aux hommes les plus grands maux. Mais elles ne possédoient point, comme les autres, un pouvoir qui leur fût propre; elles n'étoient redoutables et puissantes que par l'entremise des démons avec qui elles avoient commerce. Dans l'abbaye de Poissy, fondée par saint Louis, on disoit tous les ans une messe pour préserver les religieuses du pouvoir des *fées;* et il n'y a pas fort long-temps que cet abus a été détruit. Quand on fit le procès à la Pucelle d'Orléans, les docteurs lui demandèrent pour première question, *si elle avoit connoissance de ceux qui alloient au Sabbat avec les fées, ou si elle n'avoit pas assisté aux assemblées tenues à la fontaine des Fées, proche Domprein, et autour de laquelle dansent les malins esprits. Le Journal de Paris sous Charles VI et Charles VII* prétend qu'elle avoua qu'à vingt-sept ans, elle alloit souvent, malgré son père et sa mère, *à une belle fontaine au pays de Lorraine, laquelle elle nommoit Bonne-Fontaine aux Fées notre Seigneur.* Qui n'a entendu parler du château de Pirou en Normandie, bâti par les fées; de celui de Lusignan, construit en Poitou par la fameuse Mélusine, etc. Tous nos vieux romans ne sont pleins que de ces

diableries insensées, que d'abord on est tenté de regarder
comme un moyen grossier, employé par des gens sans goût
pour frapper et surprendre l'imagination de leurs lecteurs;
mais ils content ces sottises de si bonne foi, que bientôt il
faut les plaindre; et peut-être est-ce là une des preuves les
plus frappantes de l'état d'enfance où se trouvoit alors la
raison humaine; car enfin ces messieurs étoient les beaux
esprits de leur siècle. Cependant il faut convenir aussi que
les fabliers sont sur ce point beaucoup moins répréhensibles
que les romanciers, et qu'au mélange près de la dévotion
avec la galanterie, leurs contes, comme on le verra, offrent
très peu de superstition.

(3. *Breux, ou Bréhus-sans-pitié.*) Les sobriquets, ajoutés
au nom propre, avoient commencé à se multiplier sur la
fin du dixième siècle et au commencement du onzième, et
ils étoient devenus dans le douzième et le treizième très
communs. On trouve mille exemples de rois et de princes
qui en portèrent. Les romanciers en ont donné de même
à presque tous leurs héros; *Agravain-l'Orgueilleux*, *Sacre-
mor-le-Desrée*, *Giron-le-Courtois*, *Danain-le-Roux*, *Harmin-
le-Félon*, etc.

(4. *Messire Ydier.*) Les chevaliers, soit qu'on leur parlât,
soit qu'on parlât d'eux, étoient appelés *sire, messire* ou
monseigneur. Les rois mêmes et les reines leur donnoient ce
titre. Le poète observe ici exactement l'étiquette pour chacun d'eux. De nos jours, on ne traitoit, dit-on, le parlement
de *nosseigneurs*, que par un ancien usage, établi lorsqu'il
étoit composé de chevaliers.

(5. *Hélas! dit Girflet.*) Girflet étoit écuyer d'Artus: aussi
n'est-il pas nommé *messire*; et, quand ce titre lui est donné
plus bas par une demoiselle, c'est une pure politesse.

(6. *Messire Karados.*) Les noms des héros de roman ne
sont pas toujours des noms imaginaires. Il en est quelques-

uns qui ont appartenu à des familles illustres, et qu'on retrouve dans les histoires du temps. M. de Sainte-Palaye, aux écrits de qui je dois cette remarque, soupçonne que ce pouvoit être une flatterie employée vis-à-vis d'un grand-seigneur par un romancier, son protégé ou son vassal. Je trouve un Karados dans une ballade qu'Eust. Deschamps (*Poésies manuscrites*) adresse au roi sur les chevaliers et princes qui sont de sa maison; et, quoique ces poésies soient postérieures au temps de nos fabliaux, on m'accordera sans peine qu'un nom qui étoit considérable au quatorzième siècle pouvoit déjà l'être au treizième. Or, maintenant ne se pourroit-il pas que l'auteur du *Court Mantel* eût imaginé son conte pour faire sa cour à quelque Karados, et amener adroitement l'éloge de la maîtresse ou de la femme de ce seigneur? Cette conjecture qui ajouteroit au mérite de son fabliau m'a séduit, je l'avoue; et, si je ne craignois de trouver, comme les commentateurs, de l'esprit où l'on n'en a peut-être pas mis, je dirois qu'elle m'a paru plus probable encore à une seconde lecture. Au reste, si elle étoit vraie, l'on conviendra que, malgré l'injustice qu'il y a de blâmer toutes les femmes afin d'en louer une seule, nos poésies modernes offriroient peu d'exemples d'une louange aussi délicate et aussi fine.

LE VALLON DES FAUX AMANTS.

Il y avoit un an que Lancelot[1], absent de Carduel, étoit éloigné de la belle reine Genèvre, sa
mie. Après avoir délivré des chevaliers, secouru
des dames, exterminé des brigands et aboli beaucoup de mauvaises coutumes[2], il revenoit vers elle
plus amoureux que jamais; quand sur un tertre,
à l'entrée d'un vallon, il aperçut une demoiselle
qui fondoit en pleurs et qui en maudissant Morgane s'arrachoit les cheveux. Touché de compassion, le chevalier s'approcha et lui demanda
le sujet de ses douleurs. « Hélas! sire, dit-elle,
« j'avois pour ami le plus brave des chevaliers,
« et une jalousie imprudente vient de me le faire
« perdre. J'ai voulu connoître s'il m'étoit fidèle,
« je l'ai fait entrer dans ce vallon de la détestable
« Morgane : il vient d'y être enfermé pour jamais,
« et, quoique convaincue à présent de son infi-
« délité, je sens néanmoins qu'il m'est impossible
« de vivre sans lui. »

Lancelot ne comprit rien à ce discours qui

ne lui sembla d'abord que le délire d'une tête
amoureuse, dérangée par la jalousie. En vain il
cherchoit des yeux cette prison dont on lui parloit; il ne voyoit qu'un vallon frais et riant, arrosé
par une rivière dont les bords étoient plantés de
quelques arbres, et terminé dans son enceinte
circulaire par des montagnes couronnées de forêts. Il pria donc la demoiselle de s'expliquer
plus clairement, jurant au reste de lui rendre
son ami, s'il vivoit encore; et elle parla ainsi :

« Vous connoissez sans doute cette Morgane,
« la sœur du roi Artus, si fameuse par ses en-
« chantements et sa science magique. Elle étoit
« devenue éperdument amoureuse d'un beau
« chevalier; et comme elle l'aimoit plus que
« toutes choses au monde, elle croyoit aussi en
« être aimée de même. Il ne s'étoit rendu néan-
« moins qu'à la crainte de sa puissance, et avoit
« pour amie une demoiselle jeune et charmante,
« aussi belle que Morgane l'étoit peu. La fée,
« quand elle découvrit ce secret funeste, faillit
« en mourir de douleur; mais l'espoir de la
« vengeance la ranima. Elle fit épier les deux
« amants, et un jour qu'ils étoient dans ce beau
« vallon occupés à se donner des preuves mu-
« tuelles de leur amour, elle parut tout-à-coup
« à leurs yeux, puis, après avoir exhalé sa fureur
« en reproches injurieux, leur annonça un châ-

« timent qui n'alloit plus finir qu'avec leur vie.
« Aussitôt en effet elle les attacha magiquement
« dans ce lieu même, où, placés à quelques pas
« l'un de l'autre, se voyant sans cesse et sans
« cesse tourmentés par les desirs les plus vio-
« lents, ils ne peuvent cependant ni se parler
« ni se réunir³. Ce n'est pas tout. Pour venger
« son sexe des infidélités de l'autre, Morgane
« destina par enchantement la vallée à servir de
« prison à tous les faux amants. Un mur d'air,
« transparent et solide, plus impénétrable que
« le fer même, lui sert d'enceinte. Du moment
« qu'un homme y entre, s'il est coupable de la
« moindre infidélité envers celle qui l'aime, le
« retour lui est fermé pour jamais. La prison
« au reste, est, dit-on, assez douce : car Morgane
« ne veut qu'empêcher ses captifs de faire des
« infidélités nouvelles. Elle fournit abondam-
« ment à tous leurs besoins, ils occupent des
« appartements très agréables, peuvent jouer,
« danser, se voir entre eux. Une femme, si elle
« vient avec son ami, peut y rester; et il lui est
« même permis de sortir ou de rentrer à son
« gré, pourvu toutefois qu'elle-même ait été fi-
« dèle. Mais, malgré tous ces adoucissements,
« l'ennui de cette éternelle captivité est si violent,
« que bientôt la plupart de ceux qui s'y trouvent
« condamnés y périssent de langueur et de cha-

« grin. Voilà dix-huit ans qu'est ouvert ce lieu
« de vengeance qu'on nomme également le *Val-*
« *lon périlleux* , le *Vallon sans retour* , ou le
« *Vallon des faux amants*. Il se passe peu de
« jours qu'il n'y entre quelque amant ou quel-
« que époux; et depuis dix-huit ans, il n'y en
« a pas encore un seul, dit-on, qui ait pu en
« sortir. »[4]

« Eh bien! ils en sortiront tous aujourd'hui,
« s'écria vivement le héros, et mon bras.....! —
« Ah, sire, n'exposez pas en vain votre liberté!
« La valeur ne peut rien ici, il ne faut que des
« vertus. — J'en ai beaucoup moins que je ne
« devrois sans doute; mais enfin quand on est
« résolu de se battre jusqu'à la mort, quelles
« vertus faut-il donc encore avec cela? — On
« doit n'avoir jamais manqué à sa mie, et n'avoir
« même jamais souhaité de lui manquer. — Et
« s'il se rencontroit ce loyal chevalier qui eût
« toujours été fidèle en amour....?—Sire , cette
« aventure le rendroit immortel , car il auroit la
« gloire de délivrer tous les prisonniers et de
« rompre pour toujours l'enchantement du val-
« lon. Mais nous ne devons pas nous flatter d'un
« tel bonheur. Où trouver cet homme rare, cet
« homme merveilleux, assez constant pour n'avoir
« aimé qu'une seule femme? Morgane elle-même
« ne l'espéroit pas, quand elle a mis à son charme

« cette clause impossible. Croyez-moi, sire, por-
« tez vos pas ailleurs; on peut sans honte re-
« noncer à une entreprise où le courage est
« superflu. Pour moi, c'en est fait, je veux aller
« m'enfermer dans la prison de l'ingrat que
« j'aime, et quelque libre que je sois d'en sortir,
« on me verra vivre et mourir avec lui.—Demoi-
« selle, s'écria Lancelot, non, vous ne mourrez
« pas; attendez-moi ici, vous allez voir s'il est
« encore des amants loyaux ». En disant cela, le
chevalier pique son cheval, et s'élance dans le
vallon.

Il ne vit d'abord qu'une espèce de brouillard
ou de fumée imperceptible. C'étoit le mur d'air
qui servoit de barrière, et qui s'ouvrit librement à son passage. Mais à peine eut-il mis les
pieds dans l'enceinte, qu'il se trouva suivi par
une muraille épaisse laquelle sans cesse pressant
ses pas, le forçoit d'avancer et l'empêchoit de
songer au retour. A l'entrée du lieu se voyoit
une chapelle que Morgane avoit fait bâtir pour
que ses prisonniers *pussent chaque jour assister
à la messe*⁵. A droite et à gauche étoient leurs
maisons......

Je supprime le reste de l'aventure, dont le dénoûment est
absolument semblable à celui de LA MULE SANS FREIN, et
qui de même n'offre plus que des combats; car, dans ces

siècles de prouesse, justice n'étoit bien faite que quand on
avoit tué ou battu. Lancelot est partout vainqueur. Morgane,
soupirant de douleur de voir la reine qu'elle hait posséder
un amant si brave et si fidèle, essaie en vain de le lui arracher. Il résiste à ses caresses et à ses offres. Les prisonniers
sont délivrés : ils viennent en foule remercier leur bienfaiteur ; la demoiselle rivale de la fée est rendue à son ami ;
celle qui attendoit en dehors, à l'entrée du vallon, retrouve
le sien ; l'enchantement est rompu, et tout le monde sort
content. *Morgane seule étoit triste*, dit l'auteur qui finit par
un trait naïf de sentiment son historiette badine. *Quand
elle vit partir le chevalier, Lancelot, Lancelot*, lui dit-elle,
*vous vous applaudissez maintenant ; mais bientôt que de
reproches vous aurez à vous faire, et que de femmes par vous
vont être malheureuses !*

On ne sera pas surpris qu'une aventure aussi brillante
pour Lancelot se trouve dans le roman de son nom ; mais,
pour la lier au reste de l'ouvrage, il a fallu changer quelque chose au dénoûment. Ainsi Morgane, après que les
prisonniers sont délivrés, enlève le héros qui par là se
trouve entraîné dans d'autres aventures.

Dans le roman d'Amadis est une île merveilleuse où l'on
voit un antre magique destiné, comme le vallon de ce fabliau, à éprouver les amants infidèles. A son approche de
l'antre, tout amant déloyal est repoussé par des torrents de
flamme, accompagnés de cris effroyables. Les amants loyaux
et fidèles entrent librement et n'entendent qu'une musique
délicieuse.

I.   11

NOTES.

(1. *Lancelot*) fils d'un de ces rois de Gaule vassaux d'Artus, étoit l'amant chéri de l'épouse du monarque, et le plus brave ainsi que le plus beau de tous les chevaliers de la *Table-Ronde*. Sa fidélité pour la reine est renommée dans les romans; et avec les moyens qu'il avoit pour plaire, on croira sans peine que cette fidélité fut souvent mise à l'épreuve. Une femme étant venue le trouver la nuit, et l'assurant que la reine ne pourroit en être instruite: *Quand elle ne le sauroit jamais*, dit-il, *mon cœur qui est toujours près d'elle ne pourroit l'ignorer:* sentiment un peu mystique, mais sublime, et qu'on regrette de trouver avec un attachement criminel. Dans nos cartes à jouer, un des quatre valets porte encore aujourd'hui le nom de Lancelot; ce qui prouve quelle étoit à l'époque de l'invention de ce jeu la célébrité du héros fabuleux.

(2. *Après avoir délivré des chevaliers, secouru des dames, exterminé des brigands et aboli beaucoup de mauvaises coutumes.*) C'étoit à-peu-près à cela que se réduisoient les exploits des chevaliers errants, sorte de héros vagabonds qu'il a été très facile à l'immortel auteur de *Don Quichotte* de rendre ridicules, mais dont l'enthousiasme cependant, les travaux et la valeur, méritent peut-être aujourd'hui notre reconnoissance. Qu'on se rappelle qu'il fut un temps où la France étoit devenue la proie d'un millier de petits tyrans qui tous aspiroient à l'indépendance et à la souveraineté; qu'on vit les plus forts, après avoir écrasé les plus foibles, se former ainsi des domaines, battre monnoie, élever des forteresses, faire à leur gré la guerre ou la paix, condamner sans appel les vassaux qu'ils s'étoient soumis et qu'ils nom-

moient leurs sujets, leur imposer arbitrairement des taxes,
et les obliger par serment de les suivre en guerre, même
contre le roi ; nulle part de sûreté ni de commerce ; les
femmes étoient enlevées, les orphelins dépouillés, les voyageurs volés sur les chemins ou dans les bois, les marchands
rançonnés àtous les ponts, gués et passages ; partout enfin
régnoient la violence, le brigandage et la guerre. C'est au
milieu de cette anarchie effroyable que l'enthousiasme tout-
à-coup enfanta la chevalerie, c'est-à-dire un ordre d'hommes généreux qui se dévouèrent avec serment à secourir
les veuves, les orphelins et tous les opprimés, et dont plusieurs, sans attendre qu'on vînt implorer leur secours, par
un fanatisme qui ne se trouve guère que dans de grandes
âmes, couroient, au péril de leur vie, partout où il y avoit
des oppresseurs à détruire et des torts à redresser. Hélas !
l'héroïsme et la vertu sont si rares parmi les hommes, qu'il
n'est assurément pas de leur intérêt d'y trouver des ridicules. Il y avoit tant d'autres reproches, et bien mieux
fondés, à faire à la chevalerie ; mais ceux-ci n'eussent qu'at-
tristé, et l'on veut faire rire.

(3. *Elle les attacha magiquement dans ce lieu même.*) Dans
le *Roland* du Boiardo, la fée Silvanelle, amoureuse de
Narcisse, le surprenant de même avec sa rivale, impose la
même peine aux deux amants.

(4) Dans les *Cent Nouvelles nouvelles de Mme de Gomez*
(*Nouvelles* 74 et 75), un Espagnol obligé de fuir sa
patrie pour avoir poignardé sa femme, qu'il avoit surprise en adultère, se réfugie à Mélille chez les Maures
d'Afrique, où il change de religion et devient roi. Afin de
se venger du sexe que son épouse lui a fait haïr, il bâtit un
sérail, dans lequel il enferme toutes les femmes de ses
états dont les maris ont à se plaindre, et celles que ses
sujets corsaires peuvent prendre dans leurs courses. On

tente pendant un an la fidélité de celles-ci, et toutes ces prisonnières ne doivent être libres que quand il se sera trouvé une femme fidèle à son époux ou à son ami, *et assez vertueuse pour faire excuser les désordres des autres.* Il est étonnant que madame de Gomez n'ait profité de notre fabliau que pour le tourner au déshonneur de son sexe.

(5. *Une chapelle que Morgane avoit fait bâtir pour que ses prisonniers pussent entendre la messe.*) Une chapelle ! la messe ! dans un pareil sujet ! On verra d'autres exemples de ce mélange absurde et impie ; et les romanciers en sont pleins. La nuit ils font coucher leurs héros avec une maîtresse ; mais ils ne manquent jamais de leur faire entendre la messe le lendemain. Ce Merlin même, le plus grand magicien de la terre selon eux, ce Merlin qui fut fils d'un démon, et formé, d'après un conseil des esprits infernaux, pour anéantir l'*œuvre de Rédemption,* eh bien ! ce Merlin est baptisé ; c'est un zélé catholique qui n'emploie la plupart de ses enchantements que pour *avancer chrétienté* ; il fait faire des bâtards, parce qu'ils soutiendront un jour la foi ; il favorise des adultères..... En lisant ces absurdités dégoûtantes, je me suis dit : l'ignorance n'empêche pas d'écrire, voilà ce qu'elle produit ; l'ignorance n'est donc bonne à rien.

LAI DE LANVAL,[1]

PAR MARIE DE FRANCE.

Artus, aux fêtes de la Pentecôte, tenoit sa cour plénière à Carduel; et libéral autant que magnifique, il avoit répandu à pleines mains les bienfaits et les présents sur tous ceux qui l'entouroient. Un seul homme s'en vit privé : c'étoit Lanval, chevalier breton[2], qui l'avoit très bien servi, et que le monarque néanmoins affectoit depuis long-temps d'oublier. Lanval étoit fils de roi, et dans toute l'Angleterre vous n'eussiez pu trouver un chevalier plus brave et plus beau : mais ne recevant rien du prince, et ne lui demandant rien, dénué de ressources dans un pays étranger, il se vit enfin réduit à une telle détresse qu'il lui fallut quitter la cour de son suzerain.

Il partit donc sans prendre congé de personne, sans même trop savoir où il iroit, et marcha ainsi à l'aventure pendant plus de la moitié du jour. Enfin, ayant trouvé une prairie qu'arrosoit une rivière, il descendit pour laisser paître et reposer son cheval; et pendant ce temps, couché sur l'herbe et le coude appuyé sur son manteau, il regardoit l'eau couler et rêvoit tristement à son malheur.

Un bruit soudain qu'il entendit à ses côtés lui fit tourner la tête. Il aperçut deux demoiselles d'une beauté ravissante et vêtues très richement, qui, après l'avoir salué, l'invitèrent de la part de leur maîtresse, à se rendre dans une tente qu'elle avoit fait dresser non loin de là. Lanval, étourdi du compliment, se leva et les suivit, sans songer même à son cheval. Il trouva un pavillon de soie[3] surmonté d'un aigle d'or, et sur un lit magnifique étoit la plus belle personne que des yeux humains puissent jamais voir.

> Flor de lis et rose nouvele,
> *paroît au temps*
> Quant ele pert ou tans d'été,
> *Elle surpassoit*
> Trespassoit elle de biauté.

Un manteau doublé d'hermine et teint en pourpre d'Alexandrie[4] couvroit ses épaules. La chaleur[5] l'avoit forcée de l'écarter un peu; et l'œil, à travers cette ouverture, apercevoit une peau plus blanche que l'hermine qui la touchoit.

Le chevalier étoit tellement interdit, qu'il ne put ni avancer ni parler. Elle l'appela. « Lanval, « lui dit-elle, c'est vous que je viens chercher ici. « Vous m'avez plu, je vous aime, et veux bien-

« tôt vous en donner de telles preuves, que votre
« sort sera digne d'être envié par cet Artus qui
« vous dédaigne, et par tous les rois de la terre. »

Ce discours tendre retira le chevalier de son
premier étonnement, et, comme une étincelle,
enflamma subitement son cœur. Il répondit à
la dame que s'il étoit assez heureux pour obtenir son amour, jamais elle ne pourroit lui rien
ordonner que sa valeur n'osât entreprendre ; et
il protesta qu'il ne desiroit plus désormais qu'une
seule chose au monde, l'assurance de la voir
toujours et de ne pouvoir plus être séparé d'elle.

Les demoiselles entrèrent dans ce moment,
apportant des habits magnifiques; il s'en revêtit,
et sembla encore mille fois plus beau. Bientôt
après le dîner parut. La fée[6] lui fit prendre place
sur le lit auprès d'elle. Les pucelles[7] servirent
elles-mêmes. Tous les plats étoient exquis; mais,

> Un entremès i eut plénier
> Ki mult plaiseit au chevalier :
> Car s'amie baiseit suvent,
> Et acoleit estreitement.

Après la table, il obtint d'elle la dernière
preuve de son amour. Enfin, pour achever de
vous peindre sa situation, il étoit tellement
transporté de plaisir qu'il eût voulu passer toute
sa vie dans ce pavillon délicieux. Mais le soir,
quand la nuit approcha, la fée lui dit : « Je ne

« puis vous garder davantage, levez-vous, re-
« tournez à la cour et déployez-y une magnifi-
« cence digne de vous et de moi. Quelque dépense
« qu'il vous plaise de faire, l'or ne manquera ja-
« mais à vos besoins. Si quelquefois votre ten-
« dresse me desire (et je me flatte que ce ne
« sera jamais que dans des lieux où votre amie
« pourra paroître sans rougir), je vous permets
« de m'appeler; et dans l'instant, invisible pour
« tout autre, je m'offrirai à vos yeux. Mais sur-
« tout que personne ne puisse jamais soupçonner
« votre bonheur. J'exige le secret le plus profond,
« et vous annonce que dès le moment où vous y
« manquez, vous perdez mes bontés et ne me
« revoyez jamais ». A ces mots elle l'embrassa et
lui dit adieu. Son cheval l'attendoit à l'entrée de
la tente. Il partit tellement étonné de son aventure qu'il ne pouvoit la croire, et qu'il regardoit
de temps en temps en arrière, comme pour se
convaincre qu'on ne l'avoit pas abusé par une
illusion.

De retour à Carduel, il combla de présents
ceux qui l'avoient servi, racheta des prisonniers,
remit en équipage des chevaliers pauvres, habilla des ménétriers[8], fit des dons à des croisés et à
des pélerins; et cependant sa bourse se trouvoit
toujours remplie. Mais ce qui plaisoit encore
bien autrement à son cœur, c'est que le jour ou

la nuit, dès que l'amour le pressoit et qu'il appeloit la fée, elle se rendoit aussitôt à ses désirs.

Écoutez maintenant comment ce bonheur fut troublé.

A la fête de la Saint-Jean, beaucoup de chevaliers se trouvoient au château. Quand on eut soupé, ils descendirent au verger pour se promener. La reine, qui en secret aimoit Lanval et qui des fenêtres de la tour qu'elle habitoit l'avoit aperçu parmi eux, proposa sans affectation aux dames de descendre aussi. On se réunit, on folâtra, on se prit par les mains pour danser; la joie devint générale.

Lanval seul s'ennuyoit, parce qu'il songeoit à sa mie, et il s'échappa dès qu'il le put, pour retourner auprès d'elle. Genèvre, qui depuis long-temps cherchoit l'occasion de le trouver seul, saisissant avidement celle-ci, l'appela et lui parla en ces termes : « Lanval, je vous ai tou- « jours estimé, et il ne tient qu'à vous d'avoir « mon cœur, car je vous aime : parlez, ne le de- « sirez-vous pas » ? Le chevalier aimoit déjà, comme vous avez vu; et d'ailleurs, n'eût-il pas aimé, il étoit trop loyal pour manquer jusqu'à ce point au monarque qui avoit reçu sa foi[9]. Enfin, que vous dirai-je? après bien des sollicitations tendres, la reine furieuse s'emporta en invectives et lui fit un reproche si horrible, que, piqué à son tour, il avoua qu'il avoit une mie, et une mie si parfaitement belle qu'une seule de ses suivantes l'emportoit sur la reine en beauté.

Cette réponse humiliante acheva d'accabler Genèvre. Elle se retira dans sa chambre pour pleurer, et, se mettant au lit, déclara qu'elle n'en sortiroit plus que quand le roi son époux auroit promis de la venger. Il étoit à la chasse. Le soir quand il rentra, elle se jeta à ses pieds, et lui demanda vengeance d'un insolent qui non-seulement avoit osé la *prier d'amour*, mais qui sur ses refus l'avoit accablée d'injures, en ajoutant qu'il possédoit une maîtresse dont les suivantes valoient mieux qu'elle. Trompé par les larmes de son épouse, Artus s'enflamma de colère : il jura qu'il feroit brûler ou pendre le coupable[10], et envoya dans l'instant trois de ses barons[11] pour l'arrêter.

Lanval s'en étoit retourné triste et chagrin. Quoiqu'il n'eût pas nommé son amante à la reine, il avoit cependant parlé de son bonheur, et il trembloit que la fée ne s'en vengeât. A peine fut-il rentré chez lui, qu'impatient de sortir d'inquiétude, il l'appela ; mais pour cette fois elle fut sourde à ses vœux. Il eut beau se plaindre, soupirer, maudire son indiscrétion et demander grâce, tout fut inutile ; elle refusa toujours de se montrer. Les barons le trouvèrent en larmes

quand ils vinrent le sommer de se rendre à la
cour du roi pour se défendre. Le désespoir dans
le cœur et peu inquiet sur des jours qui lui
étoient devenus odieux, il les suivit.

Dès qu'il parut, le monarque lui reprocha
avec amertume sa félonie. Lanval, surpris, protesta de son innocence sur la séduction dont on
l'accusoit; mais il confessa naïvement l'incivilité
qui lui étoit échappée dans la colère, et se soumit
du reste au jugement de la cour. On lui nomma
en conséquence des juges choisis parmi ses pairs[12].
Ceux-ci lui assignèrent un jour pour comparoître; et en attendant ils exigèrent ou qu'il se con-
stituât prisonnier ou qu'il donnât un répondant.

Comme l'accusé n'avoit point de parents en
Angleterre, et que dans son malheur il ne comp-
toit plus sur ses amis, il s'apprêtoit à marcher vers
la prison; mais Gauvain, quoique le neveu du monarque, et les chevaliers qui étoient au château,
ayant offert pour son cautionnement leurs terres
et leurs fiefs, la garantie fut acceptée et il lui fut
permis de retourner au lieu de sa demeure. Il étoit
si profondément affligé que ses amis qui l'y ac-
compagnèrent et qui se proposoient de lui faire
quelques reproches sur sa dangereuse indiscrétion, se virent obligés au contraire de l'exhorter
à prendre courage. Il fallut même qu'ils vinssent
tous les jours le consoler, car il refusoit de man-

ger; il appeloit sans cesse la mort, et leur donnoit lieu de craindre que la douleur ne lui fît
perdre tout-à-fait la raison.

Le jour fixé arriva enfin. Les barons s'assemblèrent, et les chevaliers qui avoient été les
pleges[15] de Lanval vinrent le leur représenter.
Artus voulut présider à la séance. Animé par
son épouse qui étoit présente, il animoit lui-
même les juges. On interrogea l'accusé et on le
fit sortir ensuite pour aller aux voix; mais ces
braves guerriers avoient honte de condamner
ainsi à la mort[14] un chevalier sans reproche, un
jeune homme si beau, loin de sa patrie et sans
appui dans une cour étrangère. Plusieurs n'opi-
noient qu'à la prison; et l'un d'eux, dans l'espoir
de le sauver, ayant proposé de l'obliger à montrer sa maîtresse, afin qu'elle pût être comparée
à la reine et qu'on jugeât s'il avoit eu raison de
la lui préférer, cet avis fut adopté unanimement.
Par malheur il n'étoit plus en sa puissance de la
faire voir; et ce dernier moyen qu'on vint lui
offrir ne servit qu'à le convaincre qu'il n'avoit
plus de ressource.

On alloit donc prononcer, lorsque tout-à-coup
on vit paroître deux demoiselles montées sur des
chevaux gris, et si belles qu'on crut d'abord que
l'une des deux étoit la mie qu'avoit tant vantée
Lanval. Elles se présentèrent devant le roi, et en

lui annonçant l'arrivée de la dame leur maîtresse,
le prièrent de lui faire préparer *une chambre*
qu'elle pût occuper. Un instant après, deux autres
parurent, d'une taille majestueuse, et plus belles
encore que les premières. Elles étoient vêtues d'un
bliaud d'or [15], et montoient des mules espagnoles.
Le monarque, à qui elles demandèrent un gîte
et pour elles et pour leur maîtresse, alla les
conduire lui-même; et comme s'il eût craint que
Lanval n'échappât à sa vengeance, il revint au
plus vite presser le jugement.

Mais des cris de joie et des acclamations
bruyantes qu'on entendit au-dehors arrêtèrent
de nouveau les juges. Ils regardent, et voient
venir sur un cheval plus blanc que la neige [16] une
dame d'une beauté surnaturelle et divine. Elle
avoit un manteau de pourpre grise, étoit suivie
d'un levrier et tenoit un épervier sur le poing [17].
Hommes, femmes, chevaliers, bourgeois, tout
ce qui habitoit l'enceinte du château étoit accouru sur son passage, et l'on n'entendoit autour d'elle qu'un murmure confus d'admiration
et d'éloges.

Les amis de Lanval, ne doutant pas que ce ne
fût là celle qui devoit le sauver, vinrent en hâte
lui annoncer cette heureuse nouvelle. Assis tristement à l'écart, il n'attendoit plus que l'instant
de mourir, et s'en applaudissoit, puisqu'il avoit

perdu celle qui faisoit tout son bonheur. Au discours de ses amis, il leva les yeux pour la regarder. C'est elle, c'est elle! s'écria-t-il, et je vais mourir content, puisque je l'ai revue.

Le monarque avec toute sa cour alla au-devant de la dame. Elle entra dans le palais, salua et parla ainsi : « Roi, et vous, barons, écoutez-moi. Ar-« tus, j'ai aimé l'un de tes chevaliers, ce Lanval « qui t'avoit si bien servi [18], et que j'ai été obli-« gée de récompenser pour toi. Il m'a désobéi, « et j'ai voulu l'en punir en le laissant pendant « quelque temps aux portes de la mort; mais il « m'a été fidèle, et je viens l'en récompenser. « Barons, vous avez exigé ma présence pour le « condamner ou l'absoudre; me voici : comparez « maintenant et prononcez ». Ils s'écrièrent tous que Lanval avoit eu raison, et d'une voix una-nime il fut absous. La fée repartit aussitôt avec ses pucelles. Pour lui, montant sur les degrés du perron de marbre [19] qui étoit près de la porte, il sauta sur le cheval de la dame quand elle passa, et sortit avec elle.

Les Bretons disent qu'elle l'emmena dans une île charmante, nommée d'Avalon, où ils ont vécu heureux. On n'en a point entendu parler depuis; et quant à moi, je n'en ai pas appris davantage.

Dans les *Mille et une nuits*, Ahmed, fils du sultan des Indes, se trouve conduit de même par une aventure singulière au château magique de la fée Pari-Banou, qui est devenue amoureuse de lui. Il l'épouse; mais, dans tout le reste, les deux contes ne se ressemblent plus.

Voyez le texte dans le *Recueil de Marie de France*, 1820, 2 vol. in-8. Tome 1ᵉʳ, page 202.

NOTES.

(1. *Lai.*) Ce mot, aussi ancien que la poésie françoise, signifioit *chanson*, et paroît venir de l'allemand *lied*, qui a la même signification. Nos vieux romanciers font souvent chanter des *lais* à leurs héros. Il y en avoit dans tous les genres, de gais, de tristes, d'amoureux et même de dévots. Peu-à-peu le *lai* se perfectionna. On lui donna un nombre réglé de stances, une coupe lyrique; et c'est ainsi qu'on le voit paroître dans les poésies manuscrites de Froissart, et pendant fort long-temps chez les poètes qui suivirent celui-ci. Dans les commencements, le *lai* se chantoit, et d'ordinaire avec un accompagnement de harpe. *Barbaros leudos harpâ relidebat. (Fortunati Epistolæ ad Gregorium Turonensem.)*

Il avoit appris à chanter
Et lais et notes à harper.

Tenoit une harpe, et harpoit, et chantoit tant doulcement un lay qui avoit esté fait nouvellement et qui étoit appellé le lay des deux Amants. (Roman de Giron-le-Courtois.)

Il est vraisemblable que certains fabliaux furent nommés

lais, parce qu'ils se chantoient aussi. Dans le préambule de celui de Gruélan qui va suivre, le poëte dit:

> Bun en sunt li lai à oïr,
> E les notes à retenir.

A la fin de celui de Gugemer, qui vient ensuite, on lit de même,

> Qu'hum dist en harpe è en rote :
> *bonne*
> Boine en est à oïr la note.

Mais quel étoit ce chant? Les fabliaux ordinaires n'étoient-ils que déclamés, et les lais-fabliaux chantés en entier? Pourquoi les manuscrits n'en offrent-ils aucun de noté, tandis qu'on y trouve la musique des chansons du temps, et celle même d'un fabliau ordinaire (*Aucassin?*). Je n'ai sur tout cela que des conjectures dont la discussion m'entraîneroit trop loin, et je laisse ces détails à ceux qui entreprendront l'histoire de notre ancienne poésie.

Dans la pièce intitulée *les deux Ménétriers*, l'un d'eux, après avoir nommé tous les romans qu'il est en état de réciter, se vante de savoir plus de quarante lais.

(2. *Lanval, chevalier breton.*) Nos romanciers étant François, il étoit tout naturel qu'ils prissent des François pour leurs héros. La chose ne devenoit pas aussi aisée pour ceux qui faisoient des romans de la *Table-Ronde*, parce que la scène devoit être en Angleterre. Pour remédier à cet inconvénient, ils supposoient Artus suzerain de la petite Bretagne; ils le font venir souvent à Nantes tenir cour plénière; et dès-lors cette province devient le théâtre de la plupart des exploits. Trois des plus célèbres chevaliers de la Table-Ronde, Tristan, Méliadus et Lancelot, sont Bretons. La forêt où Merlin fut enchanté par Viviane et qu'habitoient les fées, est Brocéliande auprès de Quintin, etc. Enfin ces

fables, devenues populaires, avoient fait donner à certains lieux des noms qu'on retrouve encore dans les histoires. C'est ainsi que, dans la vie de Louis III, duc de Bourbon, on voit une action passée auprès du *Perron de Merlin*, une autre à la *Croix de Malchast où Merlin faisoit ses merveilles.*

(3. *Un pavillon de soie.*) La chenille qui produit la soie, originaire de la Chine et des Indes, avoit été, en 551, transportée par deux moines à Constantinople; mais le secret d'élever ces insectes et de travailler leur fil sembloit être demeuré dans l'empire grec, et le reste de l'Europe n'en avoit point profité. En 1130, Roger, roi de Sicile, passant par la Grèce au retour d'une expédition dans la Terre-Sainte, emmena avec lui d'Athènes, de Corinthe et de Thèbes, des ouvriers en soie, et les établit à Palerme, où ils enseignèrent leur art, qui bientôt se répandit dans l'Italie. Peu de temps après, des marchands toscans et lombards le portèrent en France. Ceux-ci formèrent d'abord leurs manufactures dans nos provinces méridionales, dont la température est plus favorable à la conservation ainsi qu'à la nourriture de l'insecte. De là ils parcouroient le royaume et suivoient les foires pour vendre leurs marchandises. Enfin, ils vinrent s'établir à Paris, dans une rue à laquelle on donna le nom *des Lombards*, qu'elle porte encore.

Quant aux étoffes en soie qu'on savoit fabriquer au treizième siècle, outre celles qui étoient brochées en or et en argent, on connoissoit, comme aujourd'hui, le velours, le satin qu'on nommoit *samit*, et le taffetas qu'on appeloit *cendal* ou *sandal*. Ce sont les soiries, à mesure qu'elles devinrent plus communes ou mieux travaillées, qui firent tomber l'usage des fourrures, si long-temps à la mode.

(4. *Teint en pourpre d'Alexandrie.*) Personne n'ignore que la belle pourpre tyrienne des anciens étoit rouge, que la commune étoit violette, et qu'ils avoient plusieurs nuances intermédiaires entre ces deux couleurs. Au temps de nos fabliers, les plus belles étoffes de pourpre se tiroient d'Alexandrie, soit que cette ville possédât alors le secret de cette riche teinture, autrefois la richesse des Phéniciens; soit qu'elle ne fût que l'entrepôt de ces étoffes précieuses que les Italiens venoient y chercher pour les vendre ensuite au reste de l'Europe. Dans le roman de la Rose, il est parlé de la *pourpre sarrasinoise*, qui sans doute est la même. On voit en effet dans l'histoire des Croisades que cette magnificence étoit en usage chez les Sarrasins; et l'on sait qu'un des effets que produisirent ces guerres religieuses fut de faire connoître et de répandre dans l'occident le luxe de l'Asie. Le roman de Charlemagne, manuscrit du roi, 7188, parlant d'un château pris par ce prince et rempli de richesses, dit :

> *on y trouva draps*
> Et moult i trouva on pailes alexandrins.

D'autres romans appellent ces étoffes *pourpre d'Aumarie* (d'outremer).

Dans les poésies du treizième siècle, les mots *écarlate* et *pourpre* sont synonymes. Aujourd'hui, que le mot écarlate est consacré pour désigner la nuance rouge, par le mot *pourpre,* nos ouvriers ainsi que nos auteurs de blason entendent une couleur violette; quoique les uns et les autres ne soient point d'accord sur la composition ni même sur la vraie nuance de ce violet.

Ce qui est plus embarrassant et plus difficile à expliquer, c'est ce manteau de *pourpre grise* que le fablier prête à la fée de son conte; c'est cette pourpre et cette écarlate blanches dont il est mention dans Froissart, dans Vincent de

Beauvais et dans quelques-uns de nos vieux poètes; enfin c'est une pourpre *rousse* (*Ducange*, *au mot* purpura): car on en trouve chez eux de toutes les couleurs.

Avant de tenter l'explication de cette difficulté, je dois rapporter ici un passage de Vitruve sur la pourpre.

« On tire d'un limaçon de mer, dit-il, cette couleur, qui « est différente en divers lieux, selon la diversité des cli- « mats où elle naît. Celle qui se prend au royaume de Pont « et en la Gaule* est fort obscure, parce que ces régions « approchent du septentrion. Celle qui vient aux pays qui « sont entre le couchant et le septentrion est livide. Mais, « vers l'orient et l'occident équinoxial, elle tire sur le vio- « let. Elle est tout-à-fait rouge, vers le midi, comme à « Rhodes et aux autres pays qui sont plus proches du « cours du soleil. Quand on a amassé un grand nombre « de ces limaçons, on les cerne avec un couteau, pour en « faire distiller une humeur pourprée, que l'on achève « d'exprimer en les pilant dans des mortiers. Mais elle est « sujette à se dessécher, à cause de la salure, si on ne la « garde dans du miel. »

Cette dernière phrase n'étant pas aisée à entendre, Per- rault, dont je viens d'employer la traduction, a cru devoir y ajouter la note suivante :

« Plutarque rapporte, dans la *Vie d'Alexandre*, qu'à la « prise de Suse, il se trouva, parmi le butin, le poids de « cinq mille talents de pourpre, qui, ayant esté faite cent « quatre-vingt-dix ans auparavant, avoit conservé la « beauté de sa couleur; parce, dit-il, que la rouge estoit « faite avec du miel, et la blanche avec de l'huile. On est « bien empesché de sçavoir ce que c'est que cette pourpre « rouge et cette pourpre blanche, et quelle est cette con-

---

* De nos jours, Réaumur a retrouvé ce coquillage sur les côtes de Poitou.

« servation qui en est faite par le moyen du miel et de
« l'huile. Mercurial, dans ses diverses leçons, pour démes-
« ler cela, dit que les anciens gardoient l'humeur pourprée
« en deux manières. La première estoit en mettant dans le
« miel la chair pilée avec son suc, qui faisoit une masse
« rouge ; la seconde, en séparant de la chair une veine
« blanche, dans laquelle l'humeur pourprée est contenue,
« ce qui faisoit ce que Plutarque appelle la pourpre blanche,
« qui, estant plongée dans l'huile, s'y conservoit, de même
« que l'autre dans le miel. Il semble néantmoins que Vitruve
« entend que c'estoit le suc seul exprimé des huistres qui se
« mettoit dans le miel pour estre conservé ». (*Traduction de
Vitruve, par Perrault*, p. 249.)

Quand on a lu tout ceci, on est encore plus embarrassé
qu'auparavant. Il suivroit, de l'explication même de Mercurial, que la pourpre blanche n'étoit point une couleur
blanche, mais cette partie de la liqueur pourprée, qui étoit
contenue dans un vaisseau de l'animal; d'ailleurs ce commentaire n'expliqueroit point ce que c'est que ces pourpres
grises, rousses, etc., dont il est parlé chez nos fabliers.
Pour moi, sans vouloir entreprendre ici des discussions qui
sont fort au-dessus de mes connoissances, je proposerai
une conjecture; c'est que, pendant long-temps, l'écarlate
et la pourpre ne s'étant employées, à cause de leur cherté,
que pour la teinture des draps les plus fins, on donna, par
la suite, le nom de pourpre et d'écarlate, non à la couleur,
mais à l'étoffe elle-même, quelle que fût sa couleur. Ainsi,
d'après cette explication, une *écarlate verte* signifieroit un
drap superfin, teint en vert. C'est de cette façon que j'expli-
querois les passages suivants:

de pourpre

Et s'affuble...... d'un *vert* mantel porprine.

Fabliau de Gautier d'Aupais.

fut   couvert le baron.
D'une porpre *sanguine* fu bien covert li ber.

Manuscrits du roi, n° 6985.

Mancherons d'écarlate *verte.*

Poésies de Cl. Marot, p. 18.

Cependant, lorsqu'une étoffe fut véritablement teinte en
écarlate, il y eut encore, pour cette couleur même, différentes nuances. C'est ce que prouve un réglement fait pour
les teinturiers de Paris, en 1669, et dans lequel il leur est
ordonné d'employer la cochenille, pour l'*écarlate cramoisie,*
et pour *les autres*, comme *pourpre*, *amarante*, etc., mais de
n'employer que la pure graine d'écarlate de Languedoc ou de
Provence, pour les écarlates anciennes, dites de France et des
Gobelins.

(5. *Un manteau doublé d'hermine..... La chaleur l'avoit*
forcée de l'écarter un peu.) Voilà une fourrure portée en
été. On en verra un autre exemple dans le fabliau de
la Robe d'écarlate. Les peuples du midi de l'Europe, ha-
bitant un pays chaud, usoient d'étoffes légères propres à
leur climat, et de là vient que le vair et l'hermine sont si
rares dans les armoiries d'Italie et d'Espagne (*Le Labou-*
reur, Origine des armoiries). En France, au contraire, et
en Allemagne, où les hivers sont plus rigoureux, où les
étés sont tempérés, et où peut-être l'étoient-ils encore davantage alors par le grand nombre de forêts et de terres
en friche, on fourroit les chapes, les manteaux, les cha-
perons, les cottes-d'armes, etc.; et il paroît qu'on portoit
ces fourrures en tout temps. Cette mode avoit été apportée
en France par les différentes nations barbares qui en avoient
fait la conquête. Elles portoient en habits les peaux des
bêtes qu'elles avoient tuées à la chasse; et ce qui d'abord
n'avoit été que le vêtement de la pauvreté devint par la suite
la parure du luxe.

Les peaux d'*hermine* se tiroient d'Arménie, ou, comme on écrivoit alors, d'*Herminie*, où cette espèce de rats blancs est très commune. On en trouve aussi en France et surtout en Bretagne, ce qui engagea les ducs de cette province à prendre cette panne pour leurs armoiries.

Afin d'en relever la blancheur par le contraste d'une couleur opposée, on la mouchetoit, comme on fait encore aujourd'hui, avec le noir du bout de la queue de l'animal, ou avec des flocons de laine d'agneaux de Lombardie, qui sont renommés pour leur beau noir luisant.

Quelquefois on la mouchetoit avec d'autres couleurs, comme le prouve l'exemple suivant, où le poète décrit l'habillement d'une princesse.

> *manteau*
> ... Ot un mantel grant et bel ;
>   *satin*
> D'un vermeil samit est à lez.
> *Lemanteau*   *cher*
> Li manteax est et bons et chiers.
>   *échiquier*
> La panne* en est à eschequiers,
>   *points*
> A poins menus blans et sanguins
>   *zibeline*
> D'hermine, de tex sebelins.
>   *ourlé*
> De sebelins noirs est orlez (*bordé*).

Roman de Parthénopex.

On doubloit aussi les manteaux par bandes, qui étoient alternativement de fourrure et d'étoffe. Ces bandes d'étoffe se nommoient *gueules* (mot qui, aujourd'hui encore, dans

---

* La panne est en échiquier, formée de points alternativement blancs et rouges, les uns en hermine, les autres en martre zibeline.

le blason, désigne la couleur rouge), parce que dans l'origine probablement on les fit de drap d'écarlate, le plus estimé de tous, et affecté aux grands seigneurs, comme je le dirai ailleurs. On donnoit le nom d'*engoulée* à cette sorte de fourrure.

> a manteau d'hermine
> Si ot vestu un hermin engoulé
>
> Roman de Garin.

> chapes fourrées.
> De sebelines engoulées.
>
> Reclus de Molien.

Cependant quand, au lieu d'écarlate, on employa pour bandes des étoffes d'or ou d'argent, ces bandes conservèrent toujours leur nom de *gueules*.

> ...... un roux peliçon
> Dont les gules estoient d'or.
>
> Roman du Renard.

Ce sont ces sortes d'habits qui ont produit les armoiries *fascées* (Ménestrier, *Origine des armoiries*).

Le manteau d'hermine étoit autrefois en France la parure des souverains et des princes. Une reine d'Angleterre en faisoit porter deux devant elle, comme souveraine des deux royaumes d'Angleterre et de France (*Choisi*, *Vie de Charles VI*, page 502). Il n'est plus porté aujourd'hui que par les reines le jour de leur couronnement, par les rois le jour de leur sacre; par les douze pairs qui, dans cette cérémonie, représentent les pairs anciens; et hors de ces occasions d'éclat, par les seuls chancelier et garde-des-sceaux. Les ducs et pairs le portent dans leurs armoiries placé derrière l'écu.

Quant à la forme du manteau, il étoit carré et assez long pour descendre à terre par-derrière et par-devant.

Comme, en cet état, il eût empêché la liberté des mains,
il étoit attaché sur l'épaule droite avec une agrafe, et on
le relevoit, du côté gauche, avec le bras. C'est pour parer
à cette incommodité sans doute qu'on fit des manches aux
capes et aux autres habillements de ce genre, ainsi qu'en
avoit eu primitivement le sagum des Gaulois. Charlemagne
portoit ordinairement un manteau bleu, et peut-être est-ce
par cette raison que la couleur bleue est devenue celle de
l'écu de nos rois.

(6. *La Fée.*) Quoiqu'on trouve chez les anciens plusieurs
exemples de magie, tels que la tête de Méduse, les métamorphoses faites par Circé, le cheval ailé de Belléro-
phon, etc.; quoique Pomponius Méla fasse mention d'une
île située entre la grande et la petite Bretagne, habitée par
neuf prêtresses (*Antistites*) auxquelles on attribuoit le pouvoir d'exciter et d'apaiser les tempêtes, de prendre la forme
de toutes sortes d'animaux, de prédire l'avenir, etc.; on convient néanmoins assez généralement que ce que nous appelons *féerie* nous vient des orientaux, et que ce sont leurs
génies qui ont produit nos fées, espèces de nymphes, comme
je l'ai dit ci-dessus, d'un ordre supérieur à ces femmes
magiciennes auxquelles on donnoit pourtant le même nom.
Mais cette fiction, en se transplantant dans nos climats, y
a pris la teinte du gouvernement et de l'esprit de la nation.
En Asie, où les femmes, emprisonnées dans des harems,
éprouvent encore, outre la servitude générale, un esclavage
particulier, les romanciers ont imaginé des *Peris**, de beaux
génies consolateurs, qui, volant dans les airs, viennent
adoucir leur captivité et les rendre heureuses. Chez nos
bons aïeux, où la noblesse brave et galante exposoit ses
biens, son repos et sa vie pour la gloire et pour les dames,

---

* Caylus, *Mémoires de l'académie des Belles-Lettres*, tome xx.

ces *Péris* sont devenues des fées charmantes et toujours
jeunes, protégeant les beaux chevaliers, et quelquefois se
prêtant avec bonté au délassement de leurs fatigues. Qu'on
se rappelle la remarque faite plus haut sur le changement
d'une des pièces du jeu d'échecs, et l'on verra comment,
jusque dans les plus petites choses, une nation souvent se
peint sans le savoir.

Nos anciens romanciers emploient la féerie jusqu'à la
satiété. On sait l'usage qu'en ont fait les deux principaux
poètes épiques de l'Italie ; et il faut convenir qu'employée
avec goût, cette invention poétique, la plus favorable de
toutes sans contredit pour l'imagination, peut devenir une
source de grandes beautés. Chez nous je ne connois parmi
les modernes aucun auteur de réputation qui l'ait employée
en grand. Quinault, dès qu'il la connut, la transporta sur le
théâtre de l'Opéra, dont elle est restée la dominatrice, et
où elle étonne les yeux par ses coups de baguette, sans
presque jamais émouvoir le cœur. Dans la littérature (chose
surprenante!) les femmes s'en sont emparées, et elles l'ont
consacrée à de petites historiettes monotones, que le genre
et le sujet ont fait appeler *Contes de fées.* Mais les fées
employées par nos pères étoient douces et bienfaisantes,
telles que des divinités doivent être : elles ne se vengeoient
que quand elles étoient offensées. Depuis que nos écrivains
parlent à l'envi d'humanité et de bienfaisance, les choses
ont changé. Dans la plupart des contes, les fées sont des
monstres d'une méchanceté atroce; on a inventé des ogres
qui ne vivent que de chair humaine, etc. ; et encore une
fois, les auteurs de presque tous ces contes révoltants sont
des femmes.

(7. *Les pucelles.*) C'est le nom qu'emploient tous nos
romanciers pour désigner les suivantes d'une princesse ou
les demoiselles destinées à servir une femme de distinction.

Ce mot se trouvera par la suite souvent pris en ce sens.

(8. *Racheta des prisonniers, remit en équipage des chevaliers pauvres, habilla des ménétriers, fit des dons à des croisés
et à des pélerins.*) On voit ici sur quels objets pouvoit s'exercer alors la bienfaisance et la libéralité d'un grand seigneur.
Dans cette liste sont des ménétriers (et sous ce titre se
trouvent compris les jongleurs et les trouverres). Ces sortes
de gens étant appelés pour leurs talents dans toutes les fêtes
et les cérémonies d'éclat, il leur falloit des habits pour paroître; les princes et les grands leur donnoient, entre autres
récompenses, ceux qu'ils avoient portés, comme ils l'ont
fait dans la suite pour les comédiens. La coutume de faire
des présents d'habits à des auteurs dont les ouvrages ont su
plaire venoit, ainsi que mille autres, des Sarrasins *, chez
lesquels elle étoit fort usitée, à l'imitation de Mahomet,
qui autrefois avoit donné son manteau au poète Caab.

Le goût de ces siècles pour les croisades et les péleri-
nages fait imaginer sans peine avec quel respect on regardoit ceux qui se dévouoient à ces pieux voyages, et combien on devoit s'empresser à contribuer aux dépenses qu'ils
nécessitoient.

(9. *Il étoit trop loyal pour manquer au monarque qui avoit
reçu sa foi.*) L'homme qui, attaché au service d'un seigneur,
séduisoit sa femme, se rendoit coupable du crime de félonie. La séduire lorsqu'on étoit vassal du seigneur, c'étoit
un crime de lèse-féodalité qui, entre autres peines, entraî-
noit alors la confiscation du fief.

(10. *Il jura qu'il feroit pendre ou brûler le coupable.*) Le
premier exemple en France d'un seigneur condamné à la
corde est celui de Rémistang, sous Pépin. A mesure que,
vers la fin de la seconde race, les grands seigneurs accrurent

---

* Murat., *Antiq. med. ævi*, tome II, page 844.

leur puissance particulière, ils se fortifièrent contre celle
du prince, et redoutèrent moins sa juridiction et ses jugements. Aussi le fablier, malgré toute la colère qu'il suppose
ici à Artus, lui fait-il observer des formes judiciaires.

(11. *Envoya trois de ses barons pour l'arrêter.*) Les *barons*
étoient les hauts seigneurs qui possédoient un grand fief
relevant immédiatement du roi. Ceux-ci, et même les seigneurs particuliers, possesseurs de domaines un peu considérables, eurent aussi des barons à leur tour, à l'imitation
de la puissance royale, comme ils eurent des grands-officiers et des cours plénières.

Dans les procès importants, ces barons formoient.la cour
judiciaire du prince. C'est parmi ceux d'Artus que sont pris
les juges de Lanval.

(12. *On lui nomma des juges choisis parmi ses pairs.*) Les
nobles avoient trois prérogatives réelles : l'exemption de
toutes charges, excepté celle du service militaire dû au seigneur suzerain ; le droit de défendre, les armes à la main, leur
personne, leurs biens et leurs amis ; et celui de juger leurs
pareils, et de n'être jugés que par eux en matière criminelle.
Nos *pairs* d'aujourd'hui ont conservé ce dernier privilège.

(13. *Les barons s'assemblèrent ; et les chevaliers qui avoient
été les pleges de Lanval vinrent le leur représenter.*) Comme
c'est une chose précieuse que tout ce qui peint les coutumes
et les mœurs, et que ce détail de procédures contre un
homme noble est un monument curieux, on le verra, je
crois, avec plaisir, quoique dans la narration il fasse longueur. Au temps de nos fabliers (et ils ne supposent jamais
aux siècles qui les ont précédés que les usages du leur), on
ne poursuivoit point en justice par procureur comme aujourd'hui. Un homme, d'après la demande ou l'accusation
d'un autre, étoit ajourné par les baillis ou prévôts. On lui
envoyoit pour cela quelques sergents ou *bedeaux*, s'il étoit

roturier, ou, comme dans le fabliau, quelques-uns de ses
pairs, s'il étoit gentilhomme; et on lui prescrivoit un terme
pour qu'il eût le temps de préparer ses moyens de défense.
Dans certains cas, qui, sans être extrêmement graves, exi-
geoient cependant pour une sûreté plus grande sa détention,
on l'enfermoit en prison; mais il pouvoit s'en racheter en pré-
sentant quelqu'un qui le cautionnât, ou qui, comme on parloit alors, se rendît son *plege*. Ainsi, en conservant sa liberté,
il conservoit en même temps la facilité de pouvoir prouver son
innocence; et au moins il n'étoit pas puni avant la conviction
de son crime. Cette loi juste et sage subsiste encore dans l'Angleterre en matière civile, et c'est la fameuse loi *habeas corpus*.
Lorsque le plégé s'enfuyoit, ses pleges étoient condamnés à
subir la peine qu'il eût subie lui-même. Saint Louis cependant, par un égard d'humanité pour la bonne foi généreuse
et trompée, voulut bien ne les condamner qu'à cent sols
un denier d'amende. (*Établ. de saint Louis*.)

Quand le pieux monarque, après sa croisade d'Égypte,
revint en France, son vaisseau dans la route essuya une
tempête : la reine alors promit à saint Nicolas une nef d'argent; et comme pour rassurer le saint par un répondant,
elle exigea que Joinville fût son *plege*. (*Hist. de saint Louis*,
par Joinville.)

On introduisit des pleges jusque dans les parties de
table. La mode s'étant établie de s'y défier les uns les autres
et de se provoquer à boire, celui qui ne se sentoit point la
tête assez forte pour soutenir la partie, pouvoit choisir
quelqu'un qui le plégeât et qui bût à sa place. Pasquier, à
ce sujet, cite sur l'infortunée reine d'Écosse, Marie Stuart
une anecdote extrêmement touchante. Condamnée par Éli-
sabeth à l'échafaud, la reine, dit-il (*Rech., liv. vi*), *but à
tous ses gens, leur commandant de la pléger : à quoi obéissant
ils se mirent à genoux, et mêlant leurs larmes avec leur vin,*

burent à leur maîtresse. L'usage des pleges dans les festins subsistoit encore au dix-septième siècle. On en trouve la preuve dans les *Sérées de Bouchet,* livre imprimé en 1635.

(14. *Ils avoient honte de condamner ainsi à la mort un chevalier sans reproche.*) On sera surpris de voir infliger une pareille peine à un chevalier de la plus haute naissance, pour avoir dit qu'il connoissoit des suivantes plus belles que la reine; mais c'est qu'alors une insulte faite à une femme étoit le plus grand des crimes. Lorsqu'on annonçoit un tournoi, ceux qui vouloient s'y présenter étoient obligés, plusieurs jours avant l'ouverture, d'exposer en public leur écu armoirié, afin que si l'on avoit quelque reproche à leur faire, on pût se plaindre d'eux à temps. Les juges du tournoi étoient chargés de conduire les dames dans ces visites, et il y avoit un héraut pour leur nommer les chevaliers auxquels les écus appartenoient. Quelqu'une dans ce nombre rencontroit-elle un homme de qui elle avoit à se plaindre? elle touchoit de la main ses armes. Les juges alors examinoient le délit; et si l'accusé étoit coupable, ils lui faisoient fermer l'entrée de la lice; ou, quand il y étoit entré, ils le dénonçoient aux combattants, qui tous aussitôt se tournoient contre lui et le frappoient jusqu'à ce que l'offensée lui fît grâce. *Doit estre si bien battu le médisant que ses épaules s'en sentent bien..... tant et si longuement qu'il crie merci aux dames à haute voix, tellement que chacun l'oie (La Colom. Théât. d'hon.)* Dans une pièce intitulée les *Aisles de courtoisie* (manuscrit du roi, n° 7218), le poète dit qu'un chevalier qui entend dire du mal d'une dame doit aussitôt détourner la conversation, parce qu'il ne doit pas laisser médire d'elle sans donner un démenti; et parce que son devoir, s'il est courtois, est de protéger et d'aimer toutes les femmes, comme s'il n'en aimoit qu'une seule. Louis II, duc de Bourbon, instituant l'ordre de l'Écu d'or en 1363,

recommandoit de même aux chevaliers *d'honorer surtout les dames et damoiselles, ne permettre et souffrir d'en ouïr bla-sonner et mesdire, parce que d'elles après Dieu vient tout l'honneur que les hommes reçoivent.*

Brantome, dans l'éloge qu'il fait du Dauphin, fils de François I, dit de lui qu'*il estoit fort respectueux aux dames, et les servoit avec grand honneur, mesme sa maistresse.... car les grands volontiers se font des maistresses pour la gentillesse et pour la vertu qu'elles ont, autant que pour autre chose.* (*Brant., vie de Fr. I,* tome 1, page 260)..... *Bien souvant,* dit ailleurs le même auteur, *ay-je veu nos roys aller aux champs, aux villes et ailleurs, y demeurer et s'esbattre quel-ques jours, et n'y mener point les dames : mais nous estions si esbahis, si perdus, faschez, que, pour huict jours que nous faisions de sejour separez d'elles et de leurs beaux yeux, ils nous paroissent un an, et tousjours à souhaitter : quand serons-nous à la court, n'appelans la court bien souvent là où estoit le roy, mais où estoit la reyne et les dames. Ce n'est pas tout que d'y voir force princes, force grands capitaines, force gentils-hommes et gens de conseil, et les ouyr parler de la guerre, de l'estat, de la chasse, de jouer, de passer le temps; tous ces exercices ennuyent en peu de temps; mais jamais on ne s'en-nuie de converser avec les honnestes dames. De plus, quand on alloit aux guerres ou à quelque voyage, qu'est-ce qui rejouys-soit plus un gentilhomme quand il partoit de la cour, que d'emporter une faveur de sa maistresse, et s'hazarder à tous périls à la bien employer pour l'amour d'elle et pour son prince, et puis s'en tourner* (revenir), *avec le contentement de recevoir force bons visages de sa dame, et force accolades, apres celles de son roy? Aussi ce grand roy* (François I) *disoit que les dames rendoient aussi vaillans les gentilshommes de sa court que leurs espées. Pour fin, une court sans dames est une court sans court.* (*Ib.,* page 220.)

Quand un tournoi étoit fini, on consultoit les dames sur celui des combattants qui devoit être déclaré le plus brave. *Les roys-d'armes et herauts, avec les nobles hommes qui furent ordonnés pour l'enqueste, allerent aux dames et damoiselles, pour savoir à qui on devoit donner et présenter le prix, pour avoir le mieux jousté et rompu bois en ceste journée. Or, il fut trouvé que c'estoit le comte de Charolois qui l'avoit gaigné et deservi. Se prirent les officiers d'armes deux damoiselles princesses, c'est assavoir les damoiselles de Bourbon et d'Estampes, pour présenter le prix, qui fut baillé par elles audit comte de Charolois, lequel les baisa, comme il est de coutume en tel cas, et fut crié Montjoie fort haultement. (Mat. de Couci, hist. de Ch. VII, page 679.)*

Ce respect pour les dames, ce desir universel de leur plaire, cette sorte de culte qu'on leur rendoit et qui animoit pour ainsi dire toutes les actions d'un gentilhomme, s'est maintenu long-temps, comme je l'ai déjà remarqué, et toutes les horreurs de nos guerres civiles ne purent l'éteindre. En 1589, année de l'assassinat de Henri III, *un cavalier, tout plein de plumes, vint demander à tirer le coup de pistolet pour l'amour des dames. Bellegarde, grand-ecuyer, qui en estoit le plus chery, crut que c'estoit à lui que s'adressoit le cartel; en sorte que, sans attendre, il part de la main. (Mém. du duc d'Angoul.,* page 76). En 1625, Bassompierre, assiégeant Montauban, deux cents femmes qui lavoient du linge sous le pont de la ville et qui se trouvoient incommodées de son canon, s'avisèrent de lui envoyer un tambour pour le prier d'ordonner qu'on ne tirât plus. Il l'accorda et de si bonne grâce, que par reconnoissance les dames de la ville demandèrent une trève pour le voir. Toutes vinrent en effet sur les murailles, et lui de son côté se présenta bien paré (*Mém. de Bassomp.,* tome II, page 326). Dans son ouvrage, il se vante beaucoup de cette galanterie et en fait trophée.

(15. *Elles étoient vêtues d'un bliaud d'or.*) Sorte de robe ou d'habit de dessus; car les hommes ainsi que les femmes avoient des *bliauds*. Dans quelques-unes de nos provinces, les paysans le nomment encore *blaude*.

(16. *Voient venir sur un cheval plus blanc que la neige une dame d'une beauté surnaturelle.*) Les souverains, le pape, l'empereur, lorsqu'ils faisoient ou une marche solennelle, ou leur entrée dans quelqu'une de leurs villes, ne montoient que des chevaux blancs. Le continuateur de Guill. de Nangis, parlant de l'entrée de l'empereur Charles IV dans Paris, remarque que le roi Charles V eut l'attention de lui fournir, ainsi qu'au roi des Romains, un cheval noir, de peur, ajoute-t-il, que ce ne fût *un signe de domination; et ce temps partit le roy de son palais, monté sur un grand palefroi blanc.* Quand le prince de Galles entra dans Londres, conduisant prisonnier notre roi Jean, il eut la modestie de ne monter qu'une petite haquenée et de lui donner un cheval blanc. On verra plus bas dans le fabliau du *Villain médecin*, des messagers du roi montés sur des chevaux de cette couleur. Si l'amante de Lanval paroît ainsi à la cour d'Artus, c'est pour marquer la supériorité qu'elle a sur lui en sa qualité de fée.

(17. *Étoit suivi d'un levrier, et tenoit un épervier sur le poing.*) Cet oiseau de proie et ce chien annonçoient une femme de qualité. Les gentilshommes ne sortoient guère de leur château qu'avec cet équipage, soit qu'ils voulussent en marchant avoir le plaisir de la chasse, soit pour se distinguer des roturiers par le privilège qui étoit propre à la noblesse. Aussi sur les monuments et les tombeaux anciens, ceux qui ne sont pas morts dans les combats sont-ils représentés avec un levrier sous les pieds, ou avec un épervier sur le poing, ou seulement avec le gant qui servoit à tenir l'oiseau. Les femmes nobles y sont distinguées de même par

l'épervier. Nos rois, dans leurs entrées et dans les marches d'appareil sont encore précédés aujourd'hui par un équipage de fauconnerie. Le trésorier de l'église d'Auxerre avoit le droit d'assister au service divin les jours solennels avec un épervier sur le poing* : le seigneur de Sassai avoit celui de poser l'oiseau sur le coin de l'autel**. Un concile de Bourges, tenu en 1584, défendit d'introduire dans l'église des chiens et des oiseaux. (*Hard. Coll. concil.*, tome x.)

(18. *L'un de tes chevaliers, ce Lanval qui t'avoit si bien servi.*) Les rois quand ils vouloient faire la guerre et qu'ils n'avoient pas assez de vassaux pour former leur troupe, étoient obligés de prendre à leur solde des chevaliers qui leur engageoient les leurs s'ils en avoient. C'est ainsi que Joinville, pendant la croisade d'Égypte, fut soudoyé avec sa troupe par saint Louis.

(19. *Monta sur les degrés du perron de marbre qui étoit près de la porte.*) Ces perrons, dont il est parlé à chaque page dans les romans, étoient des massifs de pierres, avec des degrés, placés sur les chemins et dans les forêts, pour aider à monter à cheval, ou pour en descendre, secours souvent nécessaire, malgré les étriers, à cause de la pesanteur des armes. Dans une ordonnance de Philippe de Valois, année 1328, ils sont nommés *pierres avaloires*, du vieux mot *avaler, monter****. C'étoit ordinairement aux perrons que les chevaliers qui proposoient des défis suspendoient leurs écus, afin d'avertir du défi tous ceux qui s'arrêtoient là. Les Romains avoient de même établi des pierres sur les grands chemins pour la commodité des cavaliers. On trouve en-

---

* *Histoire de l'église d'Auxerre*, par Lebeuf, tome 1er, page 766.

** Ducange, *Gloss. Suppl. au mot* Acceptor.

*** En Picardie, *dévaler* signifie encore descendre, se laisser aller en bas.

core aujourd'hui dans Paris, à la porte de plusieurs maisons, des pierres en gradins qui servoient aux magistrats à monter sur leurs mules, quand ils alloient au palais, et à Londres, à la porte de plusieurs grandes maisons, des élévations en pierres pour aider les dames à monter dans leurs voitures.

Pour rendre les perrons plus commodes par leur ombrage, on y plantoit un arbre, ordinairement un orme; et dans plusieurs coutumes, cet orme faisoit partie de la portion des fiefs réservés par préciput à l'aîné.

Les perrons des châteaux étoient plus ornés et avoient encore d'autres usages. C'étoit là que les officiers du seigneur ou que le seigneur lui-même venoit rendre la justice à ses vassaux. Joinville fut souvent employé par saint Louis à ce ministère, et c'est ce qu'il nomme les *plaids de la porte*. Dans le fabliau du *Sacristain*, on verra un prévôt juger assis sur son perron. Les huissiers y faisoient leurs proclamations au nom du seigneur.

Dans les anciennes chartes, il est souvent fait mention de jugements rendus sous les arbres. En 1165, un vicomte de Béziers fit publier à Carcassonne, étant sous l'ormeau, une ordonnance en faveur des habitants de cette ville. Souvent les seigneurs, dans leurs promenades, s'asseyant à l'ombre d'un arbre, y jugeoient les procès de leurs vassaux. C'est ce que faisoit saint Louis au bois de Vincennes; car, comme le remarque Joinville, il n'alloit là que *pour s'esbattre*.

LAI DE GRUÉLAN.

LAI DE GRUÉLAN, *

PAR MARIE DE FRANCE.

Le sujet de ce conte est absolument le même que celui de Lanval ;
cependant les détails en sont si différents , que j'ai cru devoir le traduire
aussi et le donner après l'autre , comme un modèle de la manière dont
les fabliers savoient imiter. La scène ici se passe en Bretagne , sous un
roi qui n'est point nommé, non plus que son épouse.

Je vais vous conter l'aventure de Gruélan,
telle que je l'ai entendue ; l'air en est bon à retenir, et le lai mérite d'être écouté.¹

Gruélan étoit Breton, d'une famille illustre,
et à une grande beauté il joignoit encore la droiture du cœur. Le roi qui tenoit alors la Bretagne,
étant entré en guerre avec les princes ses voi-

* Ce lai est imprimé en entier dans la nouvelle édition des Fabliaux ,
tome IV, page 57 ; il porte pour titre : *Le Lai de Graelent*, et dans le cours
du lai, on lit tantôt *Graalent*, tantôt *Graelent* ou *Graelens*, mais jamais
Gruelan.

Dans le recueil des poésies de Marie de France, il est nommé *Graelent. Voyez* tome 1ᵉʳ, page 486.   *R.*

sins, Gruélan avoit volé des premiers sous sa
bannière; et par sa valeur il s'étoit distingué
tellement, soit dans les tournois, soit dans les
combats, qu'il avoit mérité l'estime et l'amitié
du monarque.

Le bruit de tant de mérite parvint bientôt
jusqu'aux oreilles de la reine. Celle-ci, à force
d'entendre vanter le courage et la beauté du
chevalier, prit de l'amour pour lui.

Un jour elle tira à part son chambellan :
« Parle-moi vrai, lui dit-elle : qu'est-ce que ce
« Gruélan dont j'entends tout le monde faire
« l'éloge? le connois-tu? — Madame, répondit le
« serviteur, je sais qu'il est brave et courtois,
« aussi n'est-il personne qui ne l'aime.—Mon cœur
« depuis long-temps me parle en sa faveur, reprit
« la reine, fais-le venir, je veux l'avoir pour ami,
« et lui abandonner mon amour ». Le chambellan répartit qu'il ne doutoit pas de la joie qu'alloit donner au chevalier une nouvelle aussi
flatteuse. Il se rendit aussitôt chez Gruélan, qui,
sans savoir ce qu'on lui vouloit, le suivit au château, et fut introduit dans l'appartement de la
princesse.

Dès qu'il parut, elle alla au-devant de lui et
le serra dans ses bras, en lui donnant un baiser;
puis elle le fit asseoir à ses côtés sur un tapis²,
et commença à l'entretenir de ce qui le regar-

doit avec un ton d'amitié et des regards si tendres, qu'il devoit lui être bien difficile de n'en
pas deviner le motif.

A toutes ces avances, Gruélan répondit d'un
ton si respectueux qu'elle se vit embarrassée. Se
déclarer la première, c'est à quoi s'opposoit encore un reste de pudeur et de fierté. D'un autre
côté cependant, pour se faire entendre, il falloit
bien s'y résoudre. Enfin enhardie par l'amour,
elle demanda au beau chevalier s'il avoit une
amie; car sans doute il étoit aimé, et devoit à
coup sûr l'être beaucoup. Il répondit qu'il n'aimoit pas encore.

Et ici l'auteur, déployant la doctrine mystique et raffi-
née de son siècle sur l'amour, fait disserter long-temps, et
avec le plus grand respect, son héros sur cette matière.
L'amour, selon lui, n'est que l'union chaste de deux cœurs,
qui, liés ensemble par la vertu, vivent désormais l'un pour
l'autre, n'ayant plus qu'une seule âme et une même volonté.
Il regarde un engagement de tendresse comme la chose de
la plus grande importance et à laquelle on ne doit songer
qu'après avoir acquis déjà une haute réputation.

La reine, enchantée de ce discours qui flattoit en apparence sa passion, s'ouvrit alors sans
réserve au chevalier et lui avoua que n'ayant
éprouvé jusqu'à ce jour qu'un attachement foible
pour le roi son époux, et sentant le besoin d'aimer, elle avoit cherché dans toute sa cour le

chevalier le plus accompli; qu'elle croyoit enfin l'avoir trouvé et se flattoit de le voir répondre à sa tendresse. Gruélan, confus, témoigna sa reconnoissance de tant de bontés; mais il étoit à la solde du prince, il lui avoit promis sa foi et lui devoit trop, disoit-il, pour se rendre coupable de la plus noire des ingratitudes. A ces mots il se retira, et laissa la reine accablée de honte et de douleur.

Elle ne pouvoit cependant renoncer à lui; son cœur se flattoit encore de l'attendrir à force de prévenances et d'attentions; et dans ce dessein elle lui envoya des présents, le fit solliciter plusieurs fois et lui écrivit même de sa propre main. Mais quand elle vit ses avances rejetées et ses vœux sans espoir, la haine dans son âme prit la place de l'amour. Elle indisposa contre le chevalier le monarque son époux, et l'aigrit tellement que, privé de sa solde et obligé de servir à ses frais, Gruélan se vit bientôt dans la détresse. Successivement ses harnois et ses équipages furent vendus. Cette ressource épuisée, il ne lui resta plus que le désespoir. Que pouvoit dans cet état Gruélan? Quand je vous dirai qu'il mouroit de tristesse, vous n'en serez pas surpris.

Un jour il s'étoit retiré dans sa chambre pour se livrer à sa douleur. Ses hôtes³ venoient de sortir, et il ne restoit à la maison que leur fille, jeune

enfant aussi intéressante par son caractère que par
sa figure. La petite paysanne, émue de compassion, monta chez lui, et après avoir essayé de le
consoler, lui proposa de l'air du monde le plus touchant de descendre pour dîner avec elle. Gruélan
avoit le cœur trop fortement oppressé pour pouvoir manger; il la remercia et appela son écuyer,
auquel il ordonna de seller à l'instant son cheval. Sa résolution étoit de partir et de disparoître
pour toujours : mais on ne trouva point de selle;
la sienne avoit été vendue, et sans la fille de
l'hôte qui courut chercher celle de son père, il
eût été forcé de rester. Ce harnois ridicule avec
lequel il lui fallut traverser le bourg lui attira
les ris et les huées de la populace.

> *Telle*   *gens du peuple*
> Tex est custume de burgeis,
> N'en verrés gaires de curteis.

Mais sa mélancolie étoit telle que rien ne l'é-
mut. Il continua sa route, morne et pensif, et
entra dans la forêt.

Comme il marchoit, la tête baissée, une biche,
plus blanche que la neige, se leva tout-à-coup
à ses pieds et parut fuir devant lui avec effroi,
mais avec peine cependant et comme blessée.
Gruélan, dans l'espérance de l'atteindre aisément, se mit aussitôt à sa poursuite. Elle ne le
devançoit qu'autant qu'il étoit nécessaire pour

l'animer davantage. Enfin après plusieurs tours
et circuits, elle le fit arriver à une prairie charmante, au bord d'un ruisseau dans lequel se
baignoit une jeune dame si belle qu'il ne m'est
pas possible de vous la dépeindre. Sa robe d'or
étoit près de là suspendue à un arbre avec d'autres habillements très riches, et sur le bord de
la rivière deux pucelles assises attendoient ses
ordres, prêtes à la servir.

A la vue du chevalier, les demoiselles s'en-
fuirent avec l'air de l'épouvante. Pour lui, frappé
uniquement des charmes qu'il voyoit, et oubliant
à ce spectacle et ses chagrins et sa biche, il sauta
en bas de son cheval et alla d'abord saisir les
habits. Son intention, vous l'imaginez bien,
n'étoit pas de les emporter ; il vouloit seulement
obliger la belle baigneuse à sortir de l'eau pour
venir les lui demander. Les deux pucelles s'aper-
çoivent du dessein de Gruélan, et en sont ef-
frayées. La dame l'appelle avec colère et lui dit :
« Gruélan, laisse ces vêtements qui ne te profi-
« teroient guère. Les emporter et me laisser nue
« seroit une bien vilaine action : au moins rends
« ma chemise et garde si bon te semble le man-
« teau, tu le vendras bien, car il est riche.

« Madame, répond-il en riant, je ne suis fils
« de marchand ni de bourgeois pour vendre un
« manteau, et le vôtre vaudroit trois châteaux que

« je ne l'emporterois pas. Sortez de l'eau, belle
« amie, prenez vos vêtements, habillez-vous et
« daignez venir auprès de moi. — Je ne veux pas
« en sortir, dit-elle, je crains que vous ne vous
« empariez de ma personne; je n'ai souci de vos
« beaux discours et ne suis point de votre école.
« — Belle dame, répond Gruélan, puisque mes
« prières sont inutiles, je garderai vos habits. Vrai-
« ment, votre corps est d'une beauté ravissante ».
La jeune dame, voyant que le chevalier attendoit
sa sortie de l'eau, et qu'à ce prix seulement elle
auroit ses vêtements, lui demande en grâce d'en
être respectée. Gruélan la rassure; il lui présente
la chemise, qu'elle met d'abord avant de sortir de
l'eau; et il lui tient le manteau qu'il attache lui-
même. Lui donnant ensuite la main, il l'éloigne
de ses deux compagnes et la requiert d'amour.
La dame rejette sa demande avec fierté; alors
l'ayant conduite dans l'épaisseur de la forêt, il
ravit de force [4] ce qu'on refusoit à ses prières.
Cependant à peine se fut-il rendu coupable, que
demandant pardon du moyen auquel sa passion
venoit de se trouver réduite, il assura la dame
qu'elle avoit les prémices de son cœur, et lui
jura pour toujours un attachement et une fidélité sans bornes. La faute étoit faite, il falloit bien
la pardonner. Un baiser tendre scella la réconciliation, et on alla même bientôt jusqu'à lui

avouer que ce n'étoit que pour amener ce dénoûment qu'on avoit fait naître l'aventure de
la biche ainsi que celle du ruisseau.

Après toutes les caresses dont devoit être suivi un pareil
aveu, la fée se sépare du chevalier comme celle du fabliau
précédent, en lui promettant de même de se rendre à ses
desirs toutes les fois qu'il pourra le souhaiter, mais lui recommandant, comme l'autre, une discrétion et un secret
inviolables.

De retour chez son hôte, Gruélan, comme s'il
eût voulu prolonger son bonheur, vint s'appuyer
sur sa fenêtre pour regarder de loin encore la
forêt qui venoit d'en être le témoin. Tout-à-coup
il aperçut un cavalier qui conduisoit par la bride
un magnifique cheval richement enharnaché.
C'étoit un écuyer que lui envoyoit la fée pour
le servir et pour lui présenter de sa part ce beau
palefroi dont elle lui faisoit présent et qu'elle
avoit nommé *Gédefer* [5]. L'envoyé ouvrit ensuite
une valise d'où il tira de riches habits qu'il livra
au chevalier; puis il lui demanda l'état de ce qu'il
devoit, et se dit chargé de tout acquitter et de
fournir désormais à la dépense qu'il lui plairoit
de faire. Gruélan s'occupa d'abord de témoigner
sa reconnoissance à ses hôtes, ainsi qu'à ceux qui
lui avoient rendu quelques services. Chevaliers
pauvres, trouveurs, prisonniers, éprouvèrent
ses bienfaits. S'il avoit été aimé auparavant, jugez

comme il le fut alors! Tout lui riait. Chaque soir sa belle maîtresse venoit s'offrir à ses vœux; et un an se passa ainsi sans qu'il eût rien à desirer; mais son bonheur même fut ce qui le perdit.

Le roi ayant tenu à la Pentecôte une cour plénière où tous les barons et chevaliers de ses états furent invités, Gruélan y parut avec eux. Le monarque, dans ces jours d'appareil, avoit une coutume bien singulière. Fier de posséder la plus belle femme de son royaume, sur la fin du dernier repas, quand le vin commençoit à échauffer les esprits, il la faisoit entrer dans la salle et la plaçoit sur une estrade élevée, d'où il la montroit à toute cette foule d'illustres convives, en leur demandant si, dans leurs courses guerrières, ils avoient jamais rencontré une reine qu'on pût comparer à la leur. Le dernier jour de la fête elle parut à l'ordinaire. La salle retentit aussitôt d'une acclamation générale; et l'assemblée, transportée d'admiration, s'écria que jamais sur la terre n'avoit paru une femme aussi belle.

Gruélan seul se tut. Il baissa la tête et se mit à sourire, parce qu'il songeoit à sa mie; mais les regards jaloux de la reine l'observoient; il ne put leur échapper : « Voyez, dit-elle à son époux, « tout le monde vous félicite; un homme seul « m'insulte, et cet homme est celui que vous

« avez aimé. Étoit-ce donc à tort que depuis
« long-temps je me plaignois à vous de son in-
« gratitude » ? Le monarque irrité l'appelle à lui
aussitôt et le somme par la foi qu'il lui doit de
dire la raison de ce silence et de ce souris mo-
queur. Le chevalier répond respectueusement
que depuis long-temps ses yeux l'ont instruit
comme les autres de la beauté de la reine, mais
il croit que sous les cieux cependant il peut être
encore une femme plus belle. On lui demande
s'il la connoît; il répond que oui, et qu'elle l'est
même trente fois davantage. La reine en fureur
exige qu'il la présente, et qu'on les compare
toutes deux : sinon elle demande que l'insolent
soit puni; et elle s'adresse à son époux pour obtenir de lui cette satisfaction.

Le reste de l'aventure, le plégement, le procès, la délivrance par l'arrivée de la fée, sont les mêmes que dans
Lanval. Ici seulement la fée, plus vindicative que l'autre,
après avoir sauvé la vie au chevalier, se retire sans vouloir
lui parler. Il monte sur son cheval Gédefer, et court après
elle, en lui demandant grâce, et cherchant par ses pleurs
à la fléchir; mais elle est inexorable. Elle s'enfonce dans la
forêt: il la suit. Arrivé au bord du ruisseau où il l'a vue
pour la première fois, elle s'y plonge et disparoît tout-à-
coup à ses yeux: il s'y précipite après elle, résolu de mourir, puisqu'il faut la perdre. En vain elle l'en retire et le
remet à bord en lui annonçant qu'il ne peut la suivre, et
qu'il doit renoncer pour jamais à la voir: il s'y jette de

nouveau, et déjà le courant l'entraîne. Mais les deux pucelles, touchées de tant de repentir et d'un amour si sin-
cère, demandent sa grâce et l'obtiennent. La féc attendric
lui tend la main et le ramène au rivage, d'où elle le conduit dans ses domaines.

Les Bretons, ajoute l'auteur, disent que Gruélan n'est point mort et qu'il vit avec la fée ; mais
le cheval, quand il se vit abandonné par son
maître, parut inconsolable. Il alloit courant partout, frappant du pied la terre et hennissant jour
et nuit avec douleur. Il erra ainsi toute sa vie
sans vouloir se laisser approcher ; et la tradition
est que tous les ans il revient encore le même
jour au bord du ruisseau, comme pour y retrouver son bon maître. L'histoire de Gruélan
et de son cheval fidèle fut chantée par toute la
Bretagne, et l'on en fit un lai qu'on appela le
Lai de Gruélan.

NOTES.

(1. *Je vais vous conter l'aventure de Gruélan ; l'air en est
bon à retenir, et le lai mérite d'être écouté.*) Les fabliaux
offriront un grand nombre d'exemples de ces débuts imposants dans lesquels l'auteur promet beaucoup d'amusement
ou d'instruction. On les adressoit aux auditeurs, dans le
dessein sans doute d'exciter leur attention et de piquer leur
curiosité.

(2. *Le fit asseoir à ses côtés sur un tapis.*) On a vu ailleurs des lits employés, comme chez les anciens, pour la table et pour la conversation; voici des tapis pour s'asseoir à la manière des orientaux. J'en ai trouvé d'autres exemples dans les romans. Cet usage apparemment étoit venu par les croisades. Joinville dit que saint Louis, rendant familièrement justice à ses vassaux au jardin de Paris, faisoit étendre des tapis pour asseoir ses officiers.

Malgré cet usage des tapis, on connoissoit en France, depuis long-temps, l'art de paver les appartements en marbre de différentes couleurs. L'auteur de la *Vie de saint Fulrade,* parlant d'une chapelle que Charlemagne fit bâtir en l'honneur de ce saint, dit qu'elle étoit ainsi carrelée, *ecclesiæ pavimentum diverso colore marmoreo artificiosè lustravit.* On connoissoit aussi, au temps de nos fabliers, les pavés en mosaïque; et l'un de nos romanciers, dans la description qu'il fait d'un prétendu palais du même Charlemagne, en représente un de cette espèce,

taillé
. . . De marbre entaillez et assis;
oiseaux   *tout*
A œsax et à bestes est tuit à compas mis.

Manuscrits du roi, 6985.

c'est-à-dire *fait au compas,* et *représentant des oiseaux et d'autres animaux.*

(3. *Ses hôtes venoient de sortir.*) Les rois et les grands seigneurs ne donnoient de logements dans leurs châteaux que pendant le temps qu'ils tenoient cour plénière. Hors de là tous ceux qui avoient affaire à eux, ou qui étoient attachés à leur service, sans être officiers de leur maison, se logeoient comme ils pouvoient.

(4. *Il ravit de force ce qu'on refusoit à ses prières.*) Cette

conduite du chevalier contredit un peu la doctrine sublime
qu'il a débitée plus haut sur l'amour pur. Un traducteur
pourroit à cette occasion faire ici les plus belles réflexions sur
l'inconséquence des passions et sur la bizarrerie du cœur
humain. Pour moi, je crois bonnement que les poètes igno-
roient alors, ou qu'ils ont quelquefois oublié ce principe de la
raison et d'Horace, qui veut qu'un personnage garde jusqu'à
la fin le caractère qu'on lui a une fois donné. On verra la
même chose dans le fabliau d'*Huéline*.

(5. *Palefroi qu'elle avoit nommé Gédefer.**) Nos romanciers,
à l'imitation des Arabes, ont donné souvent des noms aux
chevaux de leurs héros et quelquefois même à leurs épées.
Qui ne connoît Bayard, Alfane, Rabican, etc., Flamberge,
Durandal, etc., immortalisés par l'Arioste, et tirés par lui
de nos vieux romans?

---

* Ce nom de Gédefer est de l'invention de Sainte-Palaye, qui a cru le
voir dans le manuscrit par lui copié, et dans lequel, au témoignage de
MM. Méon et Roquefort, on lit *destries*.   *R.*

L'ORDRE DE CHEVALERIE, [1]

PAR HUGUES DE TABARIE.

Il est utile d'écouter un homme sage ; on gagne toujours à l'entendre. C'est ce que vous prouvera l'histoire que je vais rimer, et qui arriva en *terre païenne* [2] à un Sarrasin loyal, à ce Saladin, roi puissant et guerrier si redoutable [3]. Long-temps il fit couler le sang chrétien et affligea notre sainte religion. Lassés enfin de leurs maux, nos pieux guerriers se réunirent contre lui. De toutes parts on les vit accourir pour le combattre ; et si le courage donnoit la victoire, ils l'eussent obtenue sans doute : mais le ciel, qui seul peut l'accorder, la leur refusa, et presque tous dans ce grand jour perdirent ou la liberté ou la vie.

Parmi les prisonniers se trouvoit le brave prince Hugues de Tabarie, seigneur de Galilée [4]. Il fut conduit au vainqueur, qui, plein d'estime pour son nom déjà célèbre, le salua avec amitié,

se félicitant de tenir dans ses fers un tel guerrier; mais qui lui annonça fièrement qu'il falloit
ou payer une forte rançon, ou se résoudre à
perdre la tête. Hugues ayant le choix, vous devinez aisément celui qu'il fit. Il demanda donc
quelle seroit cette rançon. Elle fut fixée à cent
mille besants [5] : et d'abord il désespéra de l'acquitter, eût-il même vendu jusqu'à sa principauté. « Tu les fourniras sans la vendre, répartit
« Saladin. Brave chevalier et prince considéré,
« va demander ta liberté aux chrétiens de ces
« climats. Il n'est point parmi eux de guerrier
« estimable qui ne s'honore d'y avoir contribué. »

D'après ce conseil, le soudan permit à Hugues
de partir dès le jour même pour en aller recueillir
les fruits; et il n'exigea de lui qu'une seule condition, celle de venir dans deux ans, si la rançon
n'étoit pas entière, se remettre entre les mains
de son vainqueur. Tabarie s'y engagea par serment; et, après avoir remercié Saladin, il se dis-
posoit à sortir, quand celui-ci, l'arrêtant par la
main, le conduisit dans un appartement retiré,
et là le questionnant sur cette chevalerie dont il
avoit si souvent entendu parler, il le pria, par la
foi qu'il devoit au Dieu de sa religion, de lui
apprendre quelle étoit cette dignité, et de la lui
conférer avant son départ de sa propre main [6].
Hugues, qui eût craint de profaner le *saint ordre*

I

s'il l'avoit prostitué à un infidèle, s'en défendit d'abord et s'excusa : mais le soudan irrité lui faisant remarquer dans quels lieux il osoit braver le maître de son sort, Tabarie devenu docile commença à-la-fois et la cérémonie et l'enseigne-ment.

D'abord il fit laver le visage, raser la barbe[7] et couper les cheveux du soudan; et pendant ce temps il ordonna qu'on lui préparât un bain. Interrogé pourquoi ces préliminaires, il répondit qu'ils annonçoient, ainsi que le bain, symbole du premier baptême, la pureté de l'âme sans laquelle un chevalier doit craindre de se présen-ter; et cette première explication saisit le Sarra-sin de respect pour une institution si sainte. Le lit dans lequel on le coucha au sortir du bain étoit, lui dit Hugues, l'emblème de ce paradis que Dieu destine à la récompense d'une vie pure et au repos d'un bras employé pour secourir les foibles et les opprimés[8]. La chemise qu'on lui fit prendre ensuite[9] devoit le faire ressouvenir de tenir son corps net et pur comme elle; et la robe écarlate qu'il mit par-dessus lui rappeler sans cesse qu'un vrai chevalier doit toujours être prêt à ré-pandre son sang pour son Dieu et pour sa foi.[10]

Il restoit une dernière cérémonie[11] : c'étoit la *colée*[12]; mais comme il falloit frapper le monar-que, Hugues le pria de ne la point exiger. Il y

substitua quatre points d'instruction bien importants, recommandant au Sarrasin de ne jamais
parler contre la vérité, et de haïr les menteurs
au point de fuir l'air qu'ils respireroient; d'entendre chaque jour la messe et d'y faire une
offrande; de jeûner tous les vendredis à l'hon-
néur de la Passion, ou d'y suppléer par quelque
œuvre pie; enfin, de voler au secours des dames
toutes les fois qu'elles auroient besoin de son
bras [13] : car quiconque, ajouta-t-il, prétend à
l'honneur et à l'estime doit se dévouer tout
entier à elles, et ne redouter, pour les servir, ni
dangers ni fatigues.

Ces leçons sublimes enthousiasmoient Saladin.
Pour témoigner à Hugues l'étendue de sa reconnoissance, il lui accorda [14] en présent la liberté
de dix chevaliers, à choisir parmi ceux des siens
qui avoient été pris dans le combat. Le prince
le remercia; mais, enhardi par la bonté du soudan, et toujours occupé de sa rançon : « Sire,
« dit-il, vous m'ordonniez, il n'y a qu'un instant,
« de solliciter le prix de ma liberté, et vous me
« flattiez que je ne trouverois point dans ces
« contrées de guerrier estimable qui ne se fît un
« honneur d'y contribuer. Je m'adresse à celui
« que j'estime le plus; et c'est vous-même, sire,
« que je prie de me prêter ce que je dois au grand
« Saladin. Tu ne te seras pas confié vainement en

« moi, répondit le soudan, je t'en assure la moi-
« tié. Peut-être même, avant la fin du jour, te
« ferai-je obtenir l'autre : suis-moi. »

Alors il passa dans une pièce voisine où l'attendoient, confondus en foule, cinquante amiraux[15]. Il leur présenta Tabarie; et lui-même
voulut bien les solliciter en sa faveur, et les prier
de contribuer à la liberté d'un grand prince. Tous
à l'instant, chacun selon sa puissance, s'enga-
gèrent à l'envi pour une certaine somme. Malgré
leur zèle cependant, ils ne purent la former en
entier, et il manquoit encore treize mille besants,
quand Saladin, déployant cette grande âme, l'âme
d'un héros, déclara qu'il vouloit seul les fournir.
Il les fit en effet apporter à l'instant, mais ce fut
pour les donner à Hugues. Ce n'est pas tout :
non content de confirmer le don qu'il lui avoit
fait de la liberté de dix chevaliers, il lui accorda
encore à lui-même, avec ces deux présents, la
liberté sans rançon.

Rien n'auroit manqué au bonheur de Tabarie,
s'il eût été libre de racheter avec cet or ceux
des chrétiens qui restoient dans les fers des infidèles. Mais le soudan avoit juré par Mahomet
qu'il ne recevroit plus aucune rançon; Hugues
n'osa donc insister, et il accepta malgré lui les
bienfaits de son vainqueur. Enfin, après huit
jours passés dans les plaisirs et dans les fêtes, il

demanda un sauf-conduit. On lui fournit une escorte de cinquante hommes, avec laquelle lui et ses dix compagnons d'infortune arrivèrent heureusement en Galilée; et ce fut là qu'il distribua généreusement à son tour ce qu'on lui avoit donné avec tant de magnificence.

Messieurs, ce fabliau est fait pour plaire aux braves gens. Quant aux autres, c'est perdre son temps que le leur réciter; car ils n'y comprendront rien. J'en connois beaucoup de cette espèce qui seroient enchantés d'imiter le prince Hugues, c'est-à-dire de recevoir des besants comme lui, et qui, quand je leur ai raconté l'usage qu'il sut en faire, m'ont regardé comme un radoteur, comme un homme du bon vieux temps.

L'auteur finit par de grands éloges des chevaliers, qu'on doit, selon lui, chérir et respecter, parce qu'ils défendent l'état, l'Eglise et les propriétés particulières. Il demande ce qu'on deviendroit sans eux contre les Sarrasins, les Albigeois et les autres mécréants. C'est, dit-il, POUR DÉFENDRE NOS SAINTS MYSTÈRES CONTRE CES IMPIES, ET LES EMPÊCHER D'INSULTER AU CULTE DU FILS DE MARIE, QUE LES CHEVALIERS ONT DROIT D'ENTRER AVEC TOUTES LEURS ARMES DANS L'ÉGLISE; ET SI QUELQU'UN OSOIT MANQUER DE RESPECT AU SACREMENT, ILS ONT LE POUVOIR DE LE TUER.[16]

Se trouve en abrégé dans les *Cento Novelle antiche*, *nov.* LI, et en entier dans le recueil de Barbazan, tome 1ᵉʳ, page 59.

NOTES.

(1) Ce petit poëme qu'ont cité Fauchet, Duchesne, Chifflet, Du Cange, etc., a été imprimé par Barbazan, et avant lui par M. Marin (*Histoire de Saladin*), d'après une des copies manuscrites de M. de Sainte-Palaye (car j'en ai trouvé trois dans ses recueils, et toutes trois ayant entre elles des différences). Du Cange (*Glossaire et notes sur Villehardouin*) en cite une version en prose qui, comme l'annonce le langage, paroît être d'un temps postérieur. J'ai rencontré aussi dans les manuscrits de la Bibliothèque du roi un autre *Ordre de Chevalerie*, en prose, postérieur encore à la version précédente, mais tout-à-fait différent, et qui n'est qu'une instruction en six chapitres, sur les devoirs, les vertus et la dignité de chevalier.

(2. *Qui arriva en terre païenne à Saladin.*) Ce trait n'est pas le seul qu'on rencontrera de l'ignorance profonde des fabliers sur les mœurs étrangères, et cette ignorance étoit générale. Sarrasins, païens, tout cela se confondoit dans les têtes. On appeloit également ainsi tout ce qui n'étoit pas chrétien. Dans le roman de Charlemagne, les Saxons sont représentés comme Sarrasins. Les Sarrasins, d'un autre côté, chez tous les romanciers que j'ai vus, sont regardés comme païens, *adorant* Mahomet, Tervagant, Apollon et plusieurs autres *dieux*. Mais ce qui est plaisant, c'est que, dans quelques romans, ces prétendus païens ont des cardinaux qui disent la messe.

(3. *A un Sarrasin loyal, à ce Saladin, roi puissant et guerrier si redoutable.*) Tous ceux qui ont lu l'histoire des croisades connoissent ce Salehaddin, qui, après avoir été au service des soudans d'Egypte, usurpa leur trône, devint un conquérant célèbre, se fit pardonner ces deux crimes par

ses vertus, et obtint le nom de *grand* que la postérité lui
a conservé. Les éloges qu'en fait ici le poète dans son fabliau, malgré l'horreur que la religion et les préjugés de
son siècle devoient lui inspirer pour le plus redoutable ennemi qu'aient eu en Asie les croisés, est une des plus fortes
preuves de l'estime que ce héros méritoit et qu'il avoit su
inspirer aux chrétiens.

(4. *Hugues de Tabarie , seigneur de Galilée.*) Hugues,
châtelain de Saint-Omer, fut un des seigneurs françois qui
suivirent Godefroi de Bouillon à la première croisade. Dans
le partage qu'on fit du royaume de Jérusalem , après sa
conquête, vers 1102., Hugues eut pour récompense de ses
services la seigneurie de Galilée et la principauté de *Tibériade* , d'où il fut appelé par corruption *Tabarie.* Celui dont
il s'agit dans le fabliau fut fait prisonnier en 1179. On voit
encore dans Villehardouin un Raoul et un Hugues de ce
nom, descendants des premiers, venir de la Terre-Sainte
à Constantinople, quand les croisés, en 1204 , sous la conduite de Baudouin, comte de Flandre, et du marquis de
Montferrat, s'en emparèrent.

(5. *Cent mille besants.*) Sorte de monnoie d'or des empereurs de Constantinople, pesant environ une drachme, et
qui avoit, dit-on, pris son nom de *Byzance* où elle étoit
frappée. D'Herbelot (*Bibliothèque orientale*) en dérive l'éty-
mologie de l'arabe *beizat zer* (œuf d'or) et prétend que
les Sarrasins appeloient ainsi une monnoie de Perse, qui
avoit la forme d'un œuf, et à laquelle ils donnèrent cours
dans l'Asie. Saint Louis étant à Acre *offrit un cierge avec ung
besant..... dont chacun s'émerveilla ; car jamais on ne lui
avoit veu offrir nuls deniers que de sa monnoie.* (Joinville,
page 89). Il sera souvent fait mention de besants dans les
fabliaux; on verra même dans le conte des *Trois Aveugles*
qu'ils avoient cours en France, soit que les croisades et le

commerce d'orient les y eussent répandus, soit, comme le prétend Le Blanc, que ce fût un nom général que le peuple donnoit à toutes les monnoies d'or. Nos rois pendant long-temps furent dans l'usage d'offrir à la messe, le jour de leur sacre, treize pièces d'or qu'on nommoit *Byzantines*. Cette coutume s'observa encore par Henri II.

Joinville, qui assista au paiement de la rançon de saint Louis, dit qu'elle fut, avec celle des autres prisonniers, de huit cent mille besants, lesquels valoient, dit-il, quatre cent mille livres. Chaque besant valoit donc dix sous; mais ces sous n'étoient pas la même chose que les nôtres, comme Barbazan l'a écrit. Du temps de la captivité de saint Louis, on en tailloit cinquante-huit dans un marc d'argent, qui vaut aujourd'hui cinquante-deux livres tournois. Ainsi la rançon fut de 137,931 marcs 1 gros 24 grains (Le Blanc, *Traité des monnoies*). A l'avènement de ce prince au trône, on tailloit dans le marc cinquante-deux ou cinquante-quatre sous. A l'époque des conquêtes de Saladin, on en tailloit moins encore, quoiqu'on n'en sache pas bien certainement le nombre. Le besant d'alors valoit donc plus d'une pistole de notre monnoie, et la rançon de Tabarie plus d'un de nos millions.

Il est dit plus bas dans l'original du fabliau que ces besants étoient d'*ormier*, c'est-à-dire d'or pur et sans alliage, *aurum merum*, ce qui rendroit aujourd'hui cette évaluation encore plus considérable.

(6. *Le pria de lui conférer cette dignité.*) Il est certain que, soit par estime pour la chevalerie, soit pour se rendre plus respectable à des ennemis qui au-delà de cet honneur militaire ne voyoient rien d'estimable, plusieurs généraux sarrasins se sont fait armer chevaliers par des généraux chrétiens. Facardin, cet émir qu'eut à combattre en Egypte saint Louis, l'étoit des mains de l'empereur Frédéric (Choi-

si, *Vie de saint Louis*, page 151). On lit aussi que, pendant la captivité de notre saint roi, un des chefs musulmans entra dans sa tente, en lui criant, le sabre levé : « Fais-moi « chevalier, ou je te tue, » et que le pieux monarque, d'un air intrépide, lui répondit : « Fais-toi chrétien, et je te ferai « chevalier » (*Du Ch.*, tome v, page 404). Saladin lui-même, si l'on s'en rapporte sur ce fait à nos historiens (car on prétend que les historiens orientaux n'en parlent pas), se fit conférer la chevalerie, non par les mains de Tabarie, il est vrai, mais par celles d'un Humfroi de Toron (*Gesta Dei per Francos*), qu'il fit prisonnier à la bataille de Tibériade. Ainsi, la fiction du fabliau, qui ne paroît être qu'un cadre ingénieux pour amener l'éloge et les détails de cette cérémonie, est réellement fondée sur un fait véritable.

Chevalier, dans l'origine, signifioit tout noble titré qui devoit service de *cheval* pour un bénéfice militaire. On étoit chevalier par son fief, et c'est à ce titre qu'on voit des femmes *chevaleresses*, quand ce fief étoit de nature à être possédé par une femme ; comme on voit des femmes présider aux plaids, et tenir les assises en qualité de comtesses et de vicomtesses (*Histoire de Languedoc*, tome ii). Mais ce n'est pas de cette chevalerie qu'il s'agit ici et dans le cours de cet ouvrage ; c'est de cette dignité guerrière, inventée en France dans le onzième siècle, d'après quelques-uns de nos anciens usages militaires, adoptée par toute l'Europe, que les rois eux-mêmes se faisoient honneur de porter et comptoient parmi leurs titres ; enfin qui donnoit certains privilèges, faisoit porter certaines armes, et se conféroit avec certaines cérémonies, dont les principales étoient de frapper le récipiendiaire, de lui ceindre le baudrier avec l'épée et de lui chausser les éperons.

Aujourd'hui encore les mahométans mongols ont une sorte de chevalerie. *Les bahaders sont dans l'Inde ce qu'étoient en*

I.

Europe les chevaliers, dit un auteur moderne. *Chez les Mogols, après une bataille, un grand souverain ou un général fait bahader un officier qui se sera distingué. Il n'y a point de réception. Le général loue seulement l'officier de ses actions, et, dans son discours, il le nomme toujours bahader. Cette qualité lui est donnée ensuite indistinctement par tout le monde. Un bahader a de grands privilèges: il peut aller partout, armé de pied en cap: il peut faire porter devant lui une masse d'armes dorée, et paroître ainsi devant tous les souverains. Lorsqu'un bahader arrive dans une cour, il fait demander une audience, qui lui est toujours accordée. Il se présente le casque en tête, et chargé d'armes offensives et défensives de toute espèce. Le souverain, en le voyant entrer, se lève, lui donne l'accolade en l'embrassant des deux côtés, et se sert, en lui parlant, du terme* amaré-bay, *qui signifie* mon frère, *parce que tous les souverains s'honorent de la qualité de Bahader.* (*Histoire d'Ayder-Ali-Kan*, page 49.)

La chevalerie est appelée ici le *Saint-Ordre.* Dans le titre du fabliau, elle est nommée l'*Ordre*, par assimilation à la prêtrise, et ce nom lui est donné dans une infinité de livres. Car, non-seulement on avoit cherché à sanctifier cette institution, dont le but et l'origine étoient, comme je l'ai dit, infiniment respectables; mais, par un abus incroyable de la religion, et que la religion avoit même consacré, il sembloit qu'on eût voulu y réunir et y cumuler en quelque sorte tous les sacrements ensemble. C'étoit un parrain, des habits blancs et un bain comme dans le baptême; un soufflet comme dans la confirmation; des onctions comme dans le dernier des sacrements. Il falloit se confesser et communier. Les cheveux du chevalier étoient tondus sur le front pour imiter la tonsure, et coupés en rond comme ceux des ecclésiastiques. Il jouissoit des mêmes privilèges qu'eux, et comme eux se rendoit coupable de simonie, s'il achetoit ou vendoit la

chevalerie. Enfin, on croyoit de bonne foi qu'elle imprimoit, ainsi que l'ordre, un caractère ineffaçable ; et c'est
d'après cette persuasion que, quand un chevalier avoit com-
mis quelque grand crime, on le dégradoit comme le prêtre
sacrilège, et avec des cérémonies effrayantes.

J'ai déjà parlé de la vénération et du respect sans bornes
qu'on portoit à la chevalerie, et des honneurs que rece-
voient partout ceux qui en étoient revêtus. Lorsqu'on leur
parloit, ou même lorsqu'on parloit d'eux, tout le monde,
jusqu'aux rois et aux reines mêmes, leur donnoit le titre
de *messire* ou de *monseigneur.* Ils mangeoient à la table des
souverains, honneur dont étoient privés les fils et les frères
du prince, quand ils n'étoient pas chevaliers. Enfin la chevalerie leur donnoit des distinctions et des prérogatives, dont
plusieurs aujourd'hui sont refusées, même à nos princes du
sang. Selon un de nos poètes, la dignité de chevalier est si
éminente, que chacun d'eux devroit porter une couronne. *Les*
prêtres, ajoute l'auteur, *sont destinés à prier ; mais les cheva-*
liers doivent jouir de toutes leurs aises et goûter tous les plaisirs,
tandis que le laboureur doit travailler pour les entretenir dans
l'abondance, et pour les nourrir, eux, leurs chevaux et leurs
chiens.

Tant d'égards au reste, tant de droits et d'honneurs
n'avoient pas été prodigués aveuglément. Si l'on accordoit
beaucoup à la chevalerie, en retour aussi l'on exigeoit
beaucoup d'elle, et des devoirs très rigoureux lui étoient
imposés. Ces devoirs étoient tels, qu'un de nos romanciers
(*Roman de Lancelot*) les faisant expliquer à son héros, celui-ci demande s'il faut donc, pour obtenir la chevalerie,
être différent des autres hommes. « Non, lui répond-on ;
« mais il faut des qualités et des vertus que n'ont pas ordi-
« nairement les humains ; et il en faut tant, que leur dénom-
« brement, si je l'entreprenois, suffiroit seul pour vous

« effrayer. Ce n'est pas sans dessein que fut établie cette
« dignité. Les premiers qui la possédèrent n'étoient que des
« hommes ordinaires ; car primitivement nous avons tous
« une même origine. Mais il fut un temps où, tous les vices
« s'étant répandus sur la terre, la force opprima tout et vou-
« lut commander. Les foibles alors recoururent au fort, au
« brave, au vertueux, et il se fit leur défenseur. Telle fut
« l'origine de la chevalerie : aussi la conférer à quelqu'un,
« c'est lui imposer le plus grand des fardeaux, c'est lui dire :
« Sois juste, compatissant, intrépide ; sois toujours prêt à
« secourir le malheureux ; et désormais ne crains plus ni
« les dangers ni la mort. »

Non-seulement c'est à la France qu'est due la chevalerie,
mais, pendant plusieurs siècles encore, les chevaliers françois furent les plus renommés de toute l'Europe. Ce furent
eux qui, à la bataille de Bouvines, défirent l'armée de
l'empereur, deux fois plus nombreuse que l'armée françoise. Sous Louis VIII, sous saint Louis, ils battirent toujours les Anglois. Dans les croisades, malgré tous les désas-
tres qu'enfantèrent ces guerres fanatiques, ils soutinrent
constamment leur renommée ; et cette renommée étoit
telle que plusieurs fois des princes étrangers n'employèrent
qu'eux, quand ils voulurent soutenir, les armes à la main,
certaines prétentions. C'est ce que fit le duc de Brabant
dans la querelle qu'il eut avec le duc de Luxembourg, au
sujet du duché de Limbourg. Les deux princes étant con-
venus de vider ce procès par un combat particulier de
quinze cents chevaliers, le premier composa, en grande
partie, sa troupe de chevaliers françois, et ce fut à eux
qu'il dut sa victoire. (*Monum. de la Mon. franç.*)

Les fatales journées de Poitiers, de Créci, d'Azincourt,
obscurcirent cette gloire, le fruit de plusieurs siècles. Cependant le ressouvenir de tant de prouesses en imposa long-

temps encore. C'est ce que nous apprend Brantôme, en parlant des lieux d'Italie où les François avoient livré de grandes batailles. *Hélas! dit-il, j'ay veu ces lieux-là....., et c'estoit sur le tard, à soleil couchant, que les ombres et les manes commencent à se paroistre comme fantosmes plus tost qu'aux autres heures du jour, où il me sembloit que ces ames genereuses de nos braves François là morts s'eslevoient sur la terre, et me parloient, et quasi me respondoient sur mes plaintes que je leur faisois de leur combat et de leur mort..... C'estoient ces braves François lesquelz les Espagnolz et Napolitains ayant à combattre, et appréhendant leur vaillance, faisoient difficulté de les attaquer..... Le conte de Montelon, pour les assurer, leur dit:* « *Ah! compagnons, ne pensez pas que ces François que* « *voyez là soyent ces François que les histoires anciennes ou fables* « *(c'estoient pourtant veritez) nous ont representez par ces* « *braves paladins et braves chevaliers errans qui fendoient et* « *fondoient tout ce qui se presentoit devant eux. Non, ce ne* « *sont ceux là; ains ce ne sont autres gens de guerre comme* « *nous: allons à eux.* » *Ce petit mot d'harangue les assura.* (OEuvres de Brantôme, 1822, tome 1, page 77.)

(7. *Il fit raser la barbe du soudan.*) Les Sarrasins portoient de longues barbes, et on se rasoit en France sous saint Louis.

Dans l'*Ordre de Chevalerie* en prose, Hugues fait seulement peigner la barbe du soudan sans la lui faire raser. .C'est qu'on la portoit alors. La mode du siècle avoit changé.

(8. *Récompense d'un bras employé à secourir les foibles et les opprimés.*) Ceux qui étoient reçus chevaliers juroient sur l'Évangile, à la fin de la messe, de vivre et de mourir dans la religion chrétienne, de défendre l'Eglise au prix de leur sang, de servir fidèlement leur prince et de protéger les veuves, les orphelins et les dames qui auroient besoin de leur secours.

(9. *La chemise qu'on lui fit prendre ensuite....*) Le poète

ne fait prendre une chemise à Saladin qu'au sortir du lit, parce qu'alors l'usage étoit de coucher sans chemise. De là cette expression *coucher nu à nue*, si commune dans nos fabliaux, dans les poètes et chansonniers du temps; de là ces ordonnances de nos rois et ces lois de nos anciens coutumiers, qui déclarent convaincus d'adultère la femme mariée et l'homme, qu'on aura seulement surpris nus dans une même chambre; de là ces peines sévères qu'on infligeoit en justice à celui qui avoit *fait le sac* à une fille (c'est-à-dire qui par jeu l'avoit enveloppée dans les draps de son lit comme dans un sac), parce qu'en l'état de nudité où pour cette impudente plaisanterie il falloit avoir vu la fille, le coupable avoit pu la déshonorer; de là enfin cet usage des anciens moines, qui couchoient dans une chambre commune, de dormir vêtus. Dans le roman de Gérard de Nevers, une vieille qui aide une demoiselle à se coucher ne peut revenir de son étonnement de la voir entrer au lit en chemise. Dans celui de la *Charrette*, Lancelot, logé chez une dame qui est devenue amoureuse de lui, se voit forcé le soir de coucher avec elle, parce qu'elle prétend n'avoir point d'autre lit à lui donner. Mais voulant garder fidélité à sa maîtresse, il se couche avec sa chemise, ce qui étoit assez déclarer ses intentions : aussi le laisse-t-on dormir. L'histoire elle-même atteste ces usages, confirmés par tous nos romans. La *Chronique de Normandie*, parlant du duc Robert et de cette fille de Falaise dont il devint amoureux, et qui fut mère du célèbre Guillaume-le-Bâtard, dit qu'elle *fut menée et convoyée jusques au lit du duc, et là fut laissiée en la chambre fermée; demoura seulle avec le duc qui couchié estoit, lequel fist despouiller la pucelle pour couchier avec lui; et quand elle fut despouillié de sa robbe, elle entra dedans le lit avec sa chemise. Et comme le duc voult venir à elle et soy approchier, elle print sa chemise par-dessus et s'abandonna au duc.* Le chroniqueur ajoute que le matin, quand elle se leva pour sortir du lit, *print ses petits draps* (ses habits de moyenne valeur), *et sa chemise* (*Rec. des histor. de Fr.,* tome XI, page 325). M. de Sainte-Palaye m'a assuré plusieurs fois avoir lu jadis un manuscrit contenant l'histoire du divorce de Louis XII avec Jeanne de France, dans laquelle la principale preuve qu'alléguoit le monarque pour prouver qu'il n'avoit pas consommé le mariage étoit celle-ci, qu'il n'avoit pas couché *nu à nue* avec la princesse. J'ai fait des recherches pour vérifier cette singulière anecdote, et je n'ai pu y parvenir; mais si elle n'est pas vraie, tout ce qu'on vient de lire prouve au moins qu'elle est vraisemblable. Dans les miniatures de nos manuscrits, les gens qui sont au lit sont toujours représentés nus; et il n'y a pas fort long-temps que cet usage, de mode encore dans les pays chauds, a cessé en France.

> La nuit passée, en mon lit je songeoye
> Qu'entre mes bras vous tenois nue à nu. (*Cl. Marot.*)

Les *Contes d'Eutrapel* (imprimés en 1587), parlant de promesses ridicules et difficiles à tenir, dit qu'elles ressemblent à celle d'une mariée qui entreroit au lit en chemise. L'auteur des *Escraines dijonnoises* (année 1620) fait mention d'un usage indécent, qui suppose encore celui dont il s'agit ici, et qui, de son temps, subsistoit à Dijon. Les amoureux dans cette ville attendoient le jour des Innocents pour donner les étrennes à leurs maîtresses; mais afin de faire en quelque sorte gagner à celles-ci leurs étrennes ils alloient le matin les surprendre au lit, et leur *donner quelques claques, estimant à grand contentement voir le cul des pauvres filles.* Cette espèce de fête qui, comme mille autres du même genre, doit faire époque chez ceux qui prônent et regrettent le *bon vieux temps*, s'appeloit, dit l'auteur, la *fête des culs.*

(10. *La robe écarlate devoit lui rappeler qu'un vrai chevalier....*) Je supprime ici les détails de toutes les autres parties de l'armure et de l'habillement, des chausses brunes, de la coiffe blanche, de la ceinture, de l'épée, des éperons, etc. Hugues explique tout cela allégoriquement; et l'on doit pardonner ces explications forcées au goût pour les allégories qu'avoient répandu les théologiens.

(11. *Il restoit une dernière cérémonie.*) L'auteur ne parle ni de la veille d'armes dans une église, ni de la confession par laquelle on devoit se préparer à la cérémonie, ni de la communion qu'on recevoit le jour même; et cela sans doute parce qu'il instruit un prince infidèle. On va voir cependant qu'il lui recommandera de jeûner le vendredi à l'honneur de la Passion et d'entendre tous les jours la messe.

(12. *C'étoit la colée.*) On donnoit effectivement un petit soufflet au chevalier, comme pour lui annoncer que c'étoit là le dernier outrage qu'il devoit recevoir. A ce soufflet, qu'on nomma *colée*, du latin *colaphus*, on substitua, par différents égards sans doute, trois coups de plats d'épée sur les épaules ou sur le *col*. On embrassoit ensuite le chevalier, ce qui fit nommer cette cérémonie *accolade*. L'accolade étoit la seule réception qu'on employât dans les occasions pressantes où les autres étoient impraticables, par exemple, quand on conféroit la chevalerie sur un champ de bataille.

(13. *Il y substitua quatre points d'instruction bien importants.*) Ne point mentir et secourir les dames, entendre la messe et jeûner : ceci ne donne pas une grande idée de la morale d'un siècle, qui réduisoit à ces quatre préceptes son code de probité et sa religion. Les miracles, les légendes en vers, les contes dévots que j'ai lus (et j'en ai lu beaucoup), font consister de même la perfection chrétienne dans le jeûne, la messe et les mortifications corporelles. Quelquefois cependant, mais rarement encore, ils ajoutent l'aumône.

On étoit dévot de bonne foi ; mais cette dévotion ne consistoit guère que dans des pratiques extérieures. Supersti-
tieuse, inconséquente et peu éclairée, elle s'allioit avec la
conduite la plus irrégulière, et souvent avec la vie la plus
criminelle. Ainsi, par exemple, avant d'entrer au tournoi
on entendoit la messe ; avant d'y combattre on faisoit le
signe de la croix : et les tournois avoient été défendus par
les papes et par les conciles, sous peine d'excommunication.
Dans les *duels judiciaires*, où de propos délibéré on alloit
exposer sa vie, l'on commençoit de même par se confesser ;
on juroit sur les reliques, souvent même on communioit.
J'ai déjà dit ci-dessus que chez nos romanciers le héros
couche ordinairement les nuits avec sa maîtresse, mais que
le lendemain l'auteur le fait aller à la messe fort *dévotieuse-
ment.* Cette sorte de religion bizarre a, pendant long-temps,
fait une partie des mœurs. *Il convint aller ouyr messe : laquelle
chantée, eussiez vu les jeunes gentilshommes prendre les dames
par-dessous les bras, et icelles mener, parlant d'amours et
autres joyeulx devis.* (*Vie du chev. Bayard,* par Expilli,
page 49.)

Quant à la morale, comme on n'avoit que celle qui étoit
prêchée par les prêtres, elle n'étoit guère plus pure ou plus
éclairée que la religion. Pour en juger, il suffira de rapporter
quelques-unes des questions que se propose à résoudre l'auteur de l'*Arbre des batailles.*

Un chevalier qui meurt dans une bataille est-il sauvé ?

Les gens d'église doivent-ils payer des impositions, pour
aider le prince à faire la guerre ?

Un fils doit-il défendre son père plutôt que son évêque ?

Quelles sont les personnes qui sont tenues à défendre les
autres ?

Un serf peut-il se défendre contre son seigneur, quand
celui-ci veut le tuer ?

Un roi chrétien peut-il donner un sauf-conduit à un roi sarrasin ?

(14. *Il lui accorda en présent la liberté de dix chevaliers.*) C'étoit la coutume que le nouveau chevalier signalât par des libéralités ce jour de gloire ; et ces dépenses, consacrées par l'usage, étoient même si considérables, que les seigneurs, quand leur fils aîné recevoit la chevalerie, s'arrogèrent le droit de lever une taille particulière sur leurs vassaux, ainsi que quand ils étoient eux-mêmes prisonniers, ou lorsqu'ils marioient leur fille aînée. C'est ce qu'on nommoit *les trois cas des loyaux aides*. Dans la suite ils en ajoutèrent une douzaine d'autres, qui furent aussi *loyaux* que les premiers, et qu'on nomma *gracieux*, pour les distinguer de ceux-ci.

(15. *Cinquante amiraux.*) Les Arabes donnoient le nom d'*émir* ou *amir*, c'est-à-dire *seigneur*, à ceux qui dans la nation possédoient de grandes places ; aux premiers magistrats, aux vice-rois, aux commandants des armées ou des flottes, aux gouverneurs des villes ou des provinces ; et c'est ce qu'il signifie dans le conte. Chez les empereurs grecs qui adoptèrent ce nom, chez les Siciliens et les Génois, les deux premières nations commerçantes de l'occident qui en firent un titre, il s'employa pour désigner particulièrement le chef des armées navales. C'est la dénomination qu'il eut aussi en France, lorsqu'en 1270 on y créa la dignité d'amiral : mais il paroît que ce mot y conserva plus ou moins long-temps un sens plus étendu ; car on voit qu'il y a eu des amiraux qui ont servi sur terre et des officiers de terre qui ont porté le titre d'amiral.

Il est assez surprenant que le président Hénault, qui donne la liste des principaux magistrats du parlement, des savants et des prétendus illustres de chaque siècle, ne donne pas le nom d'un seul amiral.

(16. *Si quelqu'un osoit manquer de respect au sacrement,*

ils ont le pouvoir de le tuer.) Telle étoit l'opinion du temps
qu'on pouvoit, qu'on devoit même exterminer les mécréants. De là les croisades contre les Sarrasins d'Espagne,
contre les païens d'Allemagne et contre les Albigeois ; de là
les bûchers et l'inquisition, et le massacre des Mahométans
dans Jérusalem quand les croisés prirent cette ville, et celui
des prisonniers de cette nation que firent mourir les papes
Léon IV, Jean VII et Benoît VIII, etc., etc. Saint Louis,
racontant à Joinville l'histoire d'un vieux chevalier impo-
tent qui avoit terminé une dispute sur la religion en ren-
versant d'un coup de sa béquille le juif disputant, ajoutoit :
Homme lai(laïque), *quand il entend médire de la loi chrétienne,*
ne doit la défendre que de l'épée ; de quoi il doit donner parmi
le ventre dedans, tant comme elle y peut entrer. (*Vie de saint*
Louis, par Join. Edit. du Louvre, page 12). Dans ses *Éta-*
blissements il condamne au feu tout hérétique (*Établ. de*
saint Louis, chapitre 83), et cependant quelle âme fut plus
douce, plus compatissante, plus charitable que celle de ce
bon roi ! Les historiens se donnent bien de la peine pour
motiver sa malheureuse expédition de Tunis ; et peut-être
ce qu'on vient de lire en est-il la clef. On n'avoit pas à
cette seconde croisade le prétexte de la délivrance des
saints lieux ; mais les esprits étoient mal éclairés, et l'on
croyoit honorer Dieu en massacrant ses ennemis. Le derviche
mahométan qui poignarde un chrétien qu'il rencontre ne
voit de même dans son assassinat qu'un ennemi de moins
pour sa religion.

Aux yeux des ecclésiastiques, l'hétérodoxie devoit être
le plus grand des crimes, puisque c'étoit celui qui affoiblis-
soit leur empire et diminuoit le nombre de leurs sujets.
Telle étoit en effet leur doctrine ; et, quand on lit l'histoire
de ces temps malheureux, on frémit des peines atroces portées
contre ceux qui étoient accusés de ce délit. Un hérétique

étoit non-seulement un homme proscrit par les lois religieuses, c'étoit encore un homme déclaré infâme, et ses
enfants ne pouvoient hériter de lui. Un concile de Toulouse
tenu en 1229 avoit poussé la rigueur jusqu'à ordonner par un
de ses canons que toute maison où auroit habité un hérétique
seroit détruite de fond en comble, et la place où elle étoit
bâtie confisquée (*Labbe Conc.*, tome XI, 1re partie, page
428). Cet esprit d'intolérance et de persécution, le clergé
avoit su l'inspirer aux puissances séculières; et celles-ci,
pour affecter une foi pure, sembloient vouloir à l'envi
pousser plus loin encore l'amertume de leur zèle. En 1228,
saint Louis avoit rendu une ordonnance par laquelle il
assuroit une récompense de deux marcs d'argent à ceux qui
arrêteroient et conduiroient au bailli du roi un hérétique.
Quiconque eût entrepris de défendre ce proscrit ou lui eût
donné retraite, étoit, par le réglement, déclaré incapable
de tester; il ne pouvoit plus être admis en témoignage ni
posséder aucune dignité; et tous ses biens étoient confis-
qués, sans aucune espérance pour ses héritiers. Par la suite
lorsque le pieux monarque publia ses *Etablissements*, dans
ce nouveau code, il condamna au feu tout hérétique,
comme je l'ai dit ci-dessus. Mais ce qu'il faut remarquer,
c'est que ce même prince, qui faisoit brûler vif un homme
errant dans la foi, étoit celui qui ne condamnoit l'incen-
diaire qu'à perdre les yeux, et l'assassin, le voleur de grand
chemin qu'à être pendus.

LES TROIS CHEVALIERS

ET LA CHEMISE,

PAR JAKES DE BASIN.

Le prologue qu'on va lire n'est point celui du fabliau: c'est un morceau détaché que j'ai trouvé ailleurs, et que j'emploie ici, parce qu'il m'a paru digne d'être conservé, et bien convenir à un conte qui offre l'exemple d'une audace peu commune. Comme il est dans un genre différent de tout ce qu'on verra dans la suite, que je m'y suis permis quelques transpositions, et qu'à son ton sublime et à ses images, on pourroit peut-être soupçonner la fidélité du traducteur, je vais le joindre en original à la traduction.

QUEL est le gentil bachelier [1] qui fut engendré sur un champ de bataille, allaité dans un heaume, bercé dans un écu [2], et nourri de chair de lion ? Quel est celui qui aura le visage du dragon, les yeux du léopard, le cœur du lion et l'impétuosité du tigre ?

Qui est li gentis bachelers
Qui d'espée fu engendrez,
Et parmi li hiaume alétiez,
Et dedens un escu berciez,
Et dechar de lion norris,
Et au grand tonnoire endormis,
Et au visage de dragon,
Iex de liépart, cuer de lion,
dents   sanglier prompt
Dens de sengler, isniaus com tigre:
Qui d'un estourbeillon s'ennyvre,

qui s'endormira au bruit du tonnerre, s'enivrera de fureur dans un combat, verra son ennemi au travers des tourbillons de poussière, comme le faucon voit sa proie à travers les nuages, renversera comme la foudre le cheval et le chevalier, et de son poing, ainsi que d'une massue [5], pourra les écraser ? Pour achever une aventure célèbre, il traversera, s'il le faut, les mers de l'Angleterre ou le sommet du Jura. Se présente-t-il dans une bataille ? on fuit devant lui comme la paille légère fuit devant la tempête. S'il joûte, et c'est toujours sans étrier [4], il renverse le cavalier avec son cheval : souvent il le perce malgré ses armes ; et, ni fer, ni platine, ni lance, ni bouclier, ne peuvent résister à ses coups. Les épées brisées, l'haleine des chevaux fumants, les lances et les hauberts fracassés, voilà les fêtes et les spectacles qu'il aime. Ses plai-

Et qui fet de son poing maçue,
renverse
Qui cheval et chevalier rue
Jusqu'à la terre comme foudre :
Qui voit plus cler parmi la poudre,
Que faucons ne fet... (*mot effacé*)
Qui torne ce devant derrière
divertir
Un tornois, por son cors déduire ;
Ne cuide que riens li puist nuire ;
Qui tressaut la mer d'Engleterre
chercher
Por une aventure conquerre ;
Mont-Jura
Si fet-il les mons de Mon-Geu.
ses jeux
Là sont ses fètes et si geu ;
Et s'il vient à une bataille,
Ainsi com li vens fet la paille,
Les fet fuir pardevant lui.
ni   *personne*
Ne ne veut jouster à nului
excepté   *hors*
Fors que du pié fors de l'estrier :
S'abat cheval et chevalier,
Et sovent le crière par force :
ni lance   *ni bouclier*
Fer, ne fust, platine, n'escorce
Ne puet contre ses cops durer ;
Et puet tant le hiaume endurer
Qu'à dormir ne à sommeiller
Ne li covient autre oreiller.
ni   *dragées*
Ne ne demande autre dragiés
Que pointes d'espées brisiés,
lance
Et fers de glaive à la moustarde :

sirs sont de parcourir les montagnes et les vallées, d'aller
seul, à pied, attaquer les
ours, les lions, les cerfs en
rut. Jamais il ne quitte son
heaume [5]: c'est son oreiller
pendant le sommeil. Tout ce
qui lui appartient, il le distribue.....[6]

  mets beaucoup lui plaît
C'est un mes qui forment lie tarde,
   brisés
Et haubers desmailliés, au poivre;
    poussière boire
Et veut la grant poudriere boivre
Avec l'aleine des chevaus.
Et chace par mons et par vaus
    en rut
Ours et lions et cers de ruit
     ses plaisirs
Tout à pié; ce sont si déduit.
Et donne tout sans retenir.
. . . .

Le reste ne mérite pas la peine d'être copié.

NOTES.

(1. *Quel est le gentil bachelier.....?*) Toute la noblesse de
France, et même celle de presque toute l'Europe, se divisoit en trois ordres : les bannerets, les chevaliers et les
écuyers. Le banneret étoit celui qui avoit assez de terres
et de vassaux pour conduire à l'armée, sous sa *bannière*,
un certain nombre de gentilshommes relevant de lui. Cette
dignité passoit du père au fils, et pouvoit même être pos-
sédée par un écuyer, parce qu'elle étoit attachée à la terre;
au lieu que celle du chevalier mouroit avec lui, comme
étant propre à sa personne. Le banneret pouvoit prétendre
aux qualités de comte, de duc, de marquis, de baron.

Les simples chevaliers, c'est-à-dire ceux qui n'étoient pas
assez riches pour être bannerets, composoient la seconde
classe. Ils portoient un pénon (*étendard*) en pointe; et par

là on les distinguoit du banneret dont la bannière étoit
carrée. On nommoit *bacheliers* les chevaliers pauvres, les
bas-chevaliers. Cependant il y avoit des bacheliers qui étoient
tels par leur terre; l'on en verra un exemple dans le conte
suivant. Quand ceux-ci avoient reçu la chevalerie, on les
appeloit chevaliers-bacheliers. Dans les montres le chevalier recevoit le double de la paie de l'écuyer, et la moitié
de celle du banneret.

Quant à l'écuyer, c'étoit le prétendant à la chevalerie : il
en sera parlé plus bas.

(2. *Bercé dans un écu.*) Il a été dit ci-dessus qu'il y avoit
des écus concaves.

(3. *De son poing, ainsi que d'une massue, pourra les écraser.*) Un chevalier désarçonné dans une bataille étoit hors
de combat, ne pouvant plus se relever par la pesanteur de
ses armes; mais souvent il étoit encore plein de vie et pouvoit même n'être pas blessé. Des valets qui suivoient les
armées couroient alors de tous côtés avec de gros maillets,
des haches ou des massues, et frappant à grands coups,
assommoient les guerriers renversés. Les chevaliers eux-
mêmes, pour expédier plus vite leurs ennemis, sur qui les
épées, toutes lourdes qu'elles étoient, ne faisoient que glisser, se servoient dans les combats de ces armes redoutables.
Saint Louis combattoit avec une massue. On voyoit encore
dans l'abbaye de Roncevaux (Daniel, *Mil. Franç.,* t. 1er)
les massues qu'on prétend avoir appartenu à Roland et à
Olivier, ces preux si renommés de nos vieux romans. C'est
un bâton gros comme le bras, ayant à l'un de ses bouts une
forte courroie pour tenir l'arme et l'empêcher de glisser, et
à l'autre trois chaînons de fer, auxquels pend un boulet pesant
huit livres. Il n'y a pas d'homme aujourd'hui capable de
manier une telle arme.

Les massues étoient en usage aussi dans les tournois; et,

pour qu'on ne les perdît pas dans le cas où elles échappe-
roient de la main, on les attachoit à la selle par une petite
chaîne. Les gardes de saint Louis en portoient d'airain : c'étoit
Philippe-Auguste qui avoit introduit cette coutume. Voyez
Sergent-d'armes plus bas au conte dévot de *l'hermite que
l'ange mena dans le siècle.*

(4. *S'il joûte, et c'est toujours sans étrier...*) Ceci est un tour
de force. Si l'on se rappelle ce qui a été dit ci-dessus de la
joûte, on pourra concevoir quelle vigueur annonçoit celui
qui, sans avoir le point d'appui des étriers, étoit assez
ferme sur son cheval pour n'être pas ébranlé du coup de
lance, et pour désarçonner même son adversaire, en lui
perçant de la sienne son haubert, sa plate et son gambison.

(5. *Jamais il ne quitte son heaume.*) L'incommodité de ce
pot de fer qui enveloppoit toute la tête, sa grande pesanteur, la chaleur qu'il occasionoit, surtout quand la visière
étoit baissée, empêchoient qu'on ne pût le porter long-
temps en cet état. Aussi voit-on souvent que, dans les tournois, les champions suspendoient le combat d'un commun
accord, et levoient la ventaille pour respirer. Le plus estimé
et le plus valeureux étoit celui qui gardoit son heaume le
plus long-temps. Qu'on juge par là quel degré d'héroïsme
ce devoit être de ne le point quitter, même pour dormir.

(6. *Tout ce qui lui appartient, il le distribue.*) Les romanciers, les fabliers et toutes ces troupes faméliques de poètes
et de musiciens qui ne vivoient que des largesses des grands
seigneurs, avoient trop d'intérêt à leurs profusions, pour
ne pas chercher tous les moyens possibles de leur inspirer
cette sorte de faste ruineux. En lisant leurs ouvrages, on
est tenté de croire qu'ils n'ont écrit qu'afin de vanter la libéralité. C'est, selon eux, la première des vertus, c'est la
plus indispensable, et elle marche de pair avec la probité

et la valeur. A chaque page on est forcé de rougir pour eux d'une bassesse d'âme, qui malheureusement étoit générale, et qui seroit capable de déshonorer les lettres, si les lettres pouvoient être déshonorées. Mais la servitude inhérente au gouvernement féodal avoit avili les esprits, et les deux plus nobles arts que l'homme policé puisse ajouter à son bonheur, la poésie déclamative et la musique n'étoient alors qu'un vil métier que des vagabonds ou de petits bourgeois entreprenoient pour vivre, et de malheureux vassaux pour gagner les bonnes grâces de leur seigneur.

Il n'y avoit pas plus de délicatesse chez les troubadours des provinces méridionales, parce que, pour la plupart d'entre eux, les raisons d'avidité étoient les mêmes. *Tout est renversé*, dit l'un de ces poètes, *la cour du roi Alphonse, notre chef, étoit une source féconde de largesses : à présent on n'y donne plus rien*[*]..... Garin d'Apchier, selon les manuscrits, *fut bon chevalier : il sut bien faire l'amour, et poussa la libéralité jusqu'à donner tout ce qu'il avoit*[**]. *Si j'étois riche*, dit un autre, *je donnerois à toutes mains pour faire dire partout, voilà cet homme si libéral qui ne refuse personne*[***]. Le troubadour Fabre, faisant l'éloge d'un certain sieur de Prades, dit qu'on trouve toujours chez lui de bons repas à faire et des dons à recevoir (*Histoire de Provence*, tome II, page 411). Je le demande : le plus affamé des rimailleurs oseroit-il aujourd'hui tenir un pareil langage? Non, non; les siècles ne dégénèrent pas toujours, comme on veut nous le faire croire; et si, en se policant, ils contractent quelques vices nouveaux, il en est d'autres aussi dont ils se corrigent.

[*] *Histoire litt. des troubadours*, tome Ier, page 177.

[**] *Ib.*, page 39.

[***] *Ib.*, tome II, page 426.

VOICI LE VRAI PRÉAMBULE DU CONTE.

———

LES TROIS CHEVALIERS

ET LA CHEMISE.

———

Les faux amants prennent, pour mieux séduire, le masque de l'amour véritable. Jour et nuit ils sont occupés de ruses nouvelles; on les voit souples et rampants, et souvent ils font tomber dans leurs pièges un cœur naïf. Ce n'est pas ainsi qu'aima celui dont je vais conter l'histoire; mais aussi, avant de lui octroyer amour, sa belle le mit à l'épreuve. Vous qui comme elle avez tant d'intérêt à n'être pas trompées, imitez son exemple.

Elle n'étoit fille ni d'un duc ni d'un comte. Sa naissance cependant étoit illustre, et dans tout le royaume vous n'eussiez pu trouver sa pareille en beauté et en courtoisie. Pour son mari, bachelier très opulent, mais gentilhomme fort pacifique, il ne se piquoit pas extrêmement de bravoure; et il convenoit sans façon qu'il n'étoit pas homme à aller pour la gloire risquer de se faire assommer dans un combat. Du reste il étoit

libéral, tenoit bonne table, recevoit très bien
ceux qui passoient par son château : aussi se
faisoit-on un plaisir d'y descendre.

Un jour vinrent chez lui trois chevaliers. On
avoit annoncé un tournoi [1] dans le canton, et ils
s'y rendoient. Deux d'entre eux avoient un train
magnifique, car ils étoient riches et puissants. Le
troisième étoit pauvre et n'avoit qu'un écuyer [2] :
mais jamais lice ne s'ouvroit qu'il n'accourût
pour y disputer le prix ; jamais on ne l'avoit vu
reculer devant un danger, et quand il avoit le
heaume en tête il ne redoutoit ni lance ni épée.

Nos trois braves n'eurent pas plus tôt vu la dame
que tous trois en furent épris ; et, belle comme
elle étoit, vous n'en serez pas étonné. Chacun
d'eux épia donc de son côté un moment favorable pour lui parler ; chacun la supplia de vouloir bien agréer d'être sa mie, et l'assura avec
mille serments que si elle daignoit y consentir,
il feroit pour l'amour d'elle tant d'actions de
prouesse et de courage que jamais femme ne
pourroit se vanter d'avoir eu pareil amant. Leurs
vœux ayant été également dédaignés, ils perdirent l'espérance, et partirent le lendemain matin
pour se rendre au tournoi qui devoit commencer
le jour suivant.

La dame cependant, quoiqu'elle eût rejeté
leur déclaration amoureuse, n'avoit pas laissé

d'y faire attention ; mais avant d'y répondre elle
s'étoit proposé, pour mieux choisir, de les éprouver tous trois.

Il y avoit au château un écuyer à la fidélité
et à la discrétion duquel elle pouvoit se fier. Elle
l'appela, et lui donnant une de ses chemises[5] :
« Allez au lieu du tournoi, lui dit-elle, et pré-
« sentez ceci au plus grand des trois chevaliers
« qui viennent de partir. Dites-lui que s'il veut
« vivre et mourir à mon service, comme il me
« l'a juré, je le prie de vêtir cette chemise pour
« l'amour de moi, et de se présenter ainsi au
« combat sans autres armes que son épée, ses
« chausses de mailles, son heaume et son écu[4].
« S'il refuse de l'accepter, vous irez l'offrir au se-
« cond, et enfin au troisième : c'est celui qui a
« cherché à vous parler quand il est sorti. »

Chargé du paquet, l'écuyer partit aussitôt. Il
se rendit au lieu du tournoi, et alla offrir le don
de sa maîtresse à celui des chevaliers qui lui étoit
le premier désigné. Celui-ci le reçut d'abord avec
reconnoissance ; il promit d'obéir, et jura de
nouveau qu'il feroit pour sa dame des actions
telles qu'elle-même ne pourroit les croire. Mais
à peine eut-il réfléchi qu'au lieu de ces impéné-
trables enveloppes, de cette armure de fer sous
laquelle il étoit presque invulnérable, son corps,
couvert seulement de ce vêtement ridicule, alloit

sans défense être exposé à tous les coups, qu'à
l'instant même son visage pâlit. *Amour* et *prouesse*
cherchèrent vainement à le ranimer; vainement
ils lui crioient que son refus alloit pour jamais le
couvrir de honte : *couardise*, venant l'épouvanter
et le menacer de la mort, lui crioit de son côté
qu'il valoit encore mieux vivre que de tenir parole à une maîtresse. Que vous dirai-je? couardise l'emporta; et après avoir hésité quelque
temps, incertain et confus, le chevalier renvoya
la chemise.

Elle fut portée au second, qui la reçut comme
l'autre et qui finit de même par la rendre. Enfin,
on l'offrit au troisième : c'étoit le pauvre.

Celui-ci se mit à genoux pour recevoir l'envoi
de la dame de son cœur. Il le baisa respectueusement, déclara qu'il se croiroit mieux armé ainsi
qu'avec le fer et l'acier; et, pour marquer à l'écuyer
sa reconnoissance de l'honneur qu'il recevoit par
lui, il le pria d'accepter un cheval de main, seul
présent que sa fortune lui permettoit d'offrir, et
prix de sa valeur gagné naguère dans un tournoi [1]. Toute la nuit fut employée à baiser ce gage
de l'amour, et à attendre impatiemment que le
jour lui permît de le mériter.

Il ne s'aveugloit pas sur le danger cependant.
Vingt fois il se représenta comme les deux autres
ces cimeterres, ces lances et ces massues qu'il

alloit braver sans défense; et quand il songeoit
à cette épreuve terrible à la laquelle jamais aucun amant n'avoit été soumis, et où tout le courage possible devenoit inutile, son corps malgré
lui frissonnoit d'épouvante. « Mais ma dame le
« veut, se disoit-il, et elle mérite bien que j'ex-
« pose mes jours pour elle ». Amour alors venoit
lui applaudir, il lui montroit au bout de la carrière tout ce qui alloit devenir la récompense de
sa valeur; compagnie de la plus belle des femmes,
entretiens tendres,

> Duz regars, acolers, biaz rires,
> Et baisiers ki n'est pas li pires.

Et il se disoit de nouveau que des plaisirs pareils
valoient bien qu'il risquât sa vie.

Cependant le jour parut; et les hérauts crièrent
dans toutes les rues : *Lacez , lacez* [6]. Aussitôt
notre héros transporté se revêt de la chemise.
Il prend son épée, son écu et son heaume; et,
montant sur son cheval, il s'élance dans la lice
et attaque ses invulnérables rivaux. Bientôt son
écu est mis en pièces. La compassion veut en
vain l'épargner; il s'enfonce au plus fort de la
mêlée, frappe dans tous les rangs, provoque les
vainqueurs par ses coups et *repait son épée de
leur sang*. Le sien couloit par trente blessures,
mais amour l'animoit, il ne les sentoit pas; et
quoique ses forces s'épuisassent insensiblement,

il continua toujours de combattre, et ne voulut quitter la lice que le dernier.

Sa valeur fut couronnée. Hérauts et combattants, tous, d'une voix unanime, lui décernèrent le prix du tournoi; et tous se firent un devoir de l'accompagner en pompe jusqu'au lieu où la veille il étoit descendu. Epuisé par la fatigue et par ses blessures, on songea d'abord à le coucher. On vouloit lui ôter cette chemise en lambeaux, épaissie et encuirassée par son sang : mais il s'y refusa toujours, déclarant qu'il aimoit mieux perdre la vie; et il fallut, pour qu'il consentît à laisser mettre sur ses plaies le premier appareil, se prêter à ce caprice insensé de l'amour.

La dame étoit déjà instruite par l'écuyer du danger que couroit la vie de son amant; et alors elle se reprocha la cruelle épreuve qu'elle avoit exigée. Elle renvoya aussitôt vers lui son agent fidèle, avec ordre de payer libéralement en secret tous les secours qui seroient nécessaires pour hâter sa guérison; et lui fit dire qu'en récompense de tant d'amour elle lui accordoit le sien, et l'attendoit pour l'en assurer elle-même par un doux baiser. Ce message, plus puissant que tous les remèdes, fut un baume salutaire pour les blessures du mourant. Il se rétablit bientôt, et impatient de recevoir la flatteuse récompense de son courage, il vola vers la dame.

Le mari dans ce moment venoit d'ouvrir une
cour plénière. Il avoit annoncé des fêtes et des
tournois dans son château, et de tous les côtés
une foule de chevaliers et de gentilshommes y
étoient accourus. Le chevalier vainqueur voulut
à son tour, avant de se présenter, éprouver sa
dame. Il lui envoya par un écuyer cette chemise
qu'il avoit reçue d'elle et qu'il avoit teinte de
son sang dans le tournoi, et la pria de la vêtir
par-dessus ses habits, et de servir ainsi à table
avec ses pucelles [7]. L'amante fidèle n'hésita pas.
Elle répondit que ces taches du sang de son
brave et loyal amant étoient à ses yeux plus belles
que l'or et les pierreries; et après avoir baisé à
son tour cette chemise sanglante, elle eut le
courage de s'en couvrir et de servir ainsi les
conviés.

Tout le monde fut surpris d'abord : mais on
savoit l'aventure du chevalier pauvre; on devina
aisément ce qu'en retour il avoit exigé, et on en
estima davantage la femme capable d'un amour
si héroïque. Les deux lâches qui avoient refusé la
chemise étoient venus aussi au château. Témoins
de cette scène courageuse, ils sortirent en pleu-
rant de dépit et de rage. Quant au mari, je vous
ai déjà dit qu'il n'étoit pas brave; il se rendit
justice, ferma les yeux sur l'aventure et se tut. [8]

Basir, en finissant, s'adresse aux dames, aux jeunes pu--

celles et à tout le corps des chevaliers, pour leur demander lequel des deux amants fit plus, ou celui qui pour sa mie brava la mort, ou celle qui s'exposa au blâme pour son ami. Il prie les juges de décider loyalement cette question importante, et souhaite qu'en récompense Amour les comble de ses biens. (*Nouveau recueil*, par Méon, tome 1er, page 91.)

Dans les *Instructions du chevalier de la Tour-Landri à ses filles* (c'étoit un gentilhomme angevin, qui écrivoit en 1371), un chevalier coupable d'empoisonnement en accuse une demoiselle dont il n'a pu se faire aimer. Elle est condamnée au feu. Au moment où elle va périr, un défenseur se présente : il combat l'accusateur qui est forcé d'avouer son crime ; mais il a été blessé lui-même mortellement. En expirant il envoie sa chemise sanglante à la pucelle, et celle-ci par reconnoissance la porte toute sa vie.

Dans le roman de *Tirant-le-Blanc*, le héros demande à sa maîtresse, comme une faveur, une de ses chemises, et il la porte sur lui les jours de combat.

NOTES.

(1. *On avoit annoncé un tournoi dans le canton.*) La France, qui donna naissance à la chevalerie, y vit naître aussi les tournois. On appeloit ainsi ces jeux militaires où la noblesse venoit en pompe s'exercer aux combats : institution brillante d'un peuple galant et guerrier, qui seule suffiroit pour nous peindre les mœurs du temps, et qui, ainsi que la chevalerie, fut non-seulement adoptée par le reste de l'Europe

chrétienne, mais encore par les empereurs grecs, les Sarrasins d'Asie, les Maures d'Espagne, etc. L'importance du sujet exigeant quelques détails plus étendus que ceux des autres articles, je me flatte qu'elle me fera pardonner la longueur de celui-ci.

Les rois, princes et grands seigneurs qui vouloient ouvrir un tournoi (je ne parle pas ici de ceux qu'à leur imitation les seigneurs particuliers donnoient dans leur manoir), longtemps auparavant envoyoient dans les provinces voisines, et souvent jusque dans les royaumes étrangers, des hérauts en annoncer le jour et le lieu ; et l'on invitoit tous les braves chevaliers, et les jeunes écuyers surtout, à venir mériter, ceux-là *bonne récompense,* ceux-ci *merci de leur dame ou augmentation d'amour.* Si le tournoi se donnoit dans une ville, le bailli, les maire et échevins du lieu étoient chargés de procurer des logements à tous ceux qui arrivoient; si c'étoit sous les murs d'un château, on dressoit des tentes et des pavillons dans la campagne. On a vu ci-dessus les précautions que l'on prenoit pour qu'il ne pût entrer dans la lice que des gens irréprochables, et comment les dames qui avoient à se plaindre de quelqu'un trouvoient satisfaction.

Le lieu du combat étoit une vaste enceinte, fermée tout autour ou par des cordes couvertes de tapis, ou le plus souvent par un double rang de barrières, espacées l'une de l'autre de quatre pieds. Cet intervalle vide avoit son utilité. On y plaçoit les ménétriers pour jouer des instruments, les valets des chevaliers pour retirer leurs maîtres quand ils se sauvoient de la presse ou qu'ils tomboient de cheval, et les hérauts, sergents et rois d'armes, pour veiller sur les combattants, pour maintenir l'ordre, juger des coups et donner des avis et des secours à ceux qui en auroient besoin. Le peuple se tenoit en dehors. Il y avoit un amphithéâtre à plusieurs étages pour les rois, les reines, prin-

cesses, dames, juges du tournoi et vieux chevaliers hors
d'état de combattre. Avant que les tournoyants entrassent
on avoit soin d'examiner s'ils n'étoient pas liés à la selle,
si leurs armes se trouvoient conformes aux lois indiquées,
et si elles n'avoient que la longueur prescrite.

Ces armes étoient ordinairement des bâtons ou des cannes,
des lances sans fer ou à fer rabattu, des épées sans tranchant,
qu'on nommoit par cette raison *courtoises* ou *gracieuses*.
Quelquefois cependant on se servoit de lances à fer émoulu,
de haches et de toutes les armes des batailles (celles-ci s'appeloient *armes à outrance*). La seule différence c'est que les
coups alors étoient comptés, et qu'on ne pouvoit en donner
par-delà le nombre prescrit. Les masses d'ailleurs étoient
visitées la veille par les juges d'armes, et marquées au
manche d'un fer chaud; mais dans l'un et l'autre combat il
étoit défendu de frapper ailleurs qu'entre *les quatre membres* et jamais de pointe.

Il y avoit deux manières de se battre; l'une où les tournoyants, séparés en deux troupes rangées chacune sur une
ligne, venoient comme dans les armées se frapper de la
lance pour se renverser. En France, afin d'empêcher ceux
qui étoient désarçonnés d'être foulés aux pieds des chevaux,
on imagina une chose fort ingénieuse, quoique d'un autre
côté, elle eût peut-être quelques inconvénients: c'étoit une
double barrière plantée au milieu de la lice dans toute sa
longueur, pour séparer les deux troupes, de façon que l'on
pouvoit bien s'atteindre du bout de la lance, mais les
chevaux ne pouvoient se toucher.

L'autre sorte de combat se nommoit *combat à la foule;*
sorte de mêlée confuse, où l'on frappoit à tort et à travers
sans savoir sur qui et comme on pouvoit. On n'employoit
pour celui-ci que l'épée, la hache ou la masse. Comme il
eût été assez difficile dans tout ce chamaillis de distinguer

celui qui faisoit les plus beaux faits d'armes, et par conséquent d'adjuger le prix, d'autant plus que sous le heaume le
visage étoit entièrement caché, on s'avisa d'un expédient
(et telle fut l'origine du blason): ce fut d'armorier son écu
et sa cotte-d'armes. Les hérauts et les juges pouvoient par
ce moyen suivre de l'œil les combattants et discerner les
prouesses particulières.

La journée finissoit par quelques fêtes sans prix, qu'entreprenoient certains braves pour donner des preuves de
leur adresse, ou pour plaire à leur belle. Cette joûte s'appeloit le *coup des dames.*

Les dames pour qui ces fêtes étoient des jours de triomphe, les dames qui, par leur sexe, ne pouvoient paroître
dans la lice, et qui, par leur inexpérience, n'eussent osé
y dicter des lois, trouvèrent cependant un moyen et une
façon bien adroite d'y présider. Elles choisissoient un chevalier, qu'on nomma le *chevalier d'honneur,* parce que ce
choix étoit l'honneur le plus grand qu'un gentilhomme pût
recevoir. Elles lui donnoient une coiffe, une guimpe ou
quelque chose de semblable, qu'il attachoit au bout de sa
lance; et, dès ce moment, il recevoit la surintendance et
l'inspection générale du tournoi. Il y veilloit en leur nom,
dénonçoit celui qui les avoit offensées, et que tout le monde
devoit frapper; mais, dès que, par leur ordre, il le touchoit du bout de sa guimpe, à l'instant il devenoit sacré,
comme étant sous la protection des dames, et il n'étoit plus
permis de le toucher. Une pareille fonction ne seroit que
ridicule à nos yeux, si elle n'avoit eu que ce but; mais le
chevalier d'honneur ayant la faculté de se porter librement
partout, et la foule s'écartant par respect à sa rencontre, il
pouvoit avec sa guimpe séparer ceux qui étoient trop achar-
nés, trop pressés et dans le danger, et par là on évitoit bien
des accidents.

Malgré toutes ces précautions, cependant il en arrivoit toujours beaucoup. Les histoires en sont remplies, et pour n'en citer qu'un seul, dans un tournoi qui eut lieu à Nuits, en 1240, il y eut soixante, tant chevaliers qu'écuyers, qui périrent sur la place, ou des coups qu'ils avoient reçus, ou écrasés par les chevaux, ou suffoqués par la poussière. Ce furent ces malheurs, trop souvent répétés, qui firent que les papes interdirent les tournois, avec excommunication contre ceux qui s'y trouveroient, et que les rois non-seulement s'en dispensèrent, mais défendirent même à leurs enfants d'y combattre. Néanmoins la fureur pour ces spectacles guerriers étoit si grande que, ni la crainte de la mort, ni les décrets des conciles et des papes, ni l'excommunication n'en purent guérir, et que la cour romaine fut obligée enfin de les permettre*(*Chronique de Saint-Denis*, tome II, page 145). Parmi nos rois, Charles VI et François Ier cédèrent à la manie commune, et qui ne sait que c'est à un tournoi que Henri II dut la mort? La noblesse surtout, qui trouvoit à y satisfaire à-la-fois sa galanterie, sa magnificence et son courage, vendoit tout pour y paroître avec éclat, et venoit s'y ruiner en chevaux de prix, en suite nombreuse, en housses brodées, en habits magnifiques. Un gentilhomme n'étoit estimé qu'autant qu'il s'y étoit distingué. Pour faire l'éloge d'un brave chevalier, on disoit de lui qu'il avoit fréquenté les tournois; et il y avoit même un proverbe allemand dont le sens étoit que le matin un gentilhomme doit labourer son champ, mais que l'après-dînée il doit aller aux tournois (Ménestrier, *de l'origine des Armoiries*, page 110.)

En effet, si l'on peut objecter à ces jeux pompeux les

---

* Les clercs même alloient y combattre, puisqu'en 1254, un concile d'Albi le leur défendit. (Hardouin, *Concil. col.*, tome VII, page 465.)

dangers, les dépenses, les querelles et les haines qu'ils ame-
noient trop souvent avec eux, on peut dire en leur faveur
qu'ils étoient aussi un exercice utile de force, d'adresse et
de courage, et même une école d'honneur, puisque, pour
y être admis, il falloit être sans reproche. J'ajouterois encore qu'étant alors, avec les cours plénières, la seule occasion
qu'eussent les deux sexes de paroître réunis en public, ils ont
contribué peut-être plus que toute autre chose à dérouiller
et à polir les mœurs. La chevalerie d'ailleurs faisant la force
des armées, car l'infanterie, composée des communes, n'étoit
comptée pour rien, les tournois devinrent nécessaires pour
s'exercer à manier la lance et l'épée, à se servir du bouclier,
à se tenir ferme sur un cheval.

Enfin ne les considérât-on même que comme le simple
spectacle d'un peuple guerrier, quels tableaux agréables ou
imposants n'offrent pas à l'imagination du poète ou au pin-
ceau du peintre ces deux jeunes filles de qualité qui venoient annoncer en vers l'ouverture du tournoi, cette noblesse, forte et vigoureuse, souvent l'élite des principales
cours de l'Europe, entrant dans la lice au son des instruments de guerre, armée de lances ornées de banderolles et
des livrées de leurs maîtresses. Joignez à cet appareil la
beauté des chevaux, la richesse des équipages, l'éclat des
armes, ces échafauds à plusieurs étages remplis par les
mères, les épouses et les amantes des combattants; ces pavillons relevés d'or et de soie, répandus dans la campagne;
chaque action brillante célébrée aussitôt par les acclamations des hérauts, par les fanfares des musiciens et les cris
répétés d'une multitude immense; le prix accordé au plus
brave, d'après le suffrage réuni des princes, des dames,
des hérauts et des juges, et présenté avec un baiser par la
reine du tournoi; le vainqueur reconduit aux cris du peuple
et au son des instruments, désarmé par les dames les plus

qualifiées, mangeant à la table du roi, et devenu l'objet des
fêtes qui suivoient ; son nom célébré par des chansons et
inscrit sur les registres des officiers d'armes, etc. Quel est
le peuple dont les annales nous offrent l'idée d'une institution à-la-fois aussi galante, aussi guerrière et aussi magnifique ; et qu'après cela on imagine, s'il se peut, l'impression
qu'un pareil spectacle devoit faire sur une nation vive et
sensible à la gloire.

Les tournois eurent toujours la plus grande vogue en
France. C'est par eux que les héros de notre histoire, Du-
guesclin, Boucicaut, Bayard, etc., commencèrent leur
renommée. Mais la mort funeste de Henri II, en 1559, y fit
renoncer. On ne vit plus depuis ce temps-là que des carrousels, des combats à la barrière, des courses de bagues ; ou
si, un demi-siècle plus tard, on tenta de rétablir les tournois, bientôt, comme je l'ai dit ailleurs, on eut lieu de s'en
repentir, et un accident nouveau les anéantit pour jamais.
La cour de Suède en a publié un dernièrement, et il n'y a
plus que des souverains et même des souverains puissants,
qui puissent aujourd'hui nous en donner une image. On peut
apprécier maintenant le projet d'un de nos wauxhalls, où,
avec quelques enfants, à pied et vêtus d'oripeau, avec les
salutations et les simagrées des salles d'escrime, le cliquetis
d'une épée et d'un bouclier de fer-blanc, on a cru de bonne
foi nous représenter nos anciens tournois.

(2. *Le troisième étoit pauvre et n'avoit qu'un écuyer.*) Un
gentilhomme ordinaire ne pouvoit prétendre à la chevalerie
qu'après avoir passé par le grade d'écuyer. Aussi, dès qu'un
jeune noble étoit sorti de l'enfance, ses parents le plaçoient au
service d'un chevalier pour apprendre sous lui le métier des
armes. D'abord il y portoit le titre de page ; il prenoit celui
d'écuyer à quatorze ans, et s'attachoit plus intimement
alors à la personne de son maître. Les grands seigneurs

avoient des écuyers pour leur table, pour leur écurie, etc.
Les chevaliers pauvres n'en avoient qu'un seul qui les suivoit partout, qui portoit dans les voyages leur lance, leur
heaume et leur écu, avoit soin de leurs armes et de leur
cheval, tenoit l'étrier quand ils montoient, les armoit quand
ils alloient combattre, les relevoit s'ils étoient renversés
dans la mêlée, recevoit les prisonniers qu'ils faisoient, et
leur rendoit enfin, quoiqu'il fût souvent d'une aussi bonne,
et quelquefois d'une meilleure maison qu'eux, tous les services que rend aujourd'hui un domestique. Mais tel étoit le
préjugé reçu et le respect porté à la chevalerie, que ces
services ne déshonoroient personne.

Un écuyer, quelle que fût sa naissance, s'il se trouvoit
dans une compagnie de chevaliers, s'asseyoit sur un siège
plus bas que les leurs, ou un peu en arrière ; il ne mangeoit
pas à leur table, eût-il même été duc ; et s'il eût eu l'audace de frapper un chevalier, il auroit eu le point coupé :
enfin il ne pouvoit commander une armée, parce qu'il ne
pouvoit commander à des chevaliers, ne l'étant pas lui-même.

(3. *Elle l'appela, et lui donnant une de ses chemises.....*)
Il est probable que la chemise dont il s'agit ici n'est point
de celles qu'on portoit sur la peau ; mais cette sorte de vêtement que les femmes mettoient par-dessus leurs autres
habits, et qui, redevenu de mode dans ces derniers temps,
porte encore ce même nom qu'il portoit autrefois. Il est beaucoup question, dans nos anciens poètes et surtout dans nos
romanciers, de ces *chemises*, *canises* ou *chainses ;* car c'est
le nom qu'ils leur donnent. *Elle tantost laissa aller les at-
taches de son manteau, et demoura en une chemise plus
blanche que neiges* (Roman de Perceforest, fol. 129)..... *Si les
suyvoient douze demoiselles vestues de canises* (ibid., fol. 116,
verso). Les dames de grande qualité les portoient brodées
et ornées de pierreries.

I.

plissés

. . . . . Blanc estoient et ridé

les   *étoient brodés*

Li chainse, et erent orfroisié

         émaillé

D'orfrois qui erent esmaillé.

   y eut   *rubis*

Et i ot petit rubies

d'espace en espace

De lieus en lieus, et saphyres,

Et petites esmeraudeles

      étoient

Qui moult erent plaisans et beles,

   perles   *règle*

Et pelles gros par rieules mis(*placées avec ordre.*)

           Roman de Cléomadès.

Cependant il paroît que les chainses ou chemises étoient portées aussi par les femmes du peuple; car je vois, dans une *pastourelle,* que c'est un des présents qu'on promet et qu'on offre à une bergère, pour la séduire.

(4. *Se présenter au combat sans autres armes que son épée, ses chausses de mailles, son heaume et son écu.*) Dans le roman de *Lancelot,* douze jeunes chevaliers, voulant prouver leur amour à une demoiselle, font chacun à l'envi les promesses les plus extravagantes. L'un d'eux s'engage à combattre, comme ici, sans autre habit ni harnois qu'une chemise de sa maîtresse, sans autre couverture de tête que sa guimpe, et sans autres armes qu'une lance.

(5. *Le pria d'accepter un cheval de main, prix de sa valeur gagné naguère dans un tournoi.*) Les chevaliers pauvres pouvoient tirer parti des tournois pour leur fortune. Dans les combats qui s'y faisoient avec défi, le cheval et les armes du vaincu appartenoient de droit au vainqueur, et quelquefois lui-même devenoit son prisonnier. Comme ces

jeux étoient l'image de la guerre, les lois y étoient celles
des armées. Souvent telle rançon enrichissoit un homme
à jamais. Il y avoit même une sorte d'épée propre aux
tournois, qu'on nommoit *gagne-pain*.

> Dont i est Gaignepains nommée,
>   *elle*   *le*
> Car par li est gagniés li pains.

Pélerinage du Monde, par Guigneville.

Dans le fabliau de *Guillaume au faucon* on verra un
chevalier revenir d'un tournoi avec quinze prisonniers.

(6. *Les hérauts crièrent dans toutes les rues:* lacez, lacez.)
Ceci n'est qu'une abréviation. On crioit ordinairement
lacez les heaumes, lacez les heaumes, c'est-à-dire *armez-
vous.* On a déjà vu que, pour assurer le heaume sur la
tête, on le laçoit au haubert.

(7. *La pria de servir à table avec ses pucelles.*) Les dames
pour qui on avoit un respect qui alloit presque jusqu'à l'ido-
lâtrie, les dames dont l'amour étoit recommandé expressément à tout vrai chevalier après l'amour de Dieu, ne parloient à un chevalier cependant qu'en l'appelant monseigneur. Si c'étoit leur mari, elles venoient au-devant de lui,
quand il arrivoit, tenir l'étrier pour l'aider à descendre.
Lorsqu'il traitoit quelques-uns de ses confrères, l'épouse
servoit à table avec les femmes attachées à son service;
tant étoit haute encore une fois l'opinion qu'on avoit alors
de ce titre sublime.

(8. *Quant au mari, il se rendit justice, ferma les yeux sur
l'aventure et se tut.*) Cette conduite de la femme, le silence
du mari et cette approbation universelle de l'assemblée sur
une action qui aujourd'hui exciteroit le plus horrible scandale, sont encore de ces choses dont la plupart des lecteurs
seront révoltés, et qui paraîtront toujours invraisemblables

jusqu'à ce qu'on ait appris à connoître les mœurs du temps,
et surtout les étranges préjugés de ces siècles sur l'amour.
Le fanatisme qu'il inspiroit faisant entreprendre pour les
femmes des choses incroyables, celles-ci, emportées aussi par
la force de l'opinion publique, devoient à leur tour se piquer
quelquefois, comme ici, d'un héroïsme bizarre. On affichoit
publiquement son amant; on lui donnoit ses livrées à porter
dans un tournoi; et pourvu qu'il fût courageux, on étoit hors
de tout blâme. Voilà les mœurs que présentent les romans.
Il faut dire aussi que cet amour étoit souvent pur et délicat;
ils en offrent des milliers d'exemples, et la passion du chevalier pauvre s'annonce ici comme telle. Ainsi, d'après
l'opinion du temps, le mari n'auroit pas eu raison de s'en
plaindre : ce n'étoit qu'une espèce de sigisbée que prenoit
son épouse. Et d'ailleurs, de quel front lui qui étoit lâche
eût-il osé murmurer devant cette foule de braves qui, dans
le monde entier, ne prisoient que deux choses, les femmes
et le courage? On verra dans le fabliau de *Bérenger* avec
quel mépris insultant une femme traite son mari qu'elle a
su convaincre de lâcheté, et avec quelle audace elle amène
devant lui un amant dont jusqu'alors elle avoit rejeté les
vœux.

LE LAID CHEVALIER.

J'ai trouvé cette pièce dans le *Menagiana*, tome 1, page 29, où on
la donne comme tirée d'un manuscrit ancien, fini, en 1328, par un
auteur qui se dit de Troyes. Quoique postérieure de quelques années à
celles qui composent ce recueil, je m'en suis emparé, parce que je crois,
avec Molière, que tout ce qui est bon dans mon genre m'appartient ; et
même, comme elle est courte et contée fort naïvement, je la transcrirois
ici en original, si à l'orthographe et au langage je ne soupçonnois Ménage de l'avoir altérée. En voici la traduction.

Il y avoit un chevalier puissant qui aimoit
une demoiselle plus que de raison. Il étoit très
laid et mal bâti, mais du reste parfaitement
sage, excepté seulement en amour. La pucelle,
au contraire, étoit simple et bête, mais belle à
faire plaisir, et telle qu'on n'eût pu trouver sa
pareille ni dans le canton ni ailleurs. Le chevalier vouloit l'avoir, parce qu'il l'aimoit plus que
toute chose et qu'il se trouvoit épris de sa beauté.
Il assembla donc ses amis, et leur dit : « Je veux
« avoir cette femme ; nulle autre qu'elle ne me
« plaît. — Mais vous la connoissez, lui répondi-

« rent les amis. — Oui, je sais qu'elle est sotte
« et sans esprit; mais savez-vous ce qui arri-
« vera? Elle aura de moi des enfants auxquels
« elle communiquera sa beauté, moi je leur don-
« nerai la sagesse : sages et beaux, ils ne peu-
« vent avoir qu'un sort digne d'envie. »

D'après cette prophétie et cet espoir, il épousa
la demoiselle. Ils eurent des enfants comme il
l'avoit prédit. Mais devinez quels furent ces enfants : laids et hideux comme le père, sots et
niais comme la mère : ce fut tout le contraire
de ce qu'il avoit espéré.

Ce conte a été mis en vers par M. Imbert: on en trouvera
le texte original à la fin de ce volume.   *R.*

DE L'OMBRE ET DE L'ANNEAU,

PAR JEAN RENARD.

(EXTRAIT.)

Un chevalier dont l'auteur fait le plus grand éloge est devenu amoureux d'une dame. Il va chez elle lui déclarer son amour, et la prie de lui donner quelque chose qu'elle ait porté, afin qu'à cette vue, se rappelant dans les combats celle qu'il aime, sa valeur puisse y trouver sans cesse de nouveaux motifs de bien faire. Comme elle refuse, il lui prend, en riant, son anneau. Elle se fâche ; il feint de le lui rendre, mais il substitue adroitement le sien, qui étoit assez semblable, et sort. Bientôt elle s'aperçoit de la tromperie et fait courir après lui. Il la trouve, quand il revient, se promenant sur le bord d'une fontaine. Elle lui redemande son anneau et lui rend celui qu'elle a. Le chevalier le reprend ; mais voyant dans l'eau l'ombre de sa maîtresse : « Puisque ma dame ne veut pas le porter, dit-il,

« je vais le donner à ce que j'aime le plus après
« elle »; et alors il le jette à l'image. Cette plaisanterie fait rire la dame. Elle regarde tendrement le
chevalier, et le prie de la reconduire à sa chambre. *Je ne sais*, dit Renard, *ce qui en arriva,
mais jamais depuis elle ne lui redemanda l'anneau.*

Dans le manuscrit 1830 de Saint-Germain-des-Prés, ce conte
est un peu différent. Le chevalier a donné son anneau à sa dame
qui se repent de l'avoir accepté et fait courir après lui pour
qu'il le vienne reprendre; sur son refus, elle vient au-devant
de lui, se disant: « S'il persiste à ne pas reprendre son anneau,

> Por ce ne l'irai-ge pas prendre
> Par ses beax cheveux, se ge puis ;
> Ains l'enmerrai ja sor cel puis
> Si parlerai iluce o lui.

Je ne pourrois ici jeter cet anneau sans qu'on s'en aperçût,
et il me sera aisé de le jeter dans le puits. »

Le chevalier arrive : elle veut lui rendre la bague. « Non,
dit-elle, je ne vous aimerai jamais, reprenez cette bague. »
Ils contestent assez long-temps, et enfin la dame dit:

> ....Sor la foi que me devez
> Vos prie-ge que vos le prenez,
> Si cher com' vos avez m'amor.

Le chevalier fort embarrassé convient que celui qui ne fait
pas la volonté de sa mie a tort; il consent à reprendre l'anneau, mais à une condition, c'est qu'il le donnera à la dame
qu'il aime le mieux après elle.

> Diex ! fait-elle, ci n'a que nos ;
> Où l'aurez vos sitost trové ?

« Celle à qui je le vais donner est aimable, elle est charmante;
— Où donc est-elle ? — C'est

Votre bel ombre qui l'atent ».

Et il jette la bague dans le puits qui, peu profond, laissoit
apercevoir l'ombre de la dame. Touchée de cette galanterie, elle le comble de joie en lui disant: « Bel ami, je vous
donne mon cœur en reconnoissance du présent que vous avez
fait à mon ombre. Alors ils se firent toutes les caresses que
put permettre leur situation au bord du puits. Les renouve-
lèrent-ils ensuite dans un lieu plus commode, c'est sur quoi
il faut se taire ?

LAI DE NARCISSE.

Si ce lai est celui dont parle, dans son *Verbum abreviatum*, Pierre,
chantre de Paris, *Videntes cantilenam de Landrico non placere audito-
ribus, statim incipiunt de Narcisso cantare*, il a été fait sur la fin du
douzième siècle. Ce n'est qu'une imitation libre d'Ovide ; mais les détails
en sont absolument différents. On croiroit presque que notre vieux
rimeur, ayant vu cette fable, ingénieuse et contée en très beaux vers,
manquer d'intérêt, a cherché, au contraire, à en répandre beaucoup
dans la sienne. Rien de plus touchant que son héroïne. Il n'y a pas
jusqu'à la mort de ce sot Narcisse qui n'inspire quelque attendrissement.
J'invite mes lecteurs à lire la métamorphose du poète latin avant le fabliau.

Qui veut se conduire sans consulter la raison,
si malheurs lui arrivent, je n'en serai point
étonné. En tout il est une règle et une loi dont
il ne faut pas s'écarter. Avant de se mettre en
mer, le pilote consulte les vents. S'ils lui sont
favorables, alors seulement il déploie ses voiles.
Ainsi doit agir celui qui veut aimer. Ne vous
embarquez point aveuglément sur cette mer ora-
geuse; bientôt vous vous verriez emporté malgré vous. Mais aussi, quand un cœur vous aime,
ne lui soyez point trop sévère. Souvent amour

LAI DE NARCISSE.

se venge : j'en ai vu maint exemple terrible, et
ne veux vous citer que celui de Narcisse. Il mé-
prisa l'amour : Amour le punit, et à son tour il
mourut d'aimer.

A Thèbes, jadis vivoit un devin célèbre dont
jamais les oracles n'avoient trompé. Une mère
tendre voulut le consulter sur la destinée de son
fils unique. « De longs jours lui sont accordés,
« répondit le devin, mais il en abrégera beau-
« coup la durée, si jamais il se regarde ». La
mère, à cette réponse, crut de bonne foi que
l'oracle enfin cessoit d'être inspiré. Elle sortit en
se moquant de sa prédiction, et pendant quelque temps on eut lieu de la mépriser ; mais
hélas ! l'évènement ne prouva que trop combien
elle étoit sûre.

L'enfant crut en âge, et devint un prodige de
beauté. Nature avoit, pour le former, employé
tout son art. Amour, quand il le vit, en fut lui-
même étonné ; et, voulant contribuer aussi à la
perfection de tant de charmes, il prêta aux yeux
bleus du jouvenceau un regard si tendre, à ses
lèvres de rose un sourire si charmant qu'il n'y
eut plus de cœur qui pût lui résister.

Déjà Narcisse avoit vingt ans ; mais loin de
s'occuper du soin si doux de charmer quelque
belle, il les fuyoit toutes, et ne connoissoit d'autres plaisirs que d'aller au fond des forêts atta-

quer, une flèche en main, les ours, les san-
gliers et les animaux féroces.

Il revenoit un jour de la chasse. Son cheval
bondissoit sous lui et faisoit retentir au loin la
terre. Au bruit qu'elle entend, Dane, fille du
roi, et la première entre les beautés de Thèbes,
s'avance vers les fenêtres de sa tour. Elle regarde
et voit paroître le jeune chasseur avec ces couleurs animées, avec ce maintien noble et fier et
cet air de courage qui ajoutoient encore à sa
beauté. Plus elle le considère, plus il lui plaît.
Ses yeux ne peuvent le quitter, et elle-même
s'étonne du plaisir qu'elle y trouve. Amour en
ce moment la guettoit du haut du ciel; il lui
lance une flèche qui la fait tressaillir. Elle se
croit blessée, elle met la main sur son cœur;
hélas! la plaie étoit au-dedans.

Triste et pensive, elle se retire pour soupirer.
Tout son corps frissonne. Elle se sent brûler, et
ses tourmens sont tels qu'en peu d'heures son
visage a déjà pâli. La nuit qui survient ne la sou-
lage point, parce que toujours elle songe à Narcisse. Dans l'espoir que le sommeil en effacera
l'image, elle se couche; mais Amour ne la laisse
point reposer. En vain elle cherche une situation qui la calme; toutes lui sont également in-
supportables, toutes ne font qu'augmenter son
malaise et accroître encore l'agitation de son

sang. « Qui trouble ainsi mon repos? s'écrie-t-
« elle? D'où viennent ces tressaillements, ces
« palpitations involontaires? Un feu intérieur
« me dévore; je sens ma raison se troubler, je
« ne me connois plus. Pourquoi m'occuper sans
« cesse d'un homme qui fait mon tourment?
« Eh! que m'importe qu'il soit beau, s'il n'a
« point la bonté. Peut-être avec tant de charmes
« est-il trompeur ou perfide. Mais non, la nature
« a pris trop de plaisir à le former pour ne lui
« avoir pas donné toutes les vertus..... Dane !
« qu'as-tu dit? Après avoir été si long-temps es-
« timable, veux-tu donc enfin te faire mépriser?
« Quoi! un inconnu te plaît....? Oui, il me plaît
« plus que tout ce que j'aime au monde; et à
« qui, grands dieux, ne plairoit-il pas! Sa beauté,
« sa grâce charmante m'ont ravie; et sans lui il
« m'est impossible de vivre. Mais hélas! peut-il
« être à moi? mon père me l'accordera-t-il....?
« Ah! c'en est fait, je suis née malheureuse, il
« me faut mourir. »

Ainsi se passa la nuit à pleurer et à gémir, jusqu'à ce que les vents frais du matin vinrent cal-
mer un peu cette douloureuse angoisse. Épuisée
d'accablement et de fatigue, l'infortunée princesse
s'assoupit; mais l'image de Narcisse la poursuivit
jusque pendant son sommeil, et bientôt elle se
réveilla plus agitée encore qu'auparavant.

Déjà le soleil commençoit à luire. Dane, hors d'elle-même, va s'appuyer sur sa fenêtre, dans l'espérance qu'elle pourra revoir peut-être le beau chasseur qui l'embrase. En effet, c'étoit l'heure à laquelle il se rendoit dans la forêt. Elle l'aperçoit au loin, et soudain un cri de joie lui échappe. A mesure qu'il approche, son cœur semble s'épanouir de plaisir; elle ne peut presque respirer : on eût dit que ses regards dévorants l'attiroient vers la tour et hâtoient ses pas. Elle le voit enfin, et le trouve mille fois plus beau encore que la veille. Mais à peine a-t-elle cessé de le voir, son corps tremble, ses genoux chancellent, elle tombe sans connoissance.

Elle ne se relève que pour maudire son rang et se désespérer. « Hélas ! s'écrie-t-elle, on m'a-« voit dit que l'amour étoit si doux.... Quel état « affreux ! Non, je ne puis plus le supporter ; je « veux faire instruire ce jeune Thébain du doux « penchant que sa vue m'a inspiré, ou plutôt je « veux qu'il vienne pour avoir le plaisir de le « lui déclarer moi-même. Eh ! quel autre que « moi, ô ciel ! pourroit lui peindre tout ce que « je sens? Mais s'il alloit rejeter l'offre de mon « cœur? si son indifférence, son orgueil..... Eh « bien! j'irai, oui, j'irai sur le chemin de la fo-« rêt m'offrir à lui, je me jetterai à ses pieds, je

« les baignerai de mes larmes, je lui peindrai
« tous les maux qu'il me fait souffrir, et s'il n'a
« point une âme de fer, il en prendra com-
« passion. »

Le lendemain, aux premiers rayons de l'aurore, elle sort du lit, et sans bruit ouvrant sa
chambre, s'échappe par une porte dérobée,
vêtue pour tout habillement d'une chemise et
d'un simple manteau. Tel est l'amour. Voilà où
il a conduit une fille sage et timide. Raison, pru-
dence, respect de son rang et de soi-même, elle
a tout oublié; ce n'est plus qu'une amante déses-
pérée, entraînée hors d'elle-même par une passion aveugle. Tremblante et sans guide, elle s'a-
vance à grands pas vers la forêt. Là elle s'assied
au pied d'un arbre en attendant l'arrivée du
chasseur, et demande aux dieux de lui inspirer
des paroles capables de l'attendrir.

Déjà il étoit en route. Dane entend au loin
l'aboi des chiens. Bientôt elle aperçoit les valets;
enfin elle le voit lui-même qui les suit à une légère distance, un trait en main et le carquois sur
l'épaule. Elle vient à lui. Surpris de trouver en
ce lieu écarté une aussi belle personne, Narcisse
croit voir une déesse ou une fée, et il descend de
cheval pour la saluer avec respect. A cette marque de déférence, la triste princesse oublie tout-
à-coup ce qu'elle s'étoit proposée de lui dire;

elle n'a plus la force de parler, et ne peut qu'ouvrir les bras et le serrer en rougissant contre son cœur. Il la repousse, et demande qui elle est. « Je suis, répond-elle, une infortunée qu'Amour « a conduite vers vous, et qui depuis qu'elle vous « a vu déteste le jour. Mes maux sont assez « grands pour mériter qu'ils vous touchent ; « sans cet espoir je ne vivrois déjà plus : rendez- « moi la vie et le bonheur. Mais pourquoi dé- « tourner vos yeux? Regardez-moi : je suis Dane, « la fille de votre roi. Plus d'un prince m'a de- « mandé mon cœur, en me disant que j'étois « belle. Beau jeune homme, je te l'offre à toi « tout entier ; permets qu'il t'aime, et en retour « accorde-moi le tien. Ah! tu ne sais pas quel « est le plaisir d'aimer ! »

L'inhumain fut insensible à une douleur si touchante. « Si Amour vous fait souffrir, répon- « dit-il, chassez-le ; moi je ne le connois point, « et puisqu'il cause de pareils tourments, je ne « veux point le connoître ». A ces mots il s'éloigne. Dane, pour l'arrêter, se jette à ses genoux, elle les arrose de ses larmes, et lui tendant les mains le conjure de l'écouter encore un moment avant de la faire mourir. Tandis qu'elle parle, son manteau s'échappe, et laisse voir à découvert des appas qui eussent fait le bonheur du plus grand roi de la terre. Mais rien ne touche Nar-

cisse, ni les charmes de cette innocente beauté,
ni les larmes que versent ses yeux si tendres,
ni même le sang qui coule de ses pieds déchirés
par les ronces et les cailloux. Un tyran barbare,
une bête féroce eussent été attendris : il ne le
fut point; il monta sur son cheval, et disparut.

« Plus d'espoir, s'écria l'infortunée, plus
« d'espoir; il faut mourir. Eh ! qu'ai-je donc fait
« pour lui déplaire? Mais il me fuit en vain, je
« ne puis l'oublier. Quels que soient les tourments
« qu'il me cause, je les lui pardonne, et veux
« toujours l'aimer en dépit de lui-même. Bientôt
« peut-être il rougira de tant de cruauté; peut-
« être viendra-t-il à mes genoux me redemander
« ce cœur qu'il a rejeté et qui ne veut jamais
« être qu'à lui..... Non, je veux le prévenir et le
« fléchir moi-même. Je lui écrirai, je ferai solli-
« citer sa compassion. Pourra-t-il résister à mes
« prières et à mes larmes ? Il cédera au moins à
« mes importunités..... Ah ! Dane, Dane, quelle
« est ta folie ! Tu te flattes d'amollir un cœur sans
« pitié, tu ne veux pas t'apercevoir qu'il te hait...
« Dieux de la mer, de la terre et du ciel, qui
« avez aimé; toi, Vénus, toi, son fils, qui m'as
« trahie, soulagez mes maux, et vengez-moi de
« l'ingrat dont l'insensibilité va me coûter la vie.
« Qu'il apprenne à connoître aussi ce que c'est
« qu'Amour; qu'à son tour il pleure et gémisse,

« et qu'il ne puisse éprouver aucune consola-
« tion. »

Dane à ces mots s'enfonça dans la forêt pour
retrouver celui qu'elle venoit de maudire, et
sans lequel elle ne pouvoit plus vivre. Mais les
justes dieux exaucèrent sa prière en dépit d'elle,
et Amour lui-même jura dans sa colère qu'avant
le coucher du soleil elle seroit vengée.

Narcisse pendant ce temps poursuivoit un
cerf. Vers le milieu du jour, accablé de chaleur
et de fatigue, dévoré de soif, il s'écarta de sa
troupe pour aller se désaltérer à quelque fontaine. Il en trouve une dont les eaux transpa-
rentes, entourées d'une herbe fraîche et épaisse,
couloient sur un gravier luisant. On y descendoit par un perron de marbre[1]. Narcisse s'approche et veut boire : mais la mort étoit là qui
l'attendoit. En se baissant il aperçoit dans l'eau
son image; et ses yeux fascinés par la vengeance
des dieux croient voir la nymphe qui préside à
la fontaine.

Je supprime la suite de l'aventure dont tout le monde sait
le dénoûment, et qui, dans l'original, diffère peu de l'auteur
latin. Éperdu d'amour pour son ombre, le jeune chasseur
s'épuise en larmes et en prières insensées. Enfin il succombe à
la violence des desirs qui le consument, et tombe mourant sur
l'herbe.

En ce moment il voit Dane arriver. Amour

l'avoit conduite à la fontaine. Ce dieu vouloit lui montrer comment étoit puni l'ingrat pour lequel il l'avoit en vain enflammée. Narcisse la reconnoît et veut lui parler ; mais la voix lui manque. Il lui tend la main, en levant les yeux vers le ciel, comme pour lui demander pardon et reconnoître la juste punition des dieux. Dane consternée s'asseoit à ses côtés ; elle lui pose la tête sur son sein, le couvre de mille baisers brûlants, le baigne de larmes. Mais c'en est fait, il n'est plus temps, et elle le voit expirer dans ses bras. Alors son désespoir s'exhale en longs cris douloureux. Elle cherche encore à rappeler son amant à la vie par les caresses les plus douces qu'Amour puisse prodiguer. Mais convaincue enfin qu'il n'est plus d'espérance, furieuse et détestant la vie qu'elle ne conservoit que pour aimer Narcisse, elle se jette sur ce corps sans vie, elle colle sa bouche sur sa bouche, pousse un soupir, et meurt.

Que le ciel, ajoute l'auteur, préserve d'un sort pareil ceux qui aimeront comme elle. Mais profitez bien de cet exemple, vous surtout qui avez inspiré de l'amour à quelqu'un.

> Quar si vous le lessez mourir,
> *payer*
> Dieu le vous saura bien mérir.

On trouve dans la *Bibliothèque du Théâtre-François*, tome 1, page 21, une moralité à trois personnages, faite exactement d'après le fabliau. La pièce finit, comme celle-ci, par un avis aux filles et aux garçons de ne pas être si cruels quand on les aime.

Recueil de Barbazan, tome IV, page 143.

NOTE.

(1. *Il trouve une fontaine..... on y descendoit par un perron de marbre.*) L'art du jardinage étant très peu connu au temps des fabliaux, et les seigneurs n'ayant pour promenade dans leurs terres que des vergers ou des parcs, on se piquoit, quand on y trouvoit une fontaine, de l'embellir par une enceinte en maçonnerie, et quelquefois par des degrés de marbre. Ces degrés se trouvent très fréquemment chez les romanciers. Il en sera mention dans *le Paradis d'Amour*. On verra aussi dans le *Lai de l'Oiselet* quelle étoit alors la sorte de beauté propre à ces vergers-jardins.

** DU FABLIER.

Ce morceau est tiré d'une pièce fort longue et fort singulière, intitulée *le Castoiement* (les enseignements) *d'un père à son fils*. Ces leçons prétendues sont un composé d'apophthegmes, de fables, de bons mots, d'historiettes, et même de plusieurs contes libres; tout cela cousu grossièrement ensemble par des tirades d'une morale fort insipide. Je ferai connoître tous ceux des contes qui en vaudront la peine; ils seront marqués en titre, comme celui-ci, d'un double astérisque. Au reste, cette manière d'enseigner par apologues, ce mélange de préceptes et de contes, entièrement dans le goût oriental, me feroient presque croire que *le Castoiement* est un de ces ouvrages dont nous sommes redevables aux Sarrasins, et qui ont été traduits de l'arabe. Qu'on fasse attention aux fabliaux qui en seront tirés, à mesure qu'ils se présenteront, et je suis persuadé qu'on reconnoîtra dans la plupart une forte teinte du génie asiatique.

Un roi avoit un conteur de fabliaux qui l'amusoit beaucoup[1]. Un soir qu'il étoit au lit, il le fit venir, et lui demanda un conte. Celui-ci qui mouroit d'envie de dormir fit tous ses efforts pour s'en dispenser; mais il eut beau faire, il fallut obéir. Il prit donc son parti, et commença ainsi.

« Sire, il y avoit un homme qui avoit cent

« sous d'or; et avec son argent il voulut acheter
« des moutons; et chaque mouton lui coûta
« six deniers; et il en eut deux cents; et il s'en
« revint à son village avec ses deux cents mou-
« tons; et il les chassoit devant lui. Mais en
« revenant il trouva que la rivière étoit débor-
« dée; car il avoit beaucoup plu, et les eaux
« s'étoient répandues dans la campagne, et il n'y
« avoit point de pont; et il ne savoit comment
« passer avec ses moutons. Enfin, à force de
« chercher, il trouva un bateau; mais ce bateau
« étoit si petit, si petit qu'il n'y pouvoit passer
« que deux moutons à-la-fois. »

Alors le conteur se tut. « Eh bien, quand il eut
« passé ces deux-là, dit le roi, que fit-il? — Sire,
« vous savez que la rivière est large, le bateau
« fort petit, et qu'il y a deux cents moutons.
« Il leur faut du temps, dormons un peu tandis
« qu'ils passent; demain je vous conterai ce qu'ils
« devinrent. »

Ce fabliau a été mis en vers dans les Graves Observations
sur les mœurs de notre temps.

Il se trouve dans les *Cento Novelle antiche* , nov. xxx.

Dans Don Quichotte.....

Recueil de Barbazan, tome ii, page 89.

NOTE.

(1. *Un roi avoit un conteur de fabliaux.*) Les seigneurs particuliers peu riches ne pouvoient jouir des conteurs que
quand il en passoit quelqu'un par leurs châteaux. Les rois
en avoient constamment auprès d'eux, comme ils ont aujourd'hui des lecteurs : c'étoit un emploi dans l'état de leur
maison, et l'on chargeoit ordinairement ces conteurs d'égayer
le repas. *Pendant le dîner de la reine, il y avoit un prud'homme
qui faisoit des contes* (*Vie de Charles V*, par Choisi). Philippe-
Auguste faisoit venir souvent à sa table le poète Hélinand, et
le roman d'*Alexandre de Paris* y représente ce poète chantant les amours de Jupiter et le combat des géants. *A son
mangier il estoit seul à sa table, et toujours y estoit son médecin, et de ses gens et varlets-de-chambre honnétes, qui
parloient de joyeusetez ou d'histoires anciennes où il prenoit
plaisir. (Eloge de Charles VII.)*
Cet usage, au reste, doit vraisemblablement son origine à un autre usage beaucoup plus ancien. Charlemagne,
avide de connoissances et d'instruction, avoit coutume de
se faire lire à table, pendant ses repas, quelque livre utile
et intéressant. « *Inter cænandum, aut aliquid acroama, aut*
« *lectorem audiebat. Legebantur ei historiæ et antiquorum*
« *regum gesta* » (*Eginhard*). Les rois qui lui succédèrent,
pour se modeler autant qu'il étoit en eux sur ce grand
homme, affectèrent de l'imiter dans la plupart de ses usages et surtout dans celui-ci. Mais les lectures de table n'étant
pour ces princes fainéants et ignares qu'une affaire d'étiquette, et par conséquent d'ennui, ils ne les employèrent
dans leurs repas que les jours de cérémonie (*Vie de Charlemagne*, par Gaillard.) Il est probable que, par la suite,

quand la nation eut des fabliaux, les rois préférèrent ces contes pour objet de leurs lectures de table. Ce qui est certain c'est que la plupart n'admirent plus, pour ces moments de plaisir, que des propos joyeux. Saint Louis lui-même, malgré tout le rigorisme de sa dévotion, n'avoit point d'autre usage. « Quelquefois , après son dîner, dit Joinville , les « prescheurs (dominicains) et cordeliers qui là estoient , « li ramentevoient aucun livre qu'il oyst volontiers; il leur « disoit: Vous ne me lirez point; car il n'est si bon livre, « après mangier, comme quolibets. »

* LAI D'ARISTOTE.

PAR HENRI, D'ANDELI.

CELUI qui sait une historiette agréable a tort de la taire, et ceux qui l'entendent doivent l'écouter avec plaisir ; car si le premier a un moyen d'amuser, les autres ont celui de pouvoir devenir meilleurs. Celle-ci me plut du moment que je l'entendis ; et j'entrepris aussitôt de la mettre en rime, parce qu'elle est jolie, et *sans villenie*. Un conte vilain ne doit pas être récité dans les cours. Je n'en ai jamais fait de cette espèce, et jamais on ne m'en verra faire, tant que je vivrai. Ecoutez, messieurs, celui que je vais vous dire : il est instructif et plaisant.

Vous connoissez ce monarque grec, *qui fut si roi*, cet Alexandre qui renversa tant d'empires et fit sentir sa colère à tant de princes. Il avoit mis l'Inde sous ses pieds et menaçoit d'engloutir le reste de la terre : tout-à-coup ce torrent fougueux s'arrêta. Si vous m'en demandez la raison, je la sais, et je vais vous la dire. Amour qui maîtrise l'univers, Amour qui tout lie et tout soumet, venoit de le faire entrer dans ses chaînes. Il lui avoit trouvé une amie jeune et charmante; et dès ce moment le damoiseau avoit renoncé aux conquêtes, pour ne plus s'occuper que de sa belle. Qu'Amour est redoutable et puissant, puisqu'il humilie à ce point les maîtres du monde et qu'il leur fait oublier ainsi le soin de leur gloire! Ne les blâmons pas cependant. Ils sont hommes comme nous, et l'amour a autant de pouvoir sur eux que sur le dernier de leurs sujets.

Alexandre ne pouvoit plus se séparer de sa mie. Bientôt, indignés de ce repos honteux, ses *chevaliers et barons* murmurèrent; mais aucun cependant n'étoit assez hardi pour oser lui porter le mécontentement général. Aristote s'en chargea de lui-même. Fier d'un certain ascendant que lui avoient acquis sur l'esprit du héros l'estime et l'habitude, il alla réveiller ce lion endormi, et de ce ton de précepteur qu'il n'avoit pas encore perdu, il lui représenta fort durement et la honte de sa conduite et les murmures de sa *chevalerie*. Alexandre l'écouta sans l'interrompre; et pour toute réponse s'écria en soupirant: « Ah! je vois bien qu'ils n'ont pas aimé. »

La remontrance néanmoins eut son effet; et

quelques efforts qu'il en coûtât au monarque,
il n'osa plus aller chez la belle Indienne. Celle-
ci qui l'aimoit tendrement et qui croyoit avoir
perdu son cœur, fut bien affligée de cette absence.
Elle pleura, elle gémit; enfin, hors d'état de résister davantage aux inquiétudes de son amour,
elle se glissa chez le prince un soir à la faveur
des ténèbres, et tout en larmes, lui demanda
par quel malheur elle avoit donc pu lui déplaire.
Alexandre l'embrassa mille fois en l'assurant
d'un attachement éternel ; mais il convint que
les remontrances sévères d'Aristote l'avoient à
regret séparé d'elle pour quelque temps. La
belle, irritée contre le pédagogue, jura qu'elle
s'en vengeroit. Elle pria son amant de se trouver
le lendemain matin à l'une des fenêtres de la
tour¹, et promit de le lui faire voir dans un tel
appareil que le précepteur à son tour auroit
besoin d'une leçon.

Le lendemain, dès que le soleil parut, et
avant que personne fût levé, elle descendit au
verger², car le desir de la vengeance l'avoit
éveillée de bonne heure. Une longue chevelure
blonde flottoit à l'abandon sur ses épaules. Nulle
guimpe, nul voile qui cachât sa tête ou son
visage; pour tout vêtement elle portoit sur sa
chemise un simple bliaud, qu'elle avoit laissé
entr'ouvert comme pour respirer plus à l'aise.

Dans cet ajustement voluptueux, elle vint se promener près de la fenêtre du philosophe en chantant doucement cet air. [3]

> Enfant j'estois et jeunette,
> Quant à l'escole on me mit :
> Mais je n'y ai rien appris,
> Fors qu'un seul mot d'amourette ;
> Et, nuit et jour, le répète
> Depuis qu'ai un bel ami.

Au son de cette voix charmante, Aristote fut ému ; il quitta ses livres pour écouter. Bientôt, curieux de voir celle qui chantoit si délicieusement, il se leva sans bruit, et s'approcha de la fenêtre. Là, caché dans l'ombre, il admiroit à son aise la jeune beauté, et envioit en secret le sort du conquérant aimable à qui étoit réservé tant de bonheur. Elle savoit trop bien, la rusée, ce qu'il falloit pour l'attirer dans ses pièges. Elle vouloit le frapper d'une flèche dont le coup fût sûr et la blessure incurable. Dans ce dessein, arrachant une branche de myrte, elle s'amusa à cueillir des fleurs et à les nouer au rameau comme pour s'en faire une couronne[4]. Peu-à-peu elle s'avança ainsi vers la fenêtre, sans paroître s'en apercevoir. Elle se baissoit, se relevoit alternativement pour déployer avec plus d'avantage ses grâces piquantes ; et elle chantoit en même temps cette autre chanson :

> Ci me tiennent amourettes,
> Doucette que j'aim.
> Ci me tiennent amourettes
> Où je tieng ma main.

Aristote étoit hors de lui-même. Ses yeux enflammés suivoient la belle dans tous ses mouvements; ils s'enfonçoient avidement par-dessous son bliaud, quand le hasard le faisoit entr'ouvrir; et, comme s'il eût craint de se déceler et de la faire fuir, il osoit à peine respirer. Cent fois la raison lui conseilla de retourner à ses livres; cent fois elle lui représenta ses rides, sa tête chauve, sa peau noire et son corps décharné, faits pour éloigner l'espérance et effaroucher l'amour. La raison parla en vain : il l'obligea de se taire.

L'Indienne cependant avoit achevé le chapel de fleurs; elle le posa sur sa tête, et chantant amoureusement ce troisième air :

> Lez un vergier, lez une fontenelle,
> Siet fille à roi, sa main à sa maiselle (*joue*),
> En souspirant son douz ami apele:
> Ahi, Quens Guis, la vostre amor
> Me tot solas et ris,

elle passa contre la fenêtre sans affectation. Le philosophe, qui la guettoit, la saisit alors par son bliaud, et l'arrêta au passage. « Qui me retient? s'écrie-t-elle en se retournant. — Ma

« douce dame, c'est celui qui ne peut plus vivre
« sans vous, et qui, pour vous plaire, perdroit
« avec plaisir âme et vie, corps et honneur ». Elle
parut surprise de cet amour que jusque-là on
lui avoit laissé ignorer; elle s'y montra sensible
cependant, et, avec une rigueur apparente, se
plaignit de la froideur d'Alexandre, devenu,
comme tous les amants, ingrat par trop de bontés. Aristote, enchanté de cet aveu, et persuadé
sans doute que le dépit alloit lui livrer cette
beauté charmante, promit d'employer, pour
ramener à ses pieds l'infidèle, tout le pouvoir
qu'il avoit sur son esprit; mais il demandoit une
récompense, et sans façon il pria la dame d'entrer chez lui.

C'étoit là qu'elle l'attendoit. Elle feignit de
céder à ses desirs; mais, *avant de faire folie*,
elle exigea de lui à son tour une complaisance.
Depuis long-temps une fantaisie la tourmentoit :
elle mouroit d'envie de se promener, montée
sur lui, et ne doutoit pas un instant, puisqu'il
avoit tant d'amour, qu'il ne s'y prêtât avec plaisir. Aveuglé par sa passion, le grave philosophe
consent à tout. Il sort dans le verger, se courbe
vers la terre, et, appuyé sur les mains, présente
le dos. Une selle étoit là toute prête : on la lui
met; on lui passe la bride autour du cou, et la
belle, triomphante, s'assied avec fierté, et se

promène ainsi sur lui, chantant à haute voix :

> Ainsi va qui amors maine.

Alexandre avoit été prévenu, comme je vous l'ai dit. Il étoit aux fenêtres de la tour. A ce spectacle il se prit à rire de toute sa force. Aristote, levant la tête, aperçut le monarque; et, honteux alors de sa folie et de la posture où il se trouvoit, il convint humblement que le jeune héros étoit excusable de s'être laissé enflammer par l'amour, puisque lui-même, malgré les glaces de l'âge, n'avoit pu s'en défendre.

Cet exemple doit nous apprendre à ne blâmer ni les amies ni leurs amants : car Amour est le maître de tous les hommes.

> Amour vainc tot, et tot vaincra,
> Tant com li monde durera.[5]

Recueil de Barbazan, tome 1er, page 96.

Ce conte est vraisemblablement un de ceux que les fabliers avoient pris des Arabes. On le trouve dans *les Mélanges de littérature orientale*, tome 1er, page 16, sous le titre *du Visir sellé et bridé*. Toute la différence, c'est qu'ici les personnages sont un sultan, son ministre et une odalisque. Comme M. de Cardonne n'en a donné qu'un extrait, on ne peut juger si les détails se ressemblent; mais le canevas est le même.

Il n'est pas aisé de deviner ce qui a engagé le fablier à

substituer Aristote au visir. Il est vrai qu'on a prétendu que
ce philosophe ayant épousé la nièce (d'autres disent la fille
ou la petite-fille) d'Hermias, son ami, il en devint si éperdument amoureux, qu'il alla jusqu'à lui offrir des sacri-
fices. Peut-être notre poète aura-t-il lu par hasard cette
scandaleuse anecdote, et cru que l'homme accusé d'un pareil
trait de folie pouvoit bien être supposé capable d'en faire
un autre moins sérieux. Peut-être aussi n'a-t-il choisi Aristote que parce que c'étoit de son temps le dieu des univer-
sités et des écoles d'Europe. Au reste le fabliau qui va
suivre fera voir que l'histoire et la critique qu'elle exige
étoient pour nos poètes des choses fort indifférentes, et
qu'ils ne cherchoient souvent qu'un nom célèbre auquel ils
pussent coudre les extravagances de leur imagination.

Le conte d'Aristote a fait quelque fortune. Æneas Sylvius
Piccolomini (depuis pape sous le nom de Pie II), dans son
roman latin des *Amours d'Euriale et de Lucrèce*, le cite
comme un exemple du pouvoir de l'amour.

Il se trouve dans la *Bibliothèque amusante et instructive*,
tome II, page 15;

Et dans les *Historiettes ou Nouvelles en vers*, par M. Imbert.

Spranger, peintre de l'empereur Rodolphe II, en a fait,
au commencement du dix-septième siècle, un tableau que
Sadeler a gravé. Le vieil amoureux est représenté marchant
à quatre pattes, avec le mors en bouche, et portant sur
son dos la dame qui, d'une main, tient la bride, et, de
l'autre, un fouet. Mais elle est entièrement nue, façon fort
singulière de se promener.

On a fait différentes copies de l'estampe de Sadeler. Les
marchands lui ont donné le nom du philosophe. Celui chez
qui j'ai été les voir m'a dit savamment que c'étoit l'histoire
de Socrate et de Xantippe, sa femme.

Un amateur m'a assuré avoir vu à Paris, il y a plusieurs

années, un groupe en marbre représentant le même sujet. Il appartenoit alors à M. le marquis de Vence. Dans l'œuvre de Fr. Van Bossuit, mort en 1692, on trouve aussi ce sujet imité. C'est une Vénus toute nue, montée sur le dieu Pan que l'Amour tire par un licou.

Enfin on a mis, il y a quelque temps, le conte d'Aristote en comédie, sous le titre du *Tribunal domestique*. Un Vénitien, las des intrigues et de la coquetterie de sa femme, veut faire revivre une ancienne loi de Rome, qui permettoit aux maris de juger les leurs ; et, dans ce dessein, il convoque la famille de l'accusée. Mais une suivante, de concert avec sa maîtresse qu'elle a prévenue, dérange ce projet. Le Vénitien s'étoit épris pour elle : il lui demande d'être son *favori*. Ce mot rappelle à la soubrette un chien qui se nommoit ainsi, et qu'elle dit avoir perdu. Elle exige de l'époux qu'il le remplace, lui attache au cou un ruban couleur de rose, le fait sauter, japper, etc. Le dénoûment se devine sans peine.

On a fait aussi de ce conte, depuis la publication de fabliaux, un opéra-comique intitulé : *Aristote amoureux ou le Philosophe bridé*, qui a été joué sur le théâtre de la Comédie Italienne. Au lieu de se faire porter par Aristote, Orphale (c'est le nom de la maîtresse d'Alexandre) se fait traîner par lui dans un char auquel elle l'attèle.

Je ne cite point l'imitation du *Philosophe des contes moraux*, parce qu'il est inutile d'indiquer les ouvrages connus de tout le monde.

NOTES.

(1. *Elle pria son amant de se trouver le lendemain matin à l'une des fenêtres de la tour.*) Le comte de Caylus, dans

l'extrait qu'il a donné de ce fabliau(*Mémoires de l'académie des Belles-Lettres*, tome xx), dit que la maîtresse d'Alexandre fait prendre au monarque le déguisement d'abbé. Cette mascarade inutile ne se trouve ni dans l'édition qu'a donnée du fabliau Barbazan, d'après le manuscrit cité par M. de Caylus, ni dans deux autres versions un peu différentes de celle-ci, que j'ai entre les mains, et d'après lesquelles cet extrait est fait.

(2. *Elle descendit au verger.*) On ne doit pas s'attendre à trouver le costume bien régulièrement observé dans nos poètes. Parfaitement ignorants pour la plupart, ils n'avoient que de l'esprit naturel et de l'imagination. Celui-ci donne à Alexandre des chevaliers et des barons, une tour, un verger, en un mot, tout ce qu'il voyoit sous ses yeux chez les princes de son siècle. Aussi peu instruit sur l'art des bienséances, il fait du conquérant de l'Asie un écolier timide, et de l'instituteur du Lycée un pédant aigre et grossier. Cependant son style en plusieurs endroits a quelque sorte d'emphase; on peut en juger par la traduction où j'ai tâché de lui conserver ce caractère.

(3. *Enfant j'estois et jeunette.*) Cette chanson n'est pas celle de l'original. Celle-ci ne m'ayant point paru digne d'être copiée, j'en ai substitué une autre, prise, avec quelques légers changements, dans les poésies manuscrites d'Eustache Deschamps.

(4. *Elle s'amusa à cueillir des fleurs pour s'en faire une couronne.*) Cette couronne dans l'original est appelée *capiel de fleurs.* On nommoit *capiel, capel, chapel,* ce qui se mettoit, soit comme coiffure, soit comme ornement sur la tête (*caput*). Pour les chevaliers et grands seigneurs titrés, c'étoit un cercle d'or enrichi de pierreries, et telle est l'origine des couronnes dont on timbre aujourd'hui les armoiries. Joinville dit que le roi de Navarre, à la cour plénière de

Saumur, *mangea avec un chapel d'or fin sur la tête*. Dans *l'inventaire de Charles V*, on trouve parmi ses joyaux dix chapels, et il est dit de combien de pierreries ils étoient composés. Les dames en portoient d'argent comme parure. Le roi Jean, dans une fête, en donna un de cette sorte au roi des ménétriers.

On faisoit des chapels de fleurs pour les épousées, le jour de leurs noces : on en faisoit pour les confréries dans les grandes cérémonies d'église. Cette dernière coutume subsiste encore, comme chacun sait. Quand Charles VIII fit son entrée dans Naples, les dames de la ville lui mirent sur la tête un *chapel de violettes*. Souvent, dans les festins, les convives en portoient à la manière des anciens. Quelquefois même on en ornoit, comme eux, les flacons et les verres. Un des droits du connétable étoit de servir le roi à table avec un chapel sur la tête et une verge blanche à la main. En un mot, ces couronnes étoient d'un usage si général qu'à Paris ce fut une profession d'en faire et d'en vendre ; et de là vient le nom de *chapeliers*, porté aujourd'hui par les marchands de coiffures de feutre. Comme les chapels les plus communs étoient ceux de roses, les *chapeliers* avoient le privilège d'élever des rosiers chez eux (Bruss. *Tr. des fiefs*, tome 11, page 746). Tout ceci, pour le dire en passant, explique pourquoi, parmi les anciens droits seigneuriaux, on trouve si souvent des redevances de roses. Les marchandes de fleurs artificielles, dans leurs statuts faits en 1736, sont encore qualifiées *chapelières en fleurs*.

J'ai trouvé dans un manuscrit une pièce dont je ne fais ici mention que parce qu'elle rappelle la *Guirlande* tant vantée *de Julie*. (Il n'est personne qui ne connoisse cette galanterie que fit le duc de Montausier à Julie d'Angennes de Rambouillet, depuis son épouse, galanterie qu'on nomma *Guirlande*, parce qu'elle étoit formée d'une suite de fleurs peintes en miniature, avec des vers composés par les beaux-esprits du temps.). La pièce de notre vieux poète est intitulée *le capiel aux sept fleurs*. Il dit qu'une pucelle lui demanda un don, et que ce don étoit de faire à la fillette un chapel de fleurs. Il en choisit sept qui, chacune par leurs qualités, désignent les vertus qu'une demoiselle doit avoir. Les sept fleurs sont le lis, la violette, le souci, la perselle, la consoude, la rose et l'ancolie. Le lis par sa blancheur marque la pureté; la violette avertit d'être humble et retirée, etc., etc. Les vers de la *Guirlande*, au lieu d'être une leçon comme ici, étoient un compliment pour Mlle de Rambouillet; mais au fond l'idée est la même.

En 1620, il y avoit eu à la cour de Savoie un carrousel appelé *le jugement de Flore*, dans lequel les différentes fleurs s'étoient disputé l'honneur de couronner la princesse de Piémont. Chaque fleur fut représentée par un chevalier avec une devise analogue. (Ménestrier, *des Tournois*, tome 11, page 239.)

(5. *Amour vainc tot et tot vaincra, tant com li monde durera.*) Si l'on veut se rappeler ce qui a été dit plus haut des préjugés de ces siècles sur l'amour, on ne sera pas étonné de voir ici le poète, après avoir annoncé son fabliau comme chaste, comme instructif et propre à rendre plus sage et meilleur, débiter ensuite toute cette morale érotique; et d'un sujet fait pour inspirer la crainte d'une passion dangereuse, tirer précisément des principes contraires. C'est que l'amour, encore une fois (et je me vois forcé de le répéter à chaque page) regardé comme loin d'être une foiblesse, étoit censé une vertu et une qualité nécessaire, parce que c'étoit lui qui faisoit entreprendre les grandes choses. Chez les romanciers du temps les héros ont tous une *amie*; et on y voit les jeunes chevaliers gémir de n'avoir pas encore *fait prouesse pour être dignes d'aimer et*

d'être aimés (*Roman de Cleriadus*). Les faveurs ou l'amour
d'une belle y sont souvent la récompense et presque tou-
ours sont le motif d'une action éclatante. Le fabliau de la
Chemise en a offert un exemple. Celui du *Revenant* en of-
frira bientôt un autre. Dans un conte, que je supprimerai,
parce qu'il ne contient qu'une belle répartie, on reproche à
une femme d'avoir pour amant un chevalier fort laid : « Il est
« si brave, répond-elle, que je n'ai pas regardé son visage » :
(réponse absolument la même que celle de Louis XIV à la
duchesse de Bourgogne, qui se moquoit d'un officier hideux
par sa laideur : « Madame, il est à mes yeux un des plus
« beaux du royaume, car c'est un des plus braves. »)

> Sans aimer, nul ne peut à grant honneur venir,
> Si doist estre amoureux qui grant veult devenir.

Voilà la morale que prêchoient les poètes, et bientôt ces
maximes furent regardées comme des vérités si incontes-
tables, que dire d'un gentilhomme qu'il étoit amoureux,
c'étoit faire son éloge. *Messire Regnaut*, dit Froissart, *estoit
un des forts et des roides joûteurs du royaume de France ; et
si aimoit par amour, jeune dame, dont, en tous estats, son affaire en valoit grandement mieux* (Froissard, livre IV).....
Le chevalier de Lorris, dit ailleurs le même auteur, *estoit
appert chevalier, jeune et joli, et moult fort amoureux*
(*Ibid.*, livre II). Froissard est rempli d'expressions pareilles. L'Estoile (année 1590), faisant l'éloge de l'abbé de
Bellozanne, dit encore de lui qu'*il étoit bon serviteur du roi
et des dames*. Une pareille louange, donnée à un ecclésiastique, paroîtra peut-être aujourd'hui fort étrange; donnée
à un guerrier, elle étonnera moins; peut-être même, d'après
tout ce qu'on vient de lire sur l'amour, sera-t-on forcé
d'avouer qu'une passion qui enfantoit les héros, quoique
souvent par la foiblesse humaine elle dégénérât en liberti-

nage, dans ses principes cependant étoit infiniment estimable. Ce qui l'est beaucoup moins, c'est qu'elle s'étoit en
quelque sorte incorporée avec la religion du temps. Devoirs
envers Dieu, devoirs envers les dames, tel étoit à-peu-près
le catéchisme qu'on enseignoit à la jeune noblesse (*Mémoire
sur l'ancienne chevalerie*). *Il aimoit l'honneur surtout ; bien
regardoit aussi les bonnes mœurs dont il étoit plein, et fut un
chevalier fort amoureux, premièrement envers Dieu, après
envers toutes dames et demoiselles ; et ce a usé tout son temps.*
(*Vie de Louis III, duc de Bourbon*, page 3.)

* GAUTERON ET MARION.

Ce fabliau, licencieux à-la-fois et dégoûtant, méritoit, par cette double raison, d'être supprimé, et c'est au contraire pour cela même que je le donne ici. Je veux que mes lecteurs connoissent quel étoit ce *bon vieux temps* que trop de gens nous vantent par ignorance ou par manque de bonne foi. J'en donnerai encore quelques autres du même genre ; cependant j'aurai soin de n'en présenter que le canevas, et de leur ôter ainsi, comme je l'ai déjà dit, tout ce que leur lecture pourroit avoir de fâcheux.

GAUTERON venoit de se marier, et il avoit pris pour femme Marion, qu'il aimoit. La nuit de ses noces, entré au lit avec elle, il lui demande si elle est pucelle, et l'on devine sans peine quelle est la réponse. Un moment après, Marion, attaquée assez brutalement, laisse échapper un certain bruit. L'époux alors de se fâcher et de se plaindre qu'on l'a trompé en lui annonçant un puc..... « Non, répond la femme, c'est lui-« même que vous venez d'entendre, et qui, en « s'enfuyant, vient de crier ainsi ». Gauteron lui trouve l'haleine désagréable, et il maudit à jamais les filles qui garderont le leur assez long-temps pour l'exposer de même à se gâter.

Recueil de Barbazan, tome 1ᵉʳ, page 439.

HIPPOCRATE.

L'auteur dit qu'Hippocrate, avant d'avoir cette réputation célèbre qui l'immortalisa depuis, étant venu à Rome sous l'empire d'Auguste, trouva, à son arrivée, la ville en deuil pour le neveu de l'empereur qui venoit de mourir ; mais que, s'étant fait aussitôt conduire au palais, il versa dans la bouche du mort le suc de quelques plantes, et le rendit ainsi à la vie. Le poète ajoute qu'Auguste, par reconnoissance, fit faire deux statues, dont l'une représentoit son neveu, l'autre le médecin, et qu'il les plaça toutes deux sur une des portes de la ville, avec une inscription qui annonçoit qu'Hippocrate, par son savoir divin, avoit fait revivre le prince mort.

Il y avoit déjà quelques mois que le médecin vivoit à Rome, accueilli par l'empereur comme il devoit l'être après un pareil service, et adoré presque du peuple comme un dieu, quand une femme parut qui tout-à-coup changea en risées tous ces hommages. Elle étoit Gauloise, d'une naissance illustre et d'une rare beauté. Auguste, qui cherchoit à la traiter avec distinction, lui avoit donné, pour la servir, des dames et des demoiselles, et pour logement une de ses maisons ayant une tour[1]. Comme elle vouloit connoître

les beautés de la ville, et que les premiers moments de son séjour furent employés à la parcourir, elle aperçut les deux statues, et demanda
pourquoi et à quelle occasion elles avoient été
dressées. On le lui expliqua; mais à peine lui
eut-on lu l'inscription, qu'avec de grands éclats
de rire elle répondit : « J'ignorois que Rome en
« ce moment possédât un dieu, et je m'étonne
« après cela d'y voir mourir encore. Eh bien!
« que pendant un jour seulement on me livre
« cette petite divinité, et je réponds moi sur ma
« tête d'en faire le plus sot des humains. »

On ne manqua pas, selon l'usage, de rapporter
ce discours à Hippocrate. La curiosité et l'a-
mour-propre du médecin en furent piqués. Il
voulut connoître cette femme singulière qui
annonçoit avec tant d'assurance le pouvoir de
sa beauté, et chercha l'occasion de la voir. Mais
ce fut pour son malheur, et ce qu'elle avoit promis ne se vérifia que trop; car elle étoit si belle,
elle déploya dans la conversation tant de grâces
et d'enjoûment, elle lui plut tant enfin, que,
malgré toute la défiance dont il étoit armé, il
ne put se défendre de l'aimer. Bientôt cette passion devint si forte que, perdant la raison et le
repos, il tomba malade. L'empereur alors vint
le visiter. Les dames y allèrent après l'empereur,
et l'étrangère suivit leur exemple. Mais celle-ci,

dont l'œil pénétrant avoit deviné cette maladie,
eut soin de choisir un moment où elle seroit
seule; et, du ton de l'amitié, elle fit d'abord au
médecin quelques questions sur son état. Lui,
qui se trouvoit trop heureux de pouvoir librement en découvrir la cause, l'avoua sans détour,
et confessa naïvement à la dame qu'il mouroit
d'amour pour elle.

C'étoit là ce qu'elle vouloit. Elle affecta donc
quelque sorte d'attendrissement sur ses maux,
et, avec l'apparence de la bonne foi, lui parla
ainsi : « Je m'exposerois à bien des reproches
« sans doute, et je m'en ferois à moi-même bien
« d'autres encore, si, pouvant sauver un homme
« de votre mérite, j'allois causer son trépas. Mais
« quand vous m'auriez inspiré tout l'amour que
« vous ressentez pour moi, je vous le demande
« à vous-même, dans la situation où je me trou-
« ve, et avec la quantité d'yeux qui m'observent,
« m'est-il possible de vous en donner des preu-
« ves? Daignez donc pour le moment vous con-
« tenter de mes regrets, et, avec l'assurance du
« desir que j'ai de conserver vos jours, recevez
« celle que je vous donne encore d'agréer d'a-
« vance tous les moyens que m'en fournira vo-
« tre tendresse ». Elle sortit après ces paroles,
comme si elle eût rougi de les avoir laissé échapper. Pour Hippocrate, elles lui rendirent l'espé-

rance et la santé, et bientôt il fut en état de re-
paroître au palais et de recommencer sa cour
auprès de la belle Gauloise.

« Eh bien! lui dit-elle la première fois qu'elle
« le revit, vous êtes-vous occupé des moyens de
« nous rapprocher? Avez-vous trouvé quelque
« expédient? Où en sommes-nous »? Il répondit
tristement que le jour et la nuit il y avoit songé;
mais que jusqu'à ce moment c'étoit sans succès.
« Rendez-moi donc grâces, reprit-elle, car si je
« n'ai pas mis plus d'ardeur que vous dans mes
« recherches, au moins ai-je eu plus de bon-
« heur. Vous connoissez la tour que j'habite :
« trouvez-vous vers le milieu de la nuit sous ses
« murs, avec une corbeille capable de vous con-
« tenir. Moi, de mon côté, pendant que mes fem-
« mes dormiront, je viendrai avec ma cousine,
« que j'ai su mettre dans nos intérêts, vous des-
« cendre une corde à laquelle vous attacherez le
« panier. Dès que vous y serez entré, nous vous
« enleverons, et ce sera alors que, sans inquié-
« tude et sans crainte, j'espère vous donner des
« marques de ma tendresse. »

Hippocrate étoit tellement aveuglé par sa passion, que ce piège grossier lui parut le plus
adroit des stratagèmes. Il se confondit en re-
mercîments, et sortit aussitôt pour aller acheter
sa corbeille, attendant avec une impatience ex-

travagante le moment de la nuit. Enfin, quand
il croit tout le monde endormi, il se rend au pied
de la tour avec son panier, et y trouve, jugez
quelle joie! la corde qui pendoit déjà. Il y attache à la hâte la corbeille, s'y place, et donne
le signal qu'on peut tirer. On tire en effet; mais
quand il est à une certaine hauteur, la dame
accroche la corde; elle le laisse suspendu, et se
retire en lui souhaitant un sommeil tranquille
et des rêves agréables.

Or, vous saurez qu'il y avoit alors à Rome
une coutume particulière : c'est que pour certains crimes qui ne méritoient pas la mort, les
coupables étoient suspendus ainsi toute une
journée à la tour dans une corbeille qu'on nommoit pour cette raison *la Corbeille aux Jugés.* [1]

Quand Hippocrate se vit pris au piège, il se
désespéra, et maudit mille fois l'amour et les
femmes; mais il étoit trop tard : il lui fallut
passer la nuit dans cette situation. Le jour ne
parut que pour faire éclater sa honte. En vain
il se cachoit le visage avec les mains, tout le
monde le reconnut : on s'approcha de lui, et
pendant tout le jour il fut exposé aux quolibets
et aux huées de la populace. Les gardes de la
tour, qui le supposoient là par ordre de l'empereur, n'avoient garde de l'en tirer. Le soir heureusement, Auguste revenant de la chasse, et

surpris de voir quelqu'un dans la corbeille sans
son ordre, demanda qui c'étoit. On lui nomma
Hippocrate, et il ordonna aussitôt qu'on le fît
descendre, annonçant en colère qu'il le vengeroit avec éclat. Mais quand il sut comment et
pourquoi le médecin se trouvoit ainsi bafoué, il
ne fit qu'en rire, et pendant long-temps tous ses
barons en plaisantèrent avec lui.

———

J'ai trouvé cette aventure, mise en épisode, dans un
manuscrit du roman de Lancelot, en prose. Elle se trouve
aussi dans *les faits merveilleux de Virgile.* Mais ce Virgile
à qui elle est attribuée, et qui, dans ce livre, est supposé
un grand sorcier, trouve bientôt le moyen de s'en venger
cruellement.

Dans les *contes tartares de Gueullette,* le médecin qu'on joue
est surpris par le père, qu'on a mis du complot; on le lie dans
une chambre et on le garde à vue. Il cherche à séduire ses
gardes qui feignent de se laisser gagner, se sert de ses
cordes pour s'échapper, et descend par la fenêtre dans la
rue; mais, à une certaine distance, il tombe dans un filet
où il reste exposé à la risée publique.

Le P. Montfaucon, dans son *Antiquité expliquée*, tome III,
3ᵉ partie, page 356, traitant de ce qui regarde les ta-
blettes des anciens, en donne une en ivoire, appartenant
à l'abbaye de Saint-Germain-des-Prés, et dont les deux couvertures *ont*, dit-il, *des bas-reliefs d'un goût barbare.* Cette
tablette n'est point ancienne: elle ne remonte qu'au temps
des fabliaux, puisque de ses quatre bas-reliefs il y en a
deux qui ont pour sujet les deux derniers contes, *Hippocrate* et *Aristote.*

Dans l'un on voit Hippocrate en chaperon, suspendu dans une corbeille. La dame gauloise et sa cousine sont au haut de la tour; et au bas, l'empereur donne des ordres à deux officiers pour délivrer le médecin.

L'autre fait voir Aristote, aussi en chaperon, marchant à quatre pattes et portant sur son dos la maîtresse d'Alexandre armée d'un fouet, tandis que le monarque, accompagné d'un courtisan, regarde ce spectacle du haut d'une tour.

Il est probable que les deux autres bas-reliefs de la tablette représentent aussi quelque fabliau; mais, ou ces contes ne nous sont pas parvenus, ou les sujets en sont moins aisés à reconnoître; car je n'ai pu les deviner.

NOTES.

(1. *Lui avoit donné pour logement une de ses maisons ayant une tour.*) Ici l'auteur prête à l'ancienne Rome un usage fort commun de son temps; et j'ai déjà prévenu que, quand il s'agit de costume, nos poètes ne connoissent que celui de leur siècle et de leur pays.

On a vu de même ci-dessus dans le *Lai de Narcisse* le fablier faire habiter une tour à son héroïne.

Les tours, originairement inventées pour la défense et la sûreté des villes, avoient été adoptées par nos monarques pour celles de leurs palais et châteaux. Ils en firent même un droit royal qu'ils se réservèrent exclusivement, et dont ils étoient si jaloux qu'ils le refusoient souvent aux plus grands seigneurs. On a l'exemple de Philippe-Auguste qui, en 1216, défendit à la comtesse de Troyes d'en élever aucune, quoiqu'elle se prétendît menacée d'un siège. Comme

naturellement on aime à faire parade de ce qu'on a seul le
droit de posséder, les rois firent de ce signe de domination
un ornement qu'ils employèrent partout, non-seulement
sur les murs d'enceinte, mais encore dans la construction
même de leurs châteaux. Le Louvre seul en avoit quinze,
et le *Palais*, plus du double. C'étoit dans ces tours que
logeoient les officiers du prince. Pour lui, il habitoit la
plus considérable, celle du milieu, qu'on appeloit pour
cette raison la *grosse tour*. Celle-ci, qui ordinairement
(comme on peut le voir encore au château de Vincennes)
en portoit une autre plus petite qu'on nommoit *donjon*,
annonçoit la justice royale, et c'étoit là que les grands
vassaux du prince ou de la couronne étoient tenus de venir
rendre leur hommage. La plupart des terres titrées un peu
considérables relevoient de la grosse tour du Louvre ou de
celle du Châtelet; et de notre temps même, quand le
roi créoit un grand fief, il le faisoit relever de la première, quoique ce ne soit plus qu'un nom. Une de nos anciennes chroniques manuscrites, parlant d'une fête donnée
par Philippe-le-Bel, en 1312, à Paris, dit qu'on avoit
construit dans les halles un bois qui fut rempli de lapins
qu'on chassa.' Dans ce bois étoient des tours et des châteaux, aux fenêtres desquels on avoit placé les dames, afin
qu'elles pussent jouir du spectacle de la chasse (*Manuscrits
du roi*, n° 6812). Froissard (livre iv, page 5), faisant la
description d'un spectacle à machines donné en 1389 au
Palais pour le mariage d'Isabeau de Bavière, raconte qu'il
y avoit un château en charpente avec une tour à chacun
de ses angles pour représenter Troie; et, dans le milieu,
une tour plus petite qui représentoit le château de Priam.

Les rois, dans différentes circonstances s'étant beaucoup
relâchés sur le droit de bâtir des tours, tout le monde voulut en
avoir, jusqu'aux églises et aux maisons religieuses. Que ceux

qui habitent Paris se rappellent celles de Saint-Paul, de Saint-Etienne-du-Mont, de l'abbaye de Saint-Germain, du Temple, etc. Ce fut la même chose partout pour les particuliers nobles. Quand Louis VIII prit Avignon, il en fit abattre les murailles avec trois cents maisons flanquées de tours (*Monuments de la Monarchie françoise*). Guillaume-le-Breton met au nombre des choses qui avoient enorgueilli la ville de Gand ces sortes de maisons.

> . . . . . . *Communia Gandaviorum*
> *Turritis domibus, gazis et gente superba.*

En Italie, c'étoit tellement une preuve de noblesse que, dans un acte public, lorsqu'on avoit spécifié tous les titres d'un gentilhomme, on ajoutoit, *et il a une tour* (Ménestrier, *de la Noblesse*). Castruccio Castracani en fit abattre trois cents dans Lucques, et le fameux juif Benjamin de Tudèle, parlant de Pise dans la relation de son voyage, dit que cette ville en avoit près de dix mille (Muratori, *Antiquitates medii ævi*, tome II, page 495). Ce seroit là beaucoup de tours, et la véracité des récits du juif Benjamin de Tudèle n'est rien moins qu'article de foi; mais enfin, il résulte de tout ceci que c'étoit un des ornements qu'employoit alors l'architecture, et que c'étoit la manière ordinaire de se loger pour quiconque possédoit un fief. Ainsi, quand on lit dans les histoires du temps que tel ou tel personnage fut mis dans une tour, il ne faut pas toujours se former l'idée de cachot et de bastille; cela veut dire souvent que le coupable fut gardé à vue dans un des appartements du palais. Ce n'est pas néanmoins qu'on n'y pût emprisonner. Il y avoit ordinairement une des tours qui servoit de prison : on en verra la preuve dans le fabliau d'*Aucassin*.

(2. *Les coupables étoient suspendus toute une journée à la tour dans une corbeille qu'on nommoit, pour cette raison, la*

corbeille aux jugés.) Je ne fais pas de remarque sur ce supplice de la corbeille, sur cet Hippocrate contemporain d'Auguste, sur son voyage à Rome, etc. J'ai déjà demandé grâce pour les fabliers sur la chronologie et l'histoire. Il y a cependant dans tout ceci quelques vérités historiques. Un médecin, nommé Musa, avoit guéri Auguste d'une maladie; et par reconnoissance on lui avoit élevé une statue à côté de celle d'Esculape; mais quelque temps après, ayant causé la mort du jeune Marcellus, neveu de l'empereur, la statue fut brisée.

* DU CURÉ QUI MANGEA DES MURES,

PAR GUÉRIN.

Ce conte, renouvelé de nos jours, comme beaucoup d'autres de ce recueil, est du nombre des mille et une sottises attribuées aux Beaunois. Dans la version du manuscrit de Saint-Germain, qui est celle qu'a imprimée Barbazan, l'auteur se nomme; dans celle du manuscrit de Berne, il ne le fait pas, et celle-ci a encore bien d'autres différences. Je les ai fondues toutes deux ensemble pour faire cet extrait.

Dussiez-vous prendre de l'humeur et vous fâcher, vous ne m'échapperez pas; et, sans obtenir ni terme ni répit, il faudra que vous écoutiez cette histoire de Guérin sur un certain curé qui alloit au marché.

Afin d'arriver de bonne heure, le pasteur avoit fait seller sa jument de grand matin, et même, pour ne point perdre de temps, il avoit remis à dire en route ses patenôtres. Déjà il n'étoit plus qu'à une légère distance de la ville; mais par hasard il aperçut, un peu à l'écart du chemin, un mûrier garni de mûres bien appétissantes et bien noires, et il ne put résister à l'envie d'en manger.

La chose n'étoit pas aisée. Le mûrier se trouvoit embarrassé tout autour par beaucoup de ronces et d'épines. D'ailleurs, les branches étoient trop hautes pour pouvoir y atteindre. Le prêtre fit donc avancer sa jument dans les broussailles; il monta sur la selle, et, d'une main se tenant aux branches, de l'autre il cueillit des mûres qu'il trouva délicieuses. L'animal ne remuoit non plus qu'un rocher, et son maître, qui pendant ce temps mangeoit toujours, admiroit sa tranquillité.

Cela lui fit faire une réflexion. « Parbleu, dit- « il, celui qui dans ce moment viendroit dire *hu* « m'attraperoit bien ». Or, tout en faisant sa remarque, il prononça le mot d'un ton si haut que la bête à l'instant partit comme un trait, et jeta mon homme au milieu des ronces. Il y demeura pris et étendu sans pouvoir se débarrasser. Le pis de l'aventure, c'est que fort mal à l'aise sur ce lit, comme vous pouvez l'imaginer, piqué partout, déchiré, et tout en sang, il lui fallut pourtant passer là le jour et toute la nuit.

La jument étoit revenue chez son maître. La selle tournée, la bride traînante, firent soupçonner qu'il étoit tombé; on le crut mort. *Sa femme* [1] alors de se pâmer, les domestiques de

jeter les hauts cris, et tout le monde de courir
sur la route pour le retrouver. Le reste de la
journée et la nuit entière furent employés à cette
quête. Au point du jour enfin, à force de chercher, un valet s'approcha du mûrier. Le prêtre,
entendant du bruit, appela aussitôt à son secours. « Au nom de Dieu, dit-il, sauvez-moi la
« vie ». Le valet reconnut la voix de son maître,
et, surpris de le voir là, il lui demanda par quel
hasard il s'y trouvoit. « Par ma gourmandise et
« mon étourderie, répondit le curé ; mais tâche
« de m'en tirer ». On y réussit, quoique avec bien
de la peine, et on le ramena chez lui, où il fallut le mettre au lit, tout égratigné et à demi
mort.

Se trouve dans le *Dictionnaire d'Anecdotes*, tome 1.er,
page 164.

Il a été mis en vers par M. Imbert.

Recueil de Barbazan, tome III, page 95.

NOTE.

(1. *Sa femme.....*) On verra plus d'une fois dans les fabliaux de ces *femmes* de prêtres, et les historiens du temps
ne confirment que trop les satires des poètes, leurs contemporains, sur les mœurs désordonnées du clergé. D'un

autre côté, il ne seroit pas impossible qu'il ne fût ici question d'une véritable épouse. Au commencement du siècle précédent, un concile de Reims avoit excommunié tous les ecclésiastiques mariés, avoit défendu d'entendre leur messe, et déclaré leurs enfants bâtards et leurs bénéfices vacants, avec permission aux seigneurs de réduire ces enfants en servitude ou de les vendre. La sévérité que le concile employa pour remédier au *désordre* (je me sers de l'expression des auteurs ecclésiastiques) prouve combien il étoit commun; et l'on ne sera pas étonné qu'il ait pu subsister encore au siècle suivant. L'abbé de Longuerue, dans l'*Ana*, qui porte son nom, dit qu'en 1204, beaucoup d'évêques de Normandie étoient mariés. (*Longueruana*, tome 11, page 72.)

« En 1229, dit l'abbé Velly, les prélats anglois s'assem-
« blèrent à Londres pour trouver le moyen de réduire les
« prêtres à la continence. Ceux-ci fournirent au roi de
« grosses sommes : il protégea le scandale, et leur laissa
« leurs femmes. En Biscaye on alla jusqu'à ne point rece-
« voir ceux qui n'avoient pas de *commères*: c'étoit une
« caution pour la tranquillité des maris. Enfin, ajoute l'his-
« torien, tous les foudres de l'Eglise ayant été inutiles, on
« n'imagina en France d'autre moyen que de les assujétir
« à la taille, quand leur conduite cessoit d'être régulière. »

DE COCAGNE.

L'AUTEUR, dont je suis obligé de ne donner
qu'un extrait fort court, après avoir annoncé
que s'il n'est pas vieux il n'en est pas moins sage,
et que ce n'est pas la barbe qui donne le sens,
dit qu'étant allé à Rome pour l'absolution de ses
péchés, le pontife l'envoya en pénitence dans
une terre étrangère qui a été bénie de Dieu particulièrement, et qu'on nomme *Pays de Cocagne*¹. Sur tous les chemins et dans toutes les rues
sont des tables dressées où l'on vient librement
s'asseoir, et des boutiques ouvertes où l'on peut
prendre sans payer. Là se trouve une rivière de
vin et un printemps éternel; partout des con-
certs, de la musique et des danses; jamais querelle ni guerre, parce que tout y est en commun;
toutes les femmes enfin, belles, peu farouches,
et si complaisantes, qu'après les avoir choisies à
son gré, on peut à son gré les quitter au bout de
l'année, les plus longs engagements ne passant
point ce terme. Mais ce qu'il y a surtout de mer-

veilleux, c'est que dans ce beau pays existe la
fontaine de *Jouvence*². Devient-on vieux? on va
s'y baigner, et l'on en sort n'ayant plus que vingt
ans. Il ne tenoit qu'à moi d'en profiter, dit l'auteur, et j'en eus envie. Mais, par pure bonté de
cœur, je voulus venir chercher mes amis pour
les y conduire et leur faire part de ma bonne
fortune; et à peine fus-je sorti de la contrée qu'il
ne me fut plus possible de la retrouver. Je me
vois donc aujourd'hui réduit aux regrets, et ceci
doit vous apprendre que quand on est bien il
faut s'y tenir.

Recueil de Barbazan, tome ii, page 175.

NOTES.

(1. *Une terre étrangère, qui a été bénie de Dieu particulièrement, et qu'on nomme pays de Cocagne.*) Il n'est personne
qui ne sache que ce mot a passé dans la langue:

Paris est pour un riche un pays de Cocagne.

Boileau.

C'est une chose risible de voir dans les dictionnaires toute
la peine que se sont donnée les étymologistes pour en chercher l'origine. La clef étoit perdue, et chacun est venu
apporter la sienne.

A lire la description que Rabelais fait du pays de *Papi-
manie*, on croiroit qu'il a connu notre fabliau.

On trouve, en 1631, une farce des *Roulles-bons-temps*

de la haute et basse Cocagne. (Recherches sur le théâtre , par Beauchamps, tome II, page 32.)

Il y a aussi dans le théâtre de Le Grand une pièce intitulée : *le Roi de Cocagne.*

(2. *Dans ce beau pays existe la fontaine de Jouvence.*) Les romans orientaux ont une île merveilleuse dont le séjour est si délicieux qu'on ne veut plus en sortir, quand une fois on y est entré (D'Herbelot, *Bibliothèque orientale*). Ils supposent aussi dans le Paradis terrestre une fontaine et un arbre, qu'ils appellent *de vie ,* parce que, selon eux, les eaux de l'une et les fruits de l'autre donnent l'immortalité; et c'est ainsi, disent-ils, que le prophète Elie et le prophète Kedher entretiennent la leur, en attendant le jugement dernier. Cette fiction, introduite en Europe, est devenue chez nos romanciers la fontaine de *jovent* ou *jovence*, c'est-à-dire de *jeunesse ,* fable charmante et bien plus ingénieuse que celle des orientaux, puisque celle-ci ne fait qu'empêcher le dépérissement et maintenir pour toujours dans l'état où l'on se trouve, tandis que l'autre fait renaître sans cesse le printemps de la vie. Le roman de *Huon de Bordeaux* a adopté l'arbre et la fontaine; et, comme les romanciers orientaux, il fait sortir la fontaine du paradis terrestre.

Les Grecs, avec leur brillante et féconde imagination, n'avoient inventé qu'un Hippocrène pour inspirer les poètes, un Léthé pour nous faire oublier les maux de la vie, une boite renfermant l'espérance pour nous consoler. Qui croiroit que la *Fontaine de Jouvence* est une fiction du treizième siècle ? Malheureusement cette fiction charmante ne produit qu'un conte médiocre. Au reste , ce ne sont point seulement les Européens et les Asiatiques qui ont imaginé la fable dont il s'agit ici. Lors de la découverte de l'Amérique , on la trouva (ce qui est bien plus étonnant encore)

chez ces peuples lointains qui, par leur position, séparés du
reste du monde, ne pouvoient connoître les traditions et
les fables des autres peuples. Suivant une ancienne tradition des insulaires de Porto-Rico, il existoit dans les Lu-
cayes une fontaine merveilleuse dont les eaux, quand on s'y
baignoit, pouvoient rendre tout-à-coup la jeunesse et la
santé. Une erreur aussi séduisante devoit trop flatter l'imagination romanesque des Espagnols pour n'être pas avidement adoptée par eux. Aussi, parmi ceux des aventuriers
conquérants qui découvrirent ces contrées, y en eut-il
pendant long-temps plusieurs dont tous les travaux n'eurent
pour objet que de chercher, avec une constance infatigable
et à travers tous les dangers possibles, l'eau miraculeuse
qui, en leur communiquant sans cesse une existence nouvelle, les eût ainsi soustraits pour toujours aux infirmités
et à la mort.

HUÉLINE ET ÉGLANTINE,*

OU

LE JUGEMENT D'AMOUR, **

OU

FLORENCE ET BLANCHEFLOR.

Ces trois versions sont absolument différentes, quoique, dans toutes trois, il s'agisse de deux femmes qui, aimant l'une un chevalier, l'autre un clerc, ont querelle sur le mérite de leurs amants, et vont chercher une décision à la *Cour-d'Amour*. Le comte de Caylus en a donné un extrait dans le Mercure (*décembre* 1754), d'après la troisième version, la seule qu'il ait connue. J'ai suivi la première comme la meilleure, quoique le manuscrit en soit imparfait, et je me suis permis, à mon ordinaire, d'y insérer les traits les plus agréables des deux autres, quand le sens m'y a autorisé.

IL sut assez de courtoisie celui qui trouva le conte que vous allez entendre; mais il défendit qu'on le récitât aux lâches, aux indiscrets et aux villains [1]. Révéler les mystères d'amour à cette canaille c'est les profaner : ils ne sont faits que pour les clercs, les chevaliers, et surtout pour

* *Nouveau Recueil*, par Méon, tome 1, page 353.
** *Recueil de Barbazan*, tome 11, page 354.

les filles tendres et compatissantes, à qui particulièrement les leçons en sont nécessaires.

Au mois de mai, au temps où les prés se tapissent
de verdure, deux demoiselles d'une grande naissance sortirent ensemble pour se promener. L'une
s'appeloit Églantine; Huéline étoit le nom de l'autre. Deux sœurs ne se fussent pas aimées davantage.

Après avoir marché quelque temps, elles arrivèrent dans un vallon qu'arrosoit un ruisseau,
planté sur ses bords d'oliviers fleuris. La beauté
du lieu les invitoit à se reposer. Elles s'assirent,
et regardant souvent dans l'eau leur visage qu'A-
mour altéroit : « Heureux, s'écria l'une d'elles,
« l'amant qui seul et sans crainte seroit ici au-
« près de sa mie[2] ! Baisers et caresses, nous ne
« pourrions rien lui refuser; mais pour ces jeux
« qui tournent à déshonneur, nous n'aurions
« garde de les permettre : car est-il pour nous
« un malheur plus grand que la honte et le mé-
« pris? — Vous avez raison, dit l'autre : l'hon-
« neur est bien autrement précieux que des tré-
« sors. Comme un arbre dont la verdure bien-
« faisante a plu long-temps, est délaissé tout-à-
« coup dès qu'il n'offre plus d'ombrage, telle
« une jeune fille que paroit la pudeur et que
« recherchoient les amants, est abandonnée d'eux
« pour jamais et n'éprouve plus que leurs dé-
« dains quand sa vertu est flétrie. »[3]

Elles passèrent ainsi une partie de la journée à parler raison, folie et amour; mais une question imprudente que fit naïvement Églantine vint tout-à-coup troubler cette amitié si tendre. « Ma « bonne amie, dit-elle à sa compagne, soyez « vraie : à qui avez-vous donné ce cœur si « loyal et si bon »? Huéline rougit, et avec franchise elle avoua qu'elle avoit choisi pour ami un chevalier beau et bien fait. Églantine, qui aimoit un clerc, blâma beaucoup le choix de son amie. « Comment pouvez-vous aimer sans « espoir de courtoisie[4]? dit-elle ; et où trou- « ver courtoisie ailleurs que dans un clerc »[5]? L'amie prétendit que l'homme courtois par excellence, l'homme de tous le plus estimable, étoit le chevalier; et elle s'offrit à le prouver invinciblement.

« En effet, reprit-elle, à quoi est bon votre « amant qu'à chanter dans une église ou à mar- « cher en procession un psautier en main? Tan- « dis qu'il donne une absolution, le mien force « un château. Si j'assiste à un tournoi, il y vole « pour me plaire. Animé par mes regards, il ne « redoute plus rien, et fond sur son ennemi avec « une telle force que, perçant écu et haubert, il « lui laisse dans le corps sa banderolle[6], et le « renverse. Alors il appelle son fidèle écuyer. Va « promptement, lui dit-il, offrir ce cheval à ma

« mie, et dis-lui qu'il est le prix de mon courage.
« Bientôt il accourt lui-même, couvert de gloire,
« chercher dans mes bras sa récompense. Ma
« chère Églantine, voilà l'homme que j'aime ; et
« viens après cela me vanter ton amant tondu
« qu'on ne voit en public qu'escortant un cada-
« vre, parce que alors il est assuré d'un souper ;
« aussi voudroit-il que nous mourions tous. S'il
« te fait un présent, le présent est tel qu'on
« doit l'attendre de lui , et c'est avec cet ar-
« gent qui sent le mort. Du reste, n'espère rien
« de plus que de le voir, quand il sera près de
« toi, te lire un roman ou chanter. Mais non,
« je me trompe : quand tu seras malade , il
« viendra recommander ton âme , et, après ta
« mort, dira pour toi matines ou fera sonner les
« cloches. »

Églantine fut courroucée de ces ironies insul-
tantes. « Votre ami va aux tournois, répartit-
« elle avec aigreur, mais c'est quand, pour s'é-
« quiper, il a mis en gage le peu qu'il a ; car il
« faut que tous ces héros donnent des gages : on
« ne leur prêteroit rien sur parole. Tant que dure
« cet argent mendié, il a de quoi manger ; mais
« bientôt le cheval, le haubert, le heaume, tout,
« jusqu'au frein et à la selle, s'en va chez l'usu-
« rier, et le rodomont *revient dans vos bras*
« *couvert de gloire.* Si vous avez l'âme belle ,

« c'est là le moment de venir à son secours. Au
« reste, il n'est pas difficile : surcot, péliçon,
« manteau, tout lui est bon ; vous en serez quitte
« pour payer quand vous voudrez les ravoir. Et
« après tout, n'être obligé de renouveler cette
« cérémonie que cinquante ou soixante fois par
« an, en vérité ce n'est pas trop. Pour moi, je
« n'ai pas ce bonheur. Dans un moment où je
« suis nonchalamment assise sur ma chaise, je
« vois entrer ma chambrière : Madame, me dit-
« elle, voici un péliçon et un bliaud que vous en-
« voie votre ami ; ils valent bien cent livres d'es-
« terlings [7]. Alors, si je veux récompenser son
« amour, je puis à mon aise jouir toutes les nuits
« de sa tendresse, et ne crains pas de le voir ab-
« sent pendant des mois entiers, ou revenir es-
« tropié après avoir couru sans but tous les
« grands chemins. Enfin, ce qui doit surtout me
« le faire aimer, c'est qu'intéressé autant que moi
« à garder mon secret, je n'ai pas à redouter de
« lui un éclat qui peut quelquefois déshonorer.
« Mais au reste, ma chère, nous nous faisons ici
« les juges, et ne sommes que parties : choisissons
« quelqu'un qui prononce entre nous. »

Huéline y consentit. Elles sortirent du vallon,
et rencontrèrent deux bacheliers [8] qu'elles prièrent de leur enseigner le chemin de *la Cour-
d'Amour* [9]. Ils s'offrirent à les y conduire, et

bientôt la troupe arriva. A l'approche du séjour du dieu, on respiroit une odeur divine; l'enceinte de son palais étoit formée de roses et de lis..........

Ici le manuscrit se trouve déchiré, et le dénoûment manque. Je vais y suppléer par un extrait de celui de la troisième version.

Dans celle-ci, Florence, qui soutient le parti des chevaliers, somme Blancheflor de se rendre à la cour-d'amour. Elles y arrivent au même moment, et trouvent un verger que gardoit un rossignol qui est appelé ici le messager du dieu, sans doute comme annonçant le printemps et la saison des plaisirs. Elles lui demandent le chemin du palais. Il regarde si elles ont le sceau d'amour : on n'y entre qu'avec ce signe. Il s'offre alors à les conduire, et les prévient cependant qu'à l'entrée il leur faudra payer un tribut au jeune portier. Surprises d'un abus aussi bas, elles demandent quel est ce tribut; c'est, leur dit-on, un *baiser savoureux* : la porte ne s'ouvre qu'à cette condition. Elles ne répondent que par un sourire et entrent.

Le dieu dont l'auteur fait tout-à-coup un roi, parce qu'il lui étoit plus aisé, dit M. de Caylus, de représenter la cour d'un monarque que celle d'un dieu, est couché sur un lit de roses, dans un salon dont les murs sont couverts d'arcs et

de flèches suspendus*. A l'arrivée des demoiselles,
il se lève, les salue, et les prend par la main
pour les faire asseoir à ses côtés. Instruit par elles
du sujet de leur voyage, il assemble les barons
de sa cour, qui est assez singulièrement composée, puisque ce ne sont que des oiseaux; et il
leur propose à résoudre la grande question des
deux amantes. Le faucon, l'épervier, le geai, la
pie, et pour me servir des termes de La Fontaine,
tous les *gens querelleurs*, même le coucou de
mauvais augure, se déclarent hautement pour
les chevaliers et soutiennent qu'ils sont les plus
courtois. Le roitelet, le pigeon, l'alouette à la
belle huppe, et le chardonneret au plumage ver-
meil prennent le parti des clercs. On dispute,
on s'échauffe; déjà même on commence à voir
le sang couler, et il faut que le dieu interpose
son autorité pour faire respecter sa présence.

Enfin le rossignol, s'avançant et parlant avec
plus de chaleur qu'on ne devoit l'attendre de sa
petite taille, jette son gant, et s'offre à soutenir,
les armes à la main, contre tout venant, la
cause des clercs [10]. Le dieu se lève pour demander s'il se trouve quelqu'un qui ose accepter le
défi. Le perroquet se présente; il donne un dé-

---

* Les latesi sont bien ovrées,
A clox de girofle atachiées.

menti à son adversaire, et relève le gage de
bataille qu'il présente au roi, afin d'avoir son
aveu pour le combat. Amour l'accorde, et les
demoiselles aussitôt viennent chacune armer
leur champion. Leur heaume est formé de passe-
rose *; leur gambison ¹¹ est une feuille de souci,
et un brin d'herbe tranchant leur cimeterre.
Tout le monde s'asseoit. Le roi fait défendre aux
spectateurs de sortir de leur place ; il ordonne
le plus grand silence, et charge le roitelet de
veiller au maintien du bon ordre.

Les deux rivaux alors entrent dans la lice. Le
rossignol parle le premier : « Je te défie, dit-il à
« son adversaire, et je jure de te serrer de si
« près que tu ne sortiras d'ici que sans vie ». A
ces mots il lève son épée, et fond avec légèreté
sur son lourd ennemi, auquel il porte sur la tête
un si terrible coup qu'il fend la feuille de passe-
rose. Le perroquet tombe étourdi. Quelque effort
qu'il fasse, il ne peut plus se relever. Prêt à
périr, et sentant bien qu'il a soutenu une mauvaise cause, il rend son épée, et reconnoît que
les clercs sont plus courtois que les chevaliers
et qu'ils méritent mieux qu'eux d'avoir une amie.
Le roi fait séparer les combattants et accorde la
grâce au vaincu. Mais Florence qui, par la dé-

___

* C'est la rose-trémière.

faite de son champion, se voit condamnée, s'arrache les cheveux, se tord les poings. Dieu ! dit-elle, la mort ! la mort ! elle s'évanouit trois fois, et à la quatrième elle expire. Les oiseaux s'assemblent autour d'elle, ils lui élèvent un tombeau de fleurs, et y écrivent ces deux vers qui assurément ne furent pas faits par le dieu :

> Ici est Florance enfoïe
> Qui au chevalier fu amie.

Sur la fin du quinzième siècle, on a fait de ce fabliau une farce. Une fille vient réclamer les secours du dieu d'amour ; un moine et un gendarme se disputent sa possession ; ils exposent chacun leurs talents, et le dieu accorde la préférence au moine. Voyez *Bibliothèque du Théâtre-François*, tome 1, page 10, FARCE NOUVELLE, contenant le débat d'un jeune moine et d'un vieil gendarme, par-devant le dieu Cupidon, pour une fille ; fort plaisante et récréative, à quatre personnages.

NOTES.

(1. *Aux villains.*) Ce nom, soit qu'il vienne du breton *vilen*, lequel signifie de même *paysan roturier*, ou du latin *villa*, se donnoit à ceux qui appartenoient à un propriétaire, et qui étoient attachés à sa métairie, *villani*.

Il y avoit dans les campagnes plusieurs hommes libres qui cultivoient, ou quelque bien propre qu'ils possédoient en franc-aleu, ou une ferme appartenant à un seigneur, avec charge de quelques redevances. Mais les autres habitants y étoient ou *serfs* ou *villains*. Un mot sur chacune de ces deux conditions.

L'esclavage des serfs ne ressembloit point à celui dont
on a communément l'idée, c'est-à-dire d'un homme lié à la
personne d'un maître et destiné par lui aux offices domestiques de sa maison. Les serfs, établis par le gouvernement
féodal, d'après ceux des Germains, et subsistant encore
aujourd'hui en Hongrie, en Pologne, en Bohême, etc.,
n'avoient point d'office chez leur maître, mais étoient obligés de labourer ses terres, de travailler pour lui et d'habiter ses domaines. Ils étoient sa propriété, et se vendoient
avec son héritage, parce qu'ils en faisoient partie. Les
fruits de leur travail, leurs effets après leur mort, leurs
enfants même, quand il leur permettoit de se marier, tout
lui appartenoit. Il n'étoit tenu qu'à les habiller et à les
nourrir. S'ils s'échappoient, il pouvoit les réclamer, les
punissoit arbitrairement; et lorsqu'il les tuoit, il en étoit
quitte pour une amende légère. En un mot, qu'on imagine
des hommes enfermés dans une prison par un autre, et
obligés d'y travailler pour lui, et l'on aura une idée assez
juste des serfs.

Les ecclésiastiques et les moines avoient des serfs, comme
les seigneurs laïques, et, comme eux, souvent ils abusèrent de
leur puissance. Pendant la première croisade de saint Louis,
les habitants du village de Châtenai, serfs de l'église cathédrale de Paris, ayant manqué de payer leur taille aux
officiers du chapitre, ceux-ci les firent emprisonner et les
traitèrent si durement que bientôt les malheureux se trouvèrent manquer des aliments nécessaires. Dans leur détresse,
ils firent parvenir leurs plaintes à la reine Blanche, régente
du royaume. Celle-ci, respectant la propriété du chapitre,
demanda la liberté des prisonniers ; mais les chanoines,
loin de déférer à une recommandation si respectable, ayant
fait enlever, comme pour insulter à la reine, les femmes et
les enfants des serfs, et les ayant tous entassés pêle-mêle

dans la même prison, tellement que plusieurs périrent de
chaleur et de misère, Blanche, irritée, voulut en tirer
vengeance et faire un exemple : elle se rendit à la porte de
la prison, la fit enfoncer, en frappant elle-même le premier
coup, mit en liberté les serfs, et saisit le temporel de
l'église jusqu'à entière satisfaction. (*Histoire de la reine
Blanche,* page 164.)

Les *villains* n'étoient pas tout-à-fait aussi malheureux
que les serfs. Quoique attachés, comme ceux-ci, à la terre
d'un seigneur, et ne pouvant, non plus qu'eux, changer de
demeure ni de profession, ils en différoient cependant en
ce qu'ils pouvoient disposer des fruits de leur travail et de
leur industrie, et qu'ils ne payoient à leur maître qu'une
rente fixe pour la terre qu'ils cultivoient.

Ordinairement le mot *villain*, dans les fabliaux, n'est
qu'un terme de mépris, pareil à celui de *manant* dont nous
nous servons encore. Tous deux sont venus jusqu'à nous.

(2. *Heureux, s'écria l'une d'elle, l'amant qui seul et sans
crainte seroit ici auprès de sa mie.*) Chapelle, dans une situation pareille, a dit de même et avec plus d'esprit que de sentiment,

> Dans ces beaux lieux dignes d'envie,
> Hélas ! que l'on seroit heureux,
> Si , toujours aimé de Silvie,
> On pouvoit , toujours amoureux,
> Avec elle passer sa vie.[*]

Cette pensée, au reste, a dû venir à mille auteurs. Mais ce
qu'on trouvera, je crois, rarement ailleurs, c'est cette ef-
fusion si vraie d'un cœur trop plein de son objet, qui, au
milieu d'un souhait fait pour une autre, se substitue tout-
à-coup lui-même ; c'est ce tour adroit d'une pudeur naïve

---

[*] Voyage de Bachaumont et de Chapelle.

qui, n'osant avouer le plaisir qu'elle auroit de céder à son amant, suppose le même desir à sa compagne, et s'écrie : *Nous ne pourrions rien lui refuser.*

(3. *Comme un arbre.....telle une jeune fille.....*) Cette comparaison ingénieuse, la seule de ce genre que j'aie rencontrée chez les fabliers, me paroît si étrangère à leur tournure d'esprit, que celui-ci, selon moi, l'a trouvée quelque part. Elle est dans Catulle*. Au reste, le conte fait voir comment les deux demoiselles pratiquoient la belle morale qu'elles débitent.

(4. *Sans espoir de courtoisie.*) J'ai conservé ce mot qui, perdu aujourd'hui ** comme mille autres très énergiques auxquels on est obligé de suppléer par des périphrases, n'a point été remplacé. Il désignoit cette politesse universelle, cette délicatesse de procédés que donne l'usage du grand monde, et qui étoit propre particulièrement aux gens de *cour*.

(5. *Un clerc.*) *Clerc*, qui dans les fabliaux ne signifie guère que *savant*, est pris ici pour *homme d'église*. A proprement parler, ce conte n'est qu'une dispute sur ce qu'on nommeroit aujourd'hui le petit collet et l'épée.

(6. *Lui laisse dans le corps sa banderolle......Va offrir ce cheval à ma mie.*) On a vu dans la note sur les tournois que les lances avec lesquelles les chevaliers y joûtoient

---

* Epithalame de Manlius :

> Ut flos in septis secretus nascitur hortis,
> Ignotus pecori, nullo contusus aratro,
> Quem mulcent auræ, firmat sol, educat imber :
> Multi illum pueri, multæ optavere puellæ :
> Idem cum tenui carptus defloruit ungui,
> Nulli illum pueri, nullæ optavere puellæ :
> Sic virgo dum intacta manet, dum cara suis est.
> Cum castum amisit polluto corpore florem,
> Nec pueris jucunda manet, nec cara puellis.

** Ce mot n'est point du tout perdu ni inusité.   *R.*

étoient ornées d'une banderolle, et dans une autre du
fabliau *de la Chemise*, que le cheval du chevalier désarçonné appartenoit à son vainqueur.

Au lieu de banderolles, nos gentilshommes portoient
quelquefois à leurs lances un ruban ou une écharpe, donnés
par leurs maîtresses, ou ces étoffes légères qu'elles avoient
nommées *volets*, et qui formoient une partie de leur coiffure. A la bataille de Valdun, donnée par Guillaume-le-
Conquérant, il y avoit dans les troupes du duc cent soixante
chevaliers ou écuyers qui tous portoient *volet de dames ou
de demoiselles à leur lance. (Rec. des historiens de France,*
tome xi, page 334.)

(7. *Cent livres d'esterlings.*) L'*esterlin* ou *estellin*, aujour-
d'hui *sterling*, a eu parmi nous trois acceptions (Ducange,
Glossaire). Il s'est pris comme poids, et ce poids étoit la
plus petite des parties dans lesquelles se divisoit l'once.

Ce fut aussi une monnoie d'Angleterre et de Guyenne
qui, par les guerres des Anglois avec la France, devint
commune dans nos provinces. Saint Louis, voulant anéantir les esterlings, rendit, en 1265, une ordonnance par laquelle il les fixoit à la valeur de quatre deniers tournois
jusqu'à un certain terme, par-delà lequel on ne les prendroit
plus qu'au poids de l'argent. Un historien de Guyenne dit
qu'ils sont au titre de huit deniers de fin*. Il y en avoit cent
soixante dans le marc.

Enfin, ce fut un terme général pour exprimer la qualité
et le titre que devoit avoir une monnoie; et c'est ainsi qu'on
trouve des deniers, des oboles et des sous esterlings. *Nul
orphevre ne peut ouvrer à Paris d'argent qu'il ne soit aussi
bon comme esterlins et meilleurs***. On voit dans le roman de

---

* *Dictionnaire étymologique* de Ménage, au mot *Sterling.*

** *Statuts manuscrits des orfevres de Paris*, Ducange.

Garin le Lohéran trois cents marcs de derniers esterlings ; et
l'on doit vraisemblablement entendre de même les *cent livres
d'esterlings* du fabliau.

Cette construction du génitif paroîtra peut-être une faute
de copiste, aujourd'hui que l'on diroit *cent livres sterling ;*
mais alors c'étoit la manière de parler. On disoit de même
en latin, *centum marcas sterlingorum, decem obolos sterlingorum.*

Au reste, on trouve ce mot dès l'année 1115 : *Obtulit
quadraginta solidos sterlingorum. (Chron. d'Elinand,* chapitre ii, page 177.)

(8. *Rencontrèrent deux bacheliers.*) *Bachelier* ici ne signifie
que *jeune homme,* de même que *bachelette* s'est pris souvent
pour signifier *jeune fille.*

(9. *Les prièrent de leur enseigner le chemin de la Cour-
d'Amour.*) Voici l'une des institutions les plus bizarres et
les plus incroyables peut-être qu'ait jamais imaginées l'esprit humain. Avec son inutilité réelle et l'importance qu'on
y mit, elle nous paroîtra doublement ridicule ; et cependant
il en est peu qui aient été reçues avec autant de respect, qui
se soient maintenues avec moins de moyens, et qui puissent
se glorifier d'avoir autant influé sur les mœurs.

Les disputes élevées sur les questions amoureuses que
proposoient dans leurs *jeux-partis* nos chansonniers, n'ayant
point de fin, on s'avisa, comme je l'ai dit, pour les décider
sans réplique, de former une espèce de tribunal ou de cour
souveraine qu'on appela par cette raison *Cour-d'Amour.*
Les juges en étoient choisis parmi les gentilshommes, les
dames de qualité et les poètes, tous gens que l'usage du
monde et une longue expérience rendoient habiles dans ces
matières. Ils commençoient leurs séances au mois de mai,
et les tenoient en plein champ, sous un ormeau, d'où elles
furent appelées *gieux* (jeux) *sous l'ormel.* Les femmes ne

manquèrent pas d'accréditer des tribunaux où tous les honneurs étoient pour elles. Cependant, quoique l'origine en soit due à nos provinces septentrionales, ainsi que je l'ai dit dans mon Discours préliminaire, ils y eurent bien moins d'éclat que dans le midi de la France, parce que les contrées troubadouresques ne connoissant guère que les chansons, les graves disputes d'amour y devinrent des sujets importants, au lieu que, dans les nôtres, l'engoûment de la nation se porta principalement vers les romans et les contes.

Une autre cause bien différente et qu'on ne soupçonneroit guère, le séjour des papes à Avignon, rendit florissantes les cours-d'amour méridionales, par l'éclat soudain qu'acquirent ces contrées, devenues le centre des grâces et le trésor des contributions de la chrétienté. Les pontifes eux-mêmes protégèrent ces tribunaux. On rapporte que les comtes de Vintimille et de Tende étant venus voir Innocent VI, il leur donna le spectacle d'une de ces séances, dont ils furent, dit-on, émerveillés*. Mais cette splendeur passagère s'éclipsa bientôt. Le retour des papes à Rome, les malheurs multipliés de l'état, firent tomber et ruinèrent à jamais les cours-d'amour.

Les *cours-d'amour* étendirent avec le temps leur juridiction. Elles connurent de toutes les tracasseries des amants et de tout ce qui concernoit la galanterie. Elles ajournoient les coupables à comparoître, et ces guerriers féroces qui dans leurs autres querelles ne savoient que combattre, l'épée à la main, leur ennemi en champ clos, venoient ici se soumettre sans murmure à des juges sans aveu desquels ils n'avoient rien à redouter. Ceux-ci pesoient la faute; ils im-

---

* *Discours sur les arcs triomphaux dressés dans la ville d'Aix,* page 26.

posoient une peine proportionnée, ordonnoient la rupture, ou prescrivoient la forme de la réconciliation, et leurs sentences, qu'on nommoit *arrêts d'amour*, et qui long-temps firent en France un code de lois, étoient tellement révérées que personne n'eût osé en appeler. Enfin, ce qui achève de nous peindre la vénération que le respect pour les dames attachoit à ces risibles tribunaux, c'est que des princes et des souverains (Alphonse, roi d'Aragon, Richard Ier, dit Cœur-de-Lion, roi d'Angleterre) ne dédaignèrent pas de les présider, et que le fameux empereur Frédéric-Barberousse en forma un dans ses états, à l'imitation de ceux de France.

Sous le règne de notre malheureux Charles VI, on en établit à la cour, auxquels on donna tous les officiers qu'avoient les cours souveraines : des présidents, des conseillers, des maîtres des requêtes, auditeurs, chevaliers d'honneur, secrétaires, gens du roi, etc. (*Histoire de France*, par Villaret, tome XII, page 97). Ces emplois furent remplis par les princes du sang et les plus grands seigneurs du royaume, par de graves magistrats, des curés même, des chanoines et les ecclésiastiques les plus respectables ; et ce fut là un des fruits qu'enfanta l'esprit de frivolité répandu par la scandaleuse reine Isabeau. Heureuse au moins la France, si elle n'avoit que ce reproche à lui faire !

Les Mémoires de l'académie des Belles-Lettres, tome VII, page 287, donnent la notice d'une *cour-d'amour*, dans laquelle on trouve les noms les plus illustres, même ceux des maisons de France, de Bourgogne et de Flandre.

Cependant la nation, qui avoit contracté le goût de ces questions subtiles de jurisprudence galante, le conserva encore long-temps. Martial d'Auvergne ayant publié des *arrêts d'amour* à l'imitation des arrêts anciens, ils eurent un succès incroyable ; et il se trouva même un jurisconsulte célèbre qui entreprit de les confirmer par l'autorité des lois ro-

maincs, par les décisions des pères de l'Eglise et par des
citations de poètes grecs et latins. Nos auteurs, pendant le
seizième siècle et une partie du dix-septième, s'exercèrent encore à l'envi sur des sujets pareils. Les anciens *Mercures* et
surtout les *Mercures extraordinaires* en étoient remplis : aussi
ce journal porta-t-il pendant long-temps le titre de *Mercure
galant.* Voyez *la Gazette galante du Mercure*, février 1678 ;
la Loterie galante du Mercure, mars, même année ; *l'Histoire
du cadran et de l'horloge d'amour*, avril, même année ; *l'Histoire de l'Ordre de la liberté des cœurs*, août, même année ;
Thèses galantes, février 1679 ; les *Armoiries d'amour*, jan-
vier 1680 ; *le Procès galant du Mercure*, avril 1681 ; *le Siège
galant du Mercure*, septembre, même année ; *les Stances
morales et galantes sur les sept péchés mortels*, juillet 1683 ;
la Carte du chemin d'amour, avril 1684, etc., etc.

Le poète dans son fabliau donne pour chef à sa cour
amoureuse le dieu lui-même.

(10. *S'offre à soutenir, les armes à la main, contre tout venant
la cause des clercs.*) Le défi du rossignol et le combat singulier
des deux oiseaux nous représentent cette sorte de duel qu'on
appeloit *duel à outrance*, parce qu'on s'y battoit à mort ; on
le nommoit aussi *combat judiciaire*, parce qu'il étoit autorisé
juridiquement. Cette manière si extraordinaire de décider
un procès s'employoit dans certains cas par les tribunaux,
lorsqu'ils manquoient de preuves ; et, d'après les principes du
temps qui en regardoient l'évènement comme le jugement de
Dieu même, cet évènement faisoit toujours sentence. Voici sur
cela quelques détails qui aideront à l'intelligence du conte.

Les procédures criminelles étant achevées et le champ de
bataille assigné par la cour du prince, les deux champions,
un crucifix en main, se présentoient dans la lice, conduits
par un parrain choisi pour cette cérémonie, couverts d'une
tunique de cuir ou de lin, à manches courtes, et armés selon

leur condition, c'est à-dire d'un bâton seulement et d'un
écu, s'ils étoient vilains; des armes ordinaires, s'ils étoient
chevaliers. Dans cet état on les faisoit monter sur un échafaud, où se trouvoient assis les juges et le maréchal du camp.
Là, après qu'un ecclésiastique leur avoit remontré les suites
terribles d'un faux serment, ils juroient à genoux sur le livre
des Evangiles et par trois fois différentes; l'un, que celui
qu'il avoit accusé étoit vraiment coupable du crime qu'il
lui imputoit; l'autre, que son accusateur étoit *un traître, un
déloyal*, etc., et qu'il *avoit menti par la gorge*. On leur faisoit
jurer aussi qu'ils ne portoient sur eux aucun sortilège, aucune
herbe ou enchantement; car on croyoit à tout cela, et on vouloit rendre le combat égal. Alors ils descendoient; le maréchal
jetoit le gant, qui étoit le gage de bataille; les hérauts crioient:
Faites votre devoir, et le duel commençoit.

Les préjugés du temps supposant, ainsi que je viens de le
dire, que Dieu devoit nécessairement faire triompher l'innocence, on regardoit en conséquence le vaincu comme coupable.
S'il étoit tué, son corps étoit traîné tout nu à la voirie, ou suspendu aux fourches patibulaires; on brisoit ses armes, et son
cheval avoit la queue coupée sur un fumier. S'il n'étoit que
blessé ou seulement forcé de se rendre, on le livroit au bourreau qui attendoit sous l'échafaud avec des cordes, et qui le
conduisoit à la potence. Enfin, si le roi lui faisoit grâce de la vie,
les hérauts et rois d'armes, après l'avoir saisi, le couchoient à
terre, lui ôtoient pièce à pièce toute son armure, et, le conduisant à reculons hors des lices, le remettoient au bourreau qui
le bannissoit du royaume et déclaroit sa postérité dégradée.

Pendant le combat, les spectateurs ne pouvoient, ni parler, ni cracher, ni faire aucun signe ou aucun bruit qui pût
avertir ou effrayer les combattants, sous peine pour les gentilshommes de perdre leur cheval, et pour les roturiers d'avoir
le poing ou l'oreille coupé. Les mineurs, les femmes, les

infirmes et les ecclésiastiques, hors d'état de combattre par
eux-mêmes, avoient la liberté de choisir un champion pour
défendre leur cause; et, afin de l'obliger à y mettre le plus
grand intérêt, ce champion subissoit, quand il étoit vaincu,
la même peine que s'il eût combattu pour lui-même. Dans
quelques villes on entretenoit des champions à gages, dont
l'emploi étoit de soutenir par le duel les prétentions de la
commune, et qui étoient pensionnés à cet effet. (*Recherches
sur les Bourgeoisies*, par Brequigny, page 14.)

Notre histoire offre plusieurs exemples célèbres de *duels
à outrance* non-seulement autorisés par l'aveu de nos rois,
mais encore honorés de leur présence. De ce nombre, et
le plus extraordinaire assurément, est celui qu'on place à
Montargis, et que les uns font ordonner par le roi Charles V,
les autres par Charles VIII, au sujet d'un assassinat. Le
chien du mort ayant, dit-on, par sa colère et ses attaques
réitérées, désigné comme l'assassin un certain gentilhomme,
celui-ci fut condamné à combattre l'animal en champ clos,
armé seulement d'un bâton et d'un écu; et, après avoir été
terrassé et obligé d'avouer qu'il étoit vraiment le coupable,
il périt par le gibet. Cette historiette qui se trouve répétée
sérieusement dans beaucoup de livres, n'est qu'une fiction
d'un de nos vieux romans, bien antérieure au temps où on
la place, puisqu'il en est parlé dans Albéric de Trois-Fon-
taines, écrivain du treizième siècle.

Pour contestation en matière civile, le combat avoit moins
d'appareil, et le vaincu alors n'étoit condamné qu'à une
amende. Dans la Coutume de Lorris, il y avoit sur cette
amende un usage particulier, qu'on prétend avoir eu lieu aussi
dans le bailliage d'Orléans. Tout créancier qui redemandoit
une somme sans pouvoir fournir la preuve de sa créance,
pouvoit exiger le combat. On se battoit à coups de poings.
Si le débiteur étoit vaincu, on le condamnoit à payer la

somme et en outre à une amende. Si c'étoit le créancier, il
perdoit sa créance, et de plus étoit amendé. Ainsi, dans
tous les cas, il y avoit une amende au profit du seigneur.
De là ce proverbe, qui subsiste encore, de *la Coutume de
Lorris où les battus paient l'amende.*

Quelquefois il est arrivé que, dans de grandes affaires
qui n'étoient pas criminelles, les juges embarrassés ont ordonné, comme dans le fabliau, un combat judiciaire. C'est
ainsi que, dans l'empire, on entreprit de décider une grande
question de jurisprudence, et qu'en Espagne fut déterminé
le choix qu'on devoit faire entre les liturgies romaine et
mozarabe, etc. Cette coutume absurde et barbare, digne
d'une noblesse qui, ne sachant pas lire et ne connoissant
que le droit de l'épée, formoit cependant partout les seuls
juges, régna pendant plusieurs siècles dans toute l'Europe.
On peut lire dans l'*Esprit des lois* son origine, les efforts
que fit saint Louis pour l'abolir, l'influence qu'elle a eue sur
notre point d'honneur d'aujourd'hui, etc.

Quelques villes comptoient parmi leurs privilèges celui
de faire décider par le combat leurs procès civils et crimi-
nels. En 1372, Charles V confirma encore ce droit singulier
en faveur des bourgeois de Clermont en Argonne, et,
en 1378, pour ceux d'Ervy en Champagne. (Bréquigny,
Rech. sur les Bourgeoisies, pages 13 et 14.)

Le fabliau du *Sacristain* qu'on lira plus bas offre un duel
entre vilains.

(11. *Gambison.*) Camisole faite de cuir ou de taffetas,
qu'on portoit par-dessous les armes. Elle étoit fortement
rembourrée, comme il a déjà été dit, de laine, d'étoupes
ou de crin, pour pouvoir rompre l'effort du coup de lance,
lequel, sans enfoncer ordinairement le haubert, pouvoit
cependant meurtrir le corps en faussant les mailles de fer
dont le haubert étoit composé.

––––––––––

DES CHANOINESSES

ET DES BERNARDINES,[1]

PAR JEAN DE CONDÉ.[2]

UNE nuit de mai que je m'étois couché le cœur joyeux et l'esprit échauffé des plaisirs d'amour, j'eus un rêve dans lequel je me crus transporté sous un pin touffu au milieu d'une grande forêt. Des milliers d'oiseaux y chantoient à l'envi ; mais soudain un perroquet qui arriva, fit taire la troupe. Il étoit le messager de Vénus, et venoit annoncer que le lendemain, au point du jour, le déesse-reine tiendroit en ce lieu sa cour de justice[3]. A cette nouvelle la joie éclata de toutes parts, les chants recommencèrent, et un trône fut dressé pour la souveraine d'amour.

Le soleil étoit à peine levé qu'elle parut, suivie d'une cour nombreuse. La terre sous ses pas s'embellissoit d'une herbe fleurie. Des fontaines couloient autour d'elle sur un gravier luisant, et les arbres voisins s'avançoient comme

pour la couronner de leur feuillage. Elle s'assit.
Tous les amants qui étoient à son service se
prosternèrent à l'instant pour l'adorer ; et ceux
qui venoient implorer sa justice et qui avoient
à se plaindre d'amour, s'avancèrent humblement au pied de son trône. [4]

La première fut une chanoinesse que plusieurs
gentilshommes et chevaliers, tout fiers de sa
connoissance, venoient d'amener là avec quelques-unes de ses compagnes. Sa robe propre,
et plissée avec grâce, étoit couverte d'un surplis
de fin lin, et blanc comme la neige, quoiqu'il
parût cependant avoir été un peu chiffonné
dans la route.

Elle parla ainsi : « Reine, daignez nous écou-
« ter, et recevez avec bonté les plaintes de su-
« jettes fidèles qui, jusqu'ici ardentes pour votre
« service, promettent encore à vos pieds d'avoir
« toujours le même zèle. Long-temps tout ce
« qui étoit noble s'est fait une gloire de nous
« aimer : rien ne leur coûtoit pour se procurer
« cet honneur ; et il étoit célébré par des tables-
« rondes [5], des fêtes et des tournois. Aujourd'hui
« les nonnes grises viennent nous enlever nos
« amis. Faciles et complaisantes, n'exigeant ni
« soins ni longs services, on a quelquefois la
« bassesse de nous les préférer. Nous vous de-
« mandons justice, grande reine ; punissez leur

« insolence; et que désormais elles ne puissent
« plus prétendre à ceux qui sont faits pour nous,
« et pour qui seules nous sommes faites. »

Vénus promit d'avoir égard à leur prière; cependant avant de condamner les bernardines,
elle crut devoir les entendre aussi, et leur permit de se justifier. L'une d'elles alors s'avança,
et avec une grâce et une douceur charmantes
prononça ce discours.

« Reine aimable et puissante, au service de
« qui nous nous sommes vouées pour la vie, et
« qui dans notre situation pouvez seule faire notre
« bonheur, je viens d'entendre les reproches de
« nos ennemies. Mais quoi! la nature (et j'at-
« teste ici votre aveu) ne nous a-t-elle donc pas
« formées aussi pour aimer? N'en est-il point
« parmi nous d'aussi belles, d'aussi jeunes et
« d'aussi *savoureuses* qu'elles? Notre cœur enfin
« est-il plus insensible? Leur habit est plus beau
« que le nôtre, j'en conviens; mais en récom-
« pense nous avons des égards, de la complai-
« sance, des soins qui valent bien peut-être une
« robe élégante. Elles nous accusent de leur
« enlever leurs amis. Eh! pourquoi ne pas con-
« venir que trop souvent la hauteur et la fierté
« les écartent? Attirés par notre douceur et notre
« modestie ils viennent à nous; voilà tout notre
« art et la violence que nous employons. En vain

« nous voulons les leur renvoyer; nous avons su
« leur plaire, ils reviennent bientôt : et même, si
« on les en croit, cette propreté si recherchée,
« et qui ne s'obtient guère à peu de frais, leur a
« plus d'une fois offert un amour qu'ils n'ont pas
« trouvé toujours aussi pur et aussi désintéressé
« que celui qu'ils sont sûrs de rencontrer auprès
« de nous. »

Ces dernières paroles piquèrent vivement les
chanoinesses. Une grande rumeur s'éleva parmi
elles, et leur visage rougit de colère. « Eh quoi!
« reprit leur avocate, ces servantes ajoutent l'in-
« sulte à l'insolence! Elles osent avouer qu'elles
« aiment aussi, et ont l'audace de se comparer
« à nous en agréments et en beauté! Certes, ce-
« lui-là doit bien rougir de son goût, qui court
« chercher leur peau nourrie sous la laine, leurs
« cottes grises et leur conversation simple et
« niaise! Sans leurs agaceries et leurs avances
« officieuses, quel est le grand seigneur, le che-
« valier, ou l'homme honorable qui songeroit à
« elles? Tel est leur secret, puisqu'il faut le ré-
« péter à la honte de l'amour, qui voit prostituer
« ainsi des biens qu'il fait toujours long-temps
« desirer aux vrais amants. Mes amies, vous avez
« vos moines et vos convers; que cela vous suf-
« fise. Aimez-les, faites-leur des présents, retran-
« chez même de votre pitance pour les nourrir;

« nous vous le permettons. On ne veut des gens
« de cette espèce, ni à Moûtier, ni à Nivelle, ni à
« Maubeuge, ni à Mons [6] : mais quant aux gen-
« tilshommes, encore une fois, pour qui nous
« sommes faites, quant aux chevaliers et aux
« chanoines, n'élevez point vos regards jusque-là,
« et songez à ne jamais passer vos bornes. »

Quelque outrageant que fût ce discours, l'orateur nonne n'en parut pas émue. Elle répondit
tranquillement que sa cause lui sembloit trop
bonne pour l'affoiblir par des injures qui ne
pourroient qu'indigner l'assemblée et choquer
le respect dû à la déesse; qu'Amour ne considère ni la noblesse ni les biens; qu'il se plaît
à réunir les conditions les plus opposées, et
que souvent sous ses habits pauvres, une villa-
geoise est plus aimée qu'une duchesse sous l'hermine. « Nos cottes grises de Cîteaux, ajouta-t-elle,
« ne valent pas, j'en conviens, vos manteaux
« doublés de vair [7] et vos robes traînantes. Mais
« aussi ce n'est point par là que nous nous com-
« parons à vous; c'est par le cœur, par le cœur
« qui seul doit plaire, et seul est recherché quand
« on aime ; et puisque nous n'avons sur cet objet
« aucun reproche à craindre de la déesse, nous
« la prions de vouloir bien aussi nous accorder
« *bénéfice d'amour.* »

A peine eut-elle fini de parler qu'un bruit

sourd s'éleva dans l'assemblée. Les sentiments
étoient partagés sur cette cause importante. Les
uns approuvoient l'ambition des chanoinesses ;
les autres, et en plus grand nombre, penchoient
pour les modestes bernardines. Vénus enfin se
leva sur son trône. Aussitôt se fit un grand silence, et telle fut la sentence qu'elle prononça.

« Vous qui venez chercher ici un jugement,
« vous savez quel est mon pouvoir sur tout ce
« qui respire. C'est moi qui fais aimer. Poissons,
« oiseaux, quadrupèdes, il n'est rien dans la na-
« ture à qui je n'inspire des desirs [8]. L'animal que
« je force à perpétuer son espèce ne suit, en obéis-
« sant à ma loi, qu'un pur instinct ; mais l'homme
« raisonnable doit faire un choix. Je les approuve
« tous. A mes yeux, le fils du pauvre et le fils du
« monarque sont égaux. On me plaît pourvu qu'on
« aime loyalement. Chanoinesses au surplis blanc,
« j'ai toujours chéri vos services. Vos atours, votre
« propreté, vos grâces et votre naissance vous atti-
« reront constamment des amis : conservez-les,
« mais ne chassez point de ma cour ces nonnes re-
« tirées qui me servent en secret avec tant de con-
« stance, et dont la contrainte austère rend le cœur
« si ardent pour moi. Vous êtes plus élégantes,
« quelquefois plus amusantes, j'en conviens ; mais
« souvent l'humble cheval du laboureur fournit
« une course de plus longue haleine que le pale-

« froi fringant du chevalier. Le paon charme nos
« yeux, son plumage éblouit; et cependant, vous
« le savez, c'est sa chair que l'on préfère [9]. A ma
« cour je veux que tout le monde puisse choisir,
« parce que je veux que tout le monde puisse
« trouver. Quant à vos amis, c'est de vous seules
« qu'il dépend de les conserver. Imitez vos ri-
« vales; soyez, comme elles, douces et complai-
« santes; et je vous réponds que vous n'aurez à
« craindre alors l'infidélité d'aucun. ».

Jean de Condé finit son fabliau par une longue explication allégorique. A propos d'une messe chantée par les oiseaux, de laquelle il sera parlé dans une note qu'on va lire,
il fait un commentaire sur la messe. Son repas d'amour est,
selon lui, l'emblème de la joie du ciel; enfin il compare la
dispute des nonnes et des chanoinesses à celle des disciples
de l'Évangile sur la place qu'ils vouloient occuper dans le
paradis, et à la parabole des ouvriers qui vinrent travailler
à la vigne. J'ai déjà prévenu sur cet alliage monstrueux de
volupté et de dévotion qu'on rencontre si souvent dans les
poètes de ce temps. Mais ce à quoi l'on ne s'attend guère,
c'est la raison qu'en donne celui-ci. Il le fait, dit-il, pour
avoir de quoi plaire à tout le monde, aux fous et aux sages.
Les uns, à ce qu'il prétend, y trouveront des instructions
auxquelles ils pourront réfléchir, et les autres, des choses
de leur goût dont ils s'amuseront.

NOTES.

(1. *Des bernardines.*) Il y a dans le texte *des nonnes grises*, mais dans le cours du conte elles sont nommées *nonnes de Citeaux*.

(2. *Jean de Condé.*) Je n'en sais pas davantage sur la personne de ce fablier que sur celle des autres, ses contemporains. Son nom même ne se trouve dans aucun des bibliographes qui parlent de nos poètes anciens, Fauchet, Duverdier, La Croix du Maine, etc. Mais dans le même manuscrit qui contenoit le fabliau j'ai rencontré de lui une pièce assez curieuse ; c'est une apologie des ménétriers, ou plutôt une satire violente contre les dominicains, qui en chaire avoient mal parlé de ces baladins chanteurs. Jean allègue, pour défendre ses camarades, deux raisons qu'il trouve invincibles, et qui paroîtront bien plaisantes ; l'une, que David jouoit de la harpe comme eux ; l'autre, que c'est à deux ménétriers que la Vierge fit présent de la sainte *Chandelle d'Arras* (cierge miraculeux qu'on dit dans le pays brûler toujours sans se consumer : il y a un livre imprimé sur les miracles de la sainte Chandelle, et aussi un poème dans lequel on se divertit aux dépens du miracle). Les raisons que l'auteur emploie à la suite de celles-ci sont meilleures, quoique après tout elles conviennent plus aux poètes mêmes qu'à ceux qui chantoient leurs ouvrages. « Ce sont les méné-
« triers, dit-il, qui reprennent les vices des grands, qui les
« exhortent à la vertu, et qui, par la voie du plaisir, les in-
« struisent de leurs devoirs ». Il se fâche aussi contre les franciscains, que, dans sa colère, il associe aux frères prêcheurs ; et après quelques invectives qui ne manquent pas de sel, il avertit les religieux de ces deux ordres de ne pas l'irriter, s'ils veulent eux-mêmes vivre en repos. « Au reste, je ne me

« cache pas, ajoute-t-il ; mon nom est Jean de Condé,
« poète, qui ai quelque réputation, qui déteste les hypo-
« crites, et qui, si vous le fâchez, peux long-temps vous
« en faire repentir. »

Il étoit du Hainaut, comme l'annonce le surnom de Condé
qu'il a pris du lieu de sa naissance ; et son style, qu'on ne
distingue en rien de celui des autres fabliers, prouve qu'on
parloit alors aussi bien le françois dans cette partie de la
Flandre que dans nos autres provinces. Je trouve aussi dans
un roman de *Hugues Capet*, manuscrit, qu'on parloit *roman*
à Nivelle, qui est du Brabant.

(3) Ce fabliau représente l'image d'une de ces cours de
justice que tenoient les princes et les seigneurs pour juger
leurs vassaux, comme le précédent représentoit une cour-
d'amour.

(4) Je supprime ici deux morceaux également absurdes
dans deux genres différents, et qu'on est tout surpris de
trouver après la description charmante du lieu où Vénus
tient sa cour. L'un est une grand'messe chantée par les oiseaux, le rossignol officiant ; avec un sermon sur l'amour,
que le perroquet prononce à l'offertoire, et après lequel il
donne l'absoute aux vrais amants. L'autre est un repas qui
suit la messe, repas allégorique et digne de faire le pendant de la *Carte de Tendre*. Le premier mets est d'œil-
lades, le second de sourires, le troisième de soucis et de
plaintes, etc. La boisson est jalousie qui renverse toutes les
têtes. Sur la fin du dîner heureusement, on sert un plat de
baisers dont chacun peut prendre tant qu'il veut, ce qui est
cause qu'on sort de table assez joyeux.

(5. *Etoit célébré par des tables-rondes.*) On nommoit ainsi
certaines fêtes accompagnées de tournois et qui finissoient
par un repas où les chevaliers étoient assis à une *table*,
qu'on faisoit *ronde* exprès pour éviter toute dispute sur les

préséances. Cette coutume venoit des Gaulois, qui l'avoient établie par le même motif (Du Cange , *Dissertation sur Joinville*). Nos romanciers attribuent au roi Artus l'invention de la *table-ronde*, ainsi que celles des joûtes et des tournois.

(6. *Ni à Moûtier, ni à Nivelle , ni à Maubeuge , ni à Mons.*) Ces quatre collèges nobles de chanoinesses étoient dans l'origine des monastères de filles, fondés tous quatre dans le septième siècle (*Gallia christiana*). En 953, un évêque de Cambrai , nommé Bruno, fils de l'empereur Henri, frère de l'empereur Othon, et oncle de Hugues Capet , ayant été nommé légat du Saint-Siège pour la suppression ou le rétablissement des couvents ruinés par les Normands , et trouvant la noblesse de ces cantons peu riche , imagina ces sortes de chapitres , afin de servir de retraite à des filles de condition. Elles jouissent d'une prébende et conservent la liberté de se marier. Le changement de Nivelle arriva vers 1059. Celui de Moûtier-sur-Sambre ne se fit qu'en 1282 ; et ceci prouveroit que notre poëte écrivoit sur la fin du treizième siècle, ou peut-être au commencement du quatorzième.

(7. *Vos manteaux doublés de vair.*) Le vair, fourrure la plus estimée alors après l'hermine, est la peau d'une espèce d'écureuil des pays froids, grise sur le dos, blanche sous le ventre. On lui avoit donné ce nom à cause de cette *variété*. Dans le blason l'on emploie les deux couleurs en les opposant l'une à l'autre pour faire le *vairé* et le *contrevairé*. Nos premiers présidents et présidents à mortier portoient des robes fourrées de vair. Le fabliau sembleroit faire entendre que les quatre chapitres nobles de chanoinesses avoient leur manteau doublé de même. Les choses ont changé. Maubeuge l'a depuis porté de drap noir, et Mons de drap noir doublé d'hermine. Il en est de même des bernardines qui aujourd'hui sont habillées en blanc, et qui dans le fabliau sont toujours nommées *nonnes grises ;* mais c'est que, dans

les ordres qu'alors on appeloit *blancs*, on portoit les habits avec la couleur naturelle de la laine, et par conséquent gris.

Guillaume-le-Breton, dans sa Philippide, dit que les peaux de vair se tiroient de Hongrie.

Et quas hùc mittit VARIAS *Hungaria pelles.*

(8. *C'est moi qui fais aimer.....*) Le début de ce discours ressemble à celui du poème de Lucrèce.

(9. *Le paon charme nos yeux, et cependant c'est sa chair que l'on préfère.*) On verra par plusieurs endroits des fabliaux que la chair de paon étoit alors un mets très estimé.

LE BACHELIER NORMAND.

L'autre année, quand Acre fut prise[1], arriva
en Normandie une aventure fort plaisante. Je
l'ai bien retenue, et vais vous la raconter.

Un bachelier[2] de ce pays,

Où maint gentilome mandie,

n'avoit pour dîner, un certain matin[3], qu'un
petit pain d'une maille. Afin que le pain pût
passer plus aisément, il alla au cabaret, et demanda du vin pour un denier[4]. Le tavernier,
qui étoit un homme grossier et bourru, après
avoir rempli la mesure au tonneau, vint présenter impoliment un hanap[5] au pauvre gentilhomme, et il y versa le vin avec tant de rudesse
qu'il en répandit la moitié. Pour comble d'insolence, il ajouta : « Vous allez devenir riche,
« sire bachelier, car vin répandu, c'est signe de
« bonheur. »

Se fâcher contre ce brutal c'eût été perdre
son temps : le Normand s'y prit avec plus d'a-
dresse. Il lui restoit encore une maille dans sa

bourse : il la donne au tavernier, et lui demande un morceau de fromage pour manger avec son pain. Celui-ci la prend d'assez mauvaise grâce, et monte au cellier chercher ce qu'on lui demande. Le bachelier, pendant ce temps, va au tonneau, en arrache le robinet et laisse couler le vin. L'autre, quand il redescend et qu'il voit son vin ruisseler sur le pavé, court vite boucher le tonneau, et revient en fureur sur le gentilhomme, qu'il saisit par le surcot pour le battre. Celui-ci, fort et vigoureux, jette le tavernier à la renverse sur ses barrils qu'il brise [6], et si des voisins ne fussent accourus pour les séparer, dans sa colère il l'eût tué.

Cependant l'affaire fut portée devant le roi. C'étoit le comte Henri de Champagne [7]. Le marchand parla le premier et demanda un dédommagement. Le prince, avant de condamner le bachelier, voulut savoir ce qu'il avoit à répondre. Celui-ci alors raconta son aventure dans la plus exacte vérité; puis en finissant il ajouta : « Sire, cet homme m'avoit dit que vin répandu « portoit bonheur, et que j'allois devenir riche, « moi à qui il n'en avoit fait perdre que la moitié d'une mesure. La reconnoissance m'a rendu « libéral, et pour l'enrichir plus que moi encore, je lui en ai répandu la moitié d'un tonneau. »

Tous les gens du roi applaudirent des mains
à ce bon mot. Jamais, selon eux, n'avoit été
ouïe en cour si bonne jonglerie; et pour marquer le contentement qu'ils en ressentoient,
tous allèrent se ranger autour du Normand[8].
Henri lui-même rioit aux larmes, et il renvoya
les parties en disant : « Ce qui est répandu est
« répandu. »

NOTES.

(1. *Quand Acre fut prise.*) Philippe-Auguste et Richard
Cœur-de-Lion prirent Acre en 1191. Le soudan Mélech-
séraf la reprit sur les chrétiens cent ans après. Ce sont les
deux seules époques qui pourroient convenir au temps de
ce fabliau.

(2. *Un bachelier de ce pays.*) On a vu plus haut dans les
notes qu'un bachelier étoit un chevalier pauvre.

(3. *N'avoit pour dîner, un certain matin.....*) On dînoit à
dix heures du matin, et l'on soupoit à cinq du soir; et véritablement cet usage est revenu, puisque le premier repas,
le déjeuner, celui qu'alors on nommoit dîner, a lieu maintenant presque partout, au moins dans les villes, de neuf
heures à onze, et le dîner, le souper d'autrefois, de cinq
heures à sept.

(4. *Un denier.*) Cette monnoie, aussi ancienne que la monarchie, fut d'argent fin sous la première et la seconde race.
Sous saint Louis et déjà même avant lui, elle étoit de
billon, et ne contenoit plus que six grains et demi d'argent.
(Le Blanc, *Traité des monnoies.*) La *maille*, qu'autrement
on nommoit *obole*, valoit la moitié du denier. Il n'y avoit
au-dessous que la demi-maille.

Dans la *Chronique de Saint Magloire*, Thibaut, comte de Champagne, pour exprimer le petit nombre de personnes auxquelles il ose se fier, dit qu'il rassasieroit tous ses amis avec un denier de pain.

(5. *Hanap.*) Espèce de coupe avec pied et oreilles. Il y en avoit de toutes sortes de matières et de différentes grandeurs. C'étoient les vases dont on se servoit à table pour boire. Quand le roi tenoit cour-plénière, son hanap appartenoit au grand-bouteiller. Dans les festins, les personnes qui mangeoient à *la même écuelle* n'avoient aussi que le même hanap.

(6. *Le renverse sur ses barrils qu'il brise.*) Ce que nous appelons bouteilles n'étoit point connu alors. Le vin se tiroit à la pièce, ou se conservoit dans des pots, dans des cruches, et même dans des peaux préparées. Ces vases se nommoient *boutiaux, bouchaux, bouties, boutilles*. Dans le fabliau, ils sont nommés *barrils*, et c'est ce que le cabaretier casse en tombant. L'officier qui avoit l'intendance de la boisson de nos rois se nommoit *grand-bouteiller*; et c'étoit un des cinq grands-officiers domestiques de leur maison. Il envoyoit tirer, pour sa table, du vin au même tonneau où l'on en tiroit pour le roi; et dans les grands jours de cérémonie, les tonneaux qui étoient entamés appartenoient à cet officier. (*Histoire des grands-officiers de la couronne*, par le père Anselme, tome VIII.)

(7. *L'affaire fut portée devant le roi. C'étoit le comte Henri de Champagne.*) Je ne connois point de duc de Normandie qui fût alors en même temps comte de Champagne, ni aucun qui, comme souverain de la première de ces deux provinces, ait porté le titre de *roi*. Quelques-uns, il est vrai, possédèrent en même temps l'Angleterre, mais il n'y avoit aucun roi anglois qui portât le nom de Henri en 1191 ni en 1291, c'est-à-dire *quand Acre fut prise*. Ainsi ces sortes de dates qu'em-

ploie ici le fablier pour donner à son conte un air de vérité
y paroissent mal employées.

(8. *Tous allèrent se ranger autour du Normand.*) J'ignore
ce que c'étoit que cette coutume d'aller se placer auprès
d'un orateur qui avoit bien parlé, ou d'un accusé qui s'étoit
bien défendu. Je ne trouve dans nos anciennes poésies que
ce seul exemple de cet usage. On voit chez les historiens
romains *Pedibus ire in sententiam.*

———————————

Imbert a mis en vers, et d'après Legrand, près de quatre-
vingts fabliaux. On aimera sans doute à voir quelques-uns
de ces mêmes sujets traités avec la simplicité parfois un peu
rude des anciens conteurs, et la recherche spirituelle, mais
souvent prétentieuse du poète du dix-huitième siècle. Je
donnerai dans le cours de cet ouvrage un petit nombre de
ces imitations d'Imbert : celle-ci, de peu d'étendue, n'est pas
une des moins agréables.   *R.*

———————————

LE BACHELIER NORMAND.

Un bachelier natif de Normandie,
Qui faisoit rire et qui ne rioit point,
Avec douceur souffrant la raillerie,
Mais, à la rendre exact au dernier point,
Arrive un jour dans une hôtellerie.
La soif le tourmentoit, sans parler de la faim.
Tristement à l'écart, il tenoit dans sa main
Sa bourse de cuir entr'ouverte,
Légère, hélas! solitaire prison!
Il venoit de jouer, avoit fait grosse perte;
Une pièce d'argent, petite encor, dit-on,
Tout à son aise, et sans rendre aucun son,
Rouloit au ventre creux de sa bourse déserte.

Suivant son lit, on se couche. A l'écart
Il mène l'hôte, et, modeste en son dire,
Demande un vin..... passable; on lui donne du pire.
De la bouteille il ne veut qu'un seul quart;
L'hôte, à ce mot, jugeant sur l'apparence
Que l'étranger est léger de finance,
Pour le servir prend un air de dédain,
Négligemment lui transvase son vin,
En perd moitié, puis d'un air d'insolence :
— L'ami, dit-il avec un ton railleur,
Vous allez à coup sûr nager dans l'abondance;
Vin répandu porte bonheur.
Que faire? se fâcher? L'hôte n'eût fait que rire.
Le Normand fit mieux. Sans mot dire,
Il l'écoute parler; puis, l'argent à la main,
Il lui demande un quartier de gros pain.
Tandis que l'hôte a gagné sa cuisine,
Vers le tonneau tout droit il s'achemine,
Tourne le robinet, et voilà que soudain
Tout nage dans des flots de vin.
A son retour, furieux du dommage,
L'hôte de jurer, de crier,
Puis de se plaindre au seigneur du village,
Qui mande aussi le bachelier.
Sire, dit celui-ci sans changer de visage,
L'hôte m'avoit dit qu'en ménage
Vin répandu portoit bonheur;
Si seulement un verre amène l'abondance,
Un plein tonneau versé doit à mon bienfaiteur
Valoir une fortune immense.
Ce que j'ai fait, je l'ai fait de bon cœur;
Et vous voyez, sire, ma récompense !
Le seigneur rit beaucoup. Absous et fort gaiment,
Le drôle part sans frais et sans inquiétude;
L'hôte en est pour son vin, et le malin Normand
L'accuse encor d'ingratitude.

———————

LA CULOTTE DES CORDELIERS.

Je vais vous conter une plaisante aventure
arrivée à Orléans lorsque j'y étois. Vous pouvez
en toute sûreté m'en croire, car je la sais de
source et j'en ai connu le héros.

Une Orléanoise avoit pour ami un clerc.
Quand une femme entreprend de jouer ce jeu-
là, elle doit être adroite et rusée; il faut qu'elle
sache mentir avec hardiesse, qu'elle ait un esprit fertile en expédients, et surtout qu'elle ne se
déconcerte jamais. Or, telle étoit au suprême degré notre bourgeoise, et jamais vous n'avez connu
plus fine commère. Son époux, au contraire,
nommé Michel, et marchand de son métier,
étoit un bonhomme.

Appelé de temps en temps, par son commerce,
aux foires ou aux marchés voisins, il eut besoin
d'aller à celui de Meun. Un sien cousin, nommé
Guillaume, devant y aller aussi, ils convinrent
de partir ensemble. Notre époux même promit
d'aller le prendre, et en conséquence il chargea

sa femme de l'éveiller au point du jour, et se coucha de bonne heure. Celle-ci, très aise de cette absence, comme vous pouvez croire, et résolue d'en profiter, voulut promptement se débarrasser de lui. Il étoit à peine dans son premier somme, qu'elle le réveilla brusquement : « Eh! vite, sire, levez-vous, nous avons trop « dormi, vous n'arriverez jamais à temps ». Le bonhomme, quoiqu'il fût encore resté au lit volontiers et qu'il sentît bien à ses yeux qu'il lui manquoit quelques heures, se leva néanmoins promptement, et partit.

Je n'ai pas besoin de vous dire maintenant que le clerc avoit été prévenu du départ, et vous vous doutez bien qu'il étoit là aux aguets pour entrer dès que l'autre seroit sorti. Au signal convenu, il se glissa furtivement dans la maison, où dans un instant il reçut plus de caresses et de baisers que le bon Michel n'en avoit reçu pendant tout le temps de son mariage. . . . . .

. . . .

Cependant le mari étoit arrivé à la porte du cousin. Il frappoit à coups redoublés pour le réveiller, et l'appeloit à tue-tête, jurant intérieurement après lui d'être obligé de l'attendre. « Mais vous êtes donc fou, répondit Guil- « laume par sa fenêtre, de vouloir vous mettre « en route à une pareille heure. Est-ce que vous

« rèvez, dites-moi ? Comment, morbleu, il n'est
« pas minuit ! — Quoi ! il n'est pas minuit ? Eh !
« ma femme m'a dit que nous partions trop tard
« et que nous n'arriverions jamais. — Votre
« femme s'est moquée de nous, cousin ; allez
« vous recoucher, croyez-moi, et dormez en-
« core quelques heures. »

Michel s'en revint donc chez lui, et appela
pour se faire ouvrir. « Ciel ! c'est mon mari,
« s'écria la femme ; vite, sortez, allez vous ca-
« cher quelque part, je trouverai des moyens
« de vous faire évader ». Le galant fit à la hâte
un paquet de ses hardes, et se sauva dans la
chambre voisine ; mais dans l'obscurité il ne s'a-
perçut point qu'il laissoit sa culotte. Le mari s'im-
patientoit à la porte et frappoit à tour de bras.
Enfin il fit un tel bruit que la domestique, s'étant
réveillée, vint lui ouvrir.

La femme, quand il entra, fit semblant de
dormir ; et lui, qui ne voulut point troubler
son sommeil, se déshabilla sans bruit et se coucha. Mais alors celle-ci, feignant de se réveiller avec effroi, et sautant hors du lit toute
nue, se mit à crier comme une forcenée : « Au
« secours ! au secours » ! En vain il crioit de son
côté : « Rassurez-vous, c'est moi. — Qui, vous ?
« je ne connois que mon mari, et il est actuel-
« lement en campagne. Vous êtes un malheu-

« reux. Sachez que je suis une honnête femme,
« et sortez bien vite, ou j'appelle tous les voi-
« sins ». Michel, à ce discours, ne se sentoit
pas de joie. « Oui, reprit-il tout transporté,
« oui, vous êtes une brave et loyale femme,
« je le vois bien, et plus je vous connois, plus
« je vous aime. Mais, belle amie, vous m'aviez
« éveillé trop tôt; il n'est pas encore minuit,
« et je viens me recoucher. »

Elle lui répondit avec un ton de douceur
charmant : « Ah! sire, excusez mon extrava-
« gance; j'aurois bien dû reconnoître votre
« voix, puisque je ne connois qu'elle; mais je
« ne vous attendois pas, et j'ai été, je vous
« l'avoue, si troublée de sentir quelqu'un à côté
« de moi.... Doux ami, me le pardonnerez-vous»?
A ces mots, elle s'approcha de lui pour l'em-
brasser. Je ne puis vous dire tout ce que l'innocent lui fit de caresses. Enfin il s'endormit
jusqu'à ce que la *guaite*, en cornant le jour[1],
l'ayant réveillé, il se leva pour partir. Mais,
obligé de s'habiller à tâtons, il fit un plaisant
quiproquo; car il prit sans s'en apercevoir la
culotte du clerc, et sortit ainsi.

L'autre, qui par ce départ se trouvoit libre
de pouvoir aussi se retirer, et qui avoit à craindre, s'il attendoit plus long-temps, d'être aperçu
des voisins, vint prendre congé de la dame, et

après quelques adieux des plus tendres[2], il chercha
sa culotte pour partir. « Que vois-je! s'écria-t-il,
« tout est perdu, nous sommes découverts; voilà
« les braies du vilain ». La dame, à ces paroles,
parut d'abord interdite; mais un instant de réflexion lui suffit pour se remettre, et elle assura
son ami qu'il pouvoit être tranquille sur l'évènement. Seulement elle lui demanda ce qui étoit
à sa ceinture[3] ; puis elle alla lui chercher d'autres culottes, l'embrassa tendrement et le fit
sortir.

Quelques moments après elle se rendit au couvent des franciscains, et, avec un ton de can-
deur et de naïveté auquel vous eussiez été pris
vous-même, dit au frère portier que, mariée
depuis plusieurs années, et, malgré tout son
desir, n'ayant pu encore avoir d'enfants, on l'a-
voit assurée que les braies de l'ordre séraphique
possédoient, par le don du ciel, une vertu capable de la faire concevoir si elles étoient mises
une nuit seulement à son chevet; en conséquence, elle venoit prier le frère que lui ou
quelqu'un des dignes pères voulût bien, par
charité, lui en prêter une. Cette demande, malgré l'air de bonne foi avec lequel elle paroissoit
faite, étoit véritablement si ridicule, que le moine
crut qu'on vouloit se moquer de lui. Cependant,
lorsqu'il vit qu'on l'accompagnoit de quelque

argent, il se laissa convaincre, et alla chercher une de ses braies.

Michel, pendant ce temps, étoit à Meun, où il faisoit ses achats. Le marché fini, il s'en vint dîner avec d'autres bourgeois et marchands de sa connoissance; mais le fâcheux de l'aventure fut quand il fallut payer, et que Michel, cherchant sa bourse, ne trouva à sa ceinture qu'une écritoire dans laquelle étoient un canif, une plume et le parchemin du clerc. Il entra dans une colère épouvantable. Cent fois il appela sa femme catin, et retourna tout de suite à Orléans pour se venger.

Dès qu'il fut entré chez lui : « Femme si pru-« de, dit-il avec des yeux enflammés, vous n'i-« gnorez pas pourquoi je reviens ». Elle ne parut nullement effrayée de ce début, et répondit en riant : « Oh! je m'en doute; mais puisque « vous avez fait l'étourderie de les emporter à « Meun, vous prendrez la peine, s'il vous plaît, « de les reporter aux cordeliers ». Alors elle lui répéta l'histoire qu'elle avoit fabriquée, son envie d'avoir un enfant, et sa dévotion aux braies de l'ordre de saint François, en un mot, tout ce qu'elle avoit été dire au frère portier.

La première idée de Michel fut de se défier de ces mauvaises excuses, qui ne paroissoient que trop clairement suggérées par la nécessité. Il

crut faire un coup de maître d'aller à l'instant
même au couvent vérifier le fait. Mais vous devinez ce qui arriva. Le moine, trompé le premier, avoua qu'une femme de bien, faite de
telle et telle manière, et fort dévote à saint
François et à son saint ordre, étoit venue avec
foi demander une des braies des bons pères, et
que lui-même, quelque indigne qu'il fût, avoit
prêté les siennes. « Ah! frère, s'écria le mari,
« quel service vous me rendez! Sans vous ma
« femme étoit morte; je la tuois. »

Il s'en retourna chez lui au comble de la joie,
fit cent mille excuses à sa moitié des soupçons
qu'il avoit conçus, et promit de lui faire oublier, à force d'attentions et de bons procédés, cette querelle injuste. Parvenue ainsi à maî-
triser la confiance de son mari, la dame jouit
long-temps de la liberté que lui acquit cette
aventure. Elle alla, vint, sortit, vit qui bon lui
sembla; jamais l'imbécille ne conçut une fois
seulement l'idée de s'en plaindre.

Recueil de Barbazan, tome III, page 169.

Se trouve dans les *Novelle di Fr. Sacchetti,*
Dans les *Novelle di Sabadino,*
Et dans les *Instructions du chevalier de la Tour à ses filles.*

Dans *l'Apologie pour Hérodote*, il y a le conte d'un cordelier qui, dans un cas pareil, laissa ses culottes, que la femme fit passer, dans l'esprit de son mari, pour des reliques.

Dans les *Nouveaux Contes à rire*, page 166, un homme trouve moyen de retirer les siennes qu'il avoit oubliées, et de les faire même baiser au mari.

Dans *Masuccio*, le moine vient les reprendre en procession.

Se trouve ainsi dans les *Facetiæ Poggii*, et autant que je peux me le rappeler, dans les *Lettres juives*.

Dans *Grécourt*, le mari, en prenant la culotte du frère, y trouve une somme en or que la femme avoit donnée à celui-ci pour l'engager à venir.

Dans *Vergier*, le galant est un riche Anglois, qui a de même beaucoup d'or dans sa culotte ; et ce dédommagement console le mari.

Outre ce conte, Vergier en a encore un autre où il suit la version de Grécourt.

En 1827, les journaux ont raconté une aventure de ce genre qui venoit d'arriver à Saint-Denis.

Dans *Apulée*, un mari, obligé de partir pour un voyage, charge son esclave Myrmex de veiller, pendant son absence, sur la conduite de sa femme. Le jeune Philésithère gagne Myrmex par argent, et obtient un rendez-vous de la dame qu'il aime. Pendant qu'il est au lit avec elle, l'époux arrive. L'amant saisit à la hâte ses vêtements et se sauve ; mais il oublie ses sandales. L'époux qui les trouve se croit trahi, et, pour punir son esclave qu'il soupçonne être complice, il le fait lier et conduire ainsi au marché. Philésithère les rencontre. Il arrête aussitôt l'esclave, l'accusant de lui avoir volé, la veille, ses sandales aux bains publics ; et par cette ruse adroite, il rend le calme au mari, lequel retourne chez lui, convaincu de l'innocence de sa femme. C'est peut-être ce conte qui a servi de canevas au fabliau.

NOTES.

(1. *La guaite, en cornant le jour, l'ayant réveillé.*) L'état de guerre habituel où l'on vivoit avoit fait imaginer de placer aux béfrois des villes et aux donjons des châteaux, une sentinelle, qui étoit chargée de faire le guet et de donner l'alarme quand il paroissoit des ennemis dans la campagne. Une autre fonction de ces *guaites* ou guetteurs étoit d'annoncer, avec un cornet, le point du jour et le lever du soleil pour appeler tout le monde au travail. Il sera fait mention d'eux dans plusieurs fabliaux. Il y a des villes en France où ils subsistent encore.

(2. *Après quelques adieux des plus tendres.*) On lit dans l'original :

> . . . . . Puis s'entrefont
> Le geu porçoi assanblé sont,
> Et quant il orent fet lor gieu,
> Si s'entrecommandent à Dieu.

Bizarre et monstrueux mélange de libertinage et de dévotion, dont les mœurs de ces temps-là nous donnent de nombreux exemples.

(3. *Lui demanda ce qui étoit à sa ceinture.*) Nous dirions aujourd'hui *ce qui étoit dans ses goussets*. Les culottes alors n'avoient point de poches; et quelquefois la ceinture, faite pour les soutenir sur les reins, n'y étoit pas adhérente comme aux nôtres, mais se passoit dans des trous pratiqués exprès. Outre cette ceinture, particulière aux hommes, les deux

sexes, qui portoient également des habits longs, en avoient
par-dessus la robe une autre à laquelle on suspendoit ses
clés, sa bourse, son couteau, et son écritoire quand on
étoit homme de loi. Chez la plupart des peuples anciens
(et c'est encore aujourd'hui l'usage chez les orientaux),
c'étoit dans la ceinture même que l'on mettoit son argent;
et de là cette expression usitée chez les Latins, *avoir perdu
sa ceinture*, pour signifier un homme qui est sans argent.

> *Ibit eo quo vis qui zonam perdidit.*
>
> HORAT. *Epist.* II, II.

Cette dernière ceinture, étant apparente, devint, pour les
femmes surtout, un objet de luxe. Elles en eurent de soie,
d'or et d'argent, et donnèrent lieu à ce proverbe, par lequel se soulageoit la jalousie des femmes du peuple, *bonne
renommée vaut mieux que ceinture dorée.* On raffina de même
sur la beauté des bourses, qui, selon leurs différentes formes
et grandeurs, prirent le nom de *bourselot*, de *goule*, d'au-
mônière, d'*escarcelle*. Les croisés et les pélerins ne manquoient pas, avant leur départ, d'aller faire bénir à l'église
leur escarcelle avec leur bourdon, et saint Louis fit cette
cérémonie à Saint-Denis.

La ceinture étoit une partie essentielle de la parure des
femmes, et nos poètes leur en donnent toujours une, quand
ils parlent de leurs habillements.

> De bele robbes vestue
> ceinture
> Avec aumoniere et corroie.

Dans les *pastourelles*, c'est un des présents qu'on promet
aux bergères, pour les engager à être complaisantes.

> Aurez corroie
> Cloée de soye, (*brodée en clous de soie*)
> Ouvrée d'argent.
>
> *Pastourelle du duc de Brabant.*

Dans une autre, le chevalier en promet une à deux tours ;
ailleurs c'est une ceinture à 50 boutons d'or qui est promise.

Lorsqu'un criminel étoit condamné à mort, l'or et l'argent
qu'on lui avoit trouvé en l'arrêtant appartenoient au prévôt
qui l'avoit fait saisir et juger. *S'il advenoit que aucun forface,
qui soit mis à exécution criminelle, le prévost, de son droit, a
l'or et l'argent de la ceinture au malfaicteur* (Bouteil. *Som. rur.).*
Dans les amendes honorables qui emportoient confiscation,
on n'avoit point de ceinture. Les veuves, quand elles re-
nonçoient à la succession de leurs maris, alloient déposer
la leur sur sa fosse. Enfin celui qui faisoit cession pour
dettes se dépouilloit de la sienne devant les juges. D'après
ce qu'on vient de lire, que la bourse étoit attachée à la
ceinture, il est aisé de comprendre qu'en quittant celle-ci,
on renonçoit à toute propriété. C'étoit pour se soumettre
en quelque sorte à cet usage que le duc de Bourgogne,
en 1367, ayant perdu à la paume 60 livres contre Guillaume
de Lyon, Gui de la Trémouille, et le duc de Bourbon, laissa
sa ceinture à ces messieurs, pour gage de cette somme. (*Etat
des officiers des ducs de Bourgogne.*)

Au reste, l'usage de suspendre sa bourse à la ceinture
a duré en France plus de neuf siècles, puisqu'il en est parlé
dans la *Vie de saint Eloi*, et que c'étoit ainsi que le cardinal de Lorraine portoit celle qu'il faisoit remplir tous les
matins, et dans laquelle il puisoit fastueusement, à pleines
mains, pour jeter aux pauvres. (Brantôme, *Dames galantes.*)

De cette coutume de porter ainsi sa bourse naquirent ces
expressions qui, aujourd'hui que les choses sont changées,
n'ont plus de sens dans la langue, *couper la bourse, fouiller
à l'escarcelle.* Cependant il paroîtroit par le fabliau qu'il y
avoit des gens qui portoient à la ceinture de leur culotte
ce que les autres portoient à la ceinture extérieure.

LE CHIEN ET LE SERPENT.

A Rome jadis vivoit un homme fort riche qui
étoit sénéchal de la ville, et qui avoit son palais
et sa tour contigus aux murs. Son épouse, dame
respectable d'ailleurs par sa naissance et sa vertu,
depuis neuf ans qu'ils étoient unis, ne lui avoit
pas encore donné d'héritiĕr. Elle paroissoit même
condamnée à la stérilité, et ce malheur les cha-
grinoit beaucoup. La dixième année enfin la
dame *vit lever sa ceinture*, et, après une gros-
sesse heureuse, elle accoucha d'un beau garçon
qui combla de joie et le père et toute la ville;
car si le mari étoit aimé pour sa loyauté, pour
sa justice et sa courtoisie, l'épouse ne l'étoit
pas moins pour sa piété charitable et sa douceur.
Ils ne s'occupèrent plus l'un et l'autre que de la
conservation de cet enfant chéri. Tous les soins
que sont capables d'imaginer des parents tendres, il les éprouva; et, outre la nourrice qui
l'allaitoit, deux autres femmes encore furent destinées pour lui seul.

Le sénéchal avoit chez lui un ours qu'il tenoit

LE CHIEN ET LE SERPENT.

J. M. Moreau le J.^e Del. 1801. Dacq. Sculp.

dans sa cour attaché au perron. Les Romains,
le jour de la Pentecôte, voulant se divertir, vinrent le prier de le leur prêter, pendant quelques
heures, pour le faire combattre contre des
chiens [1]. Il y consentit volontiers, et on emmena
l'animal. Le lieu destiné au combat étoit une
grande prairie le long du Tibre. Cardinaux, chevaliers, prêtres, bourgeois, femmes en beaux
bliauds, toute la ville enfin s'y rendit, les uns
amenant des chiens de chasse, les autres des
braques, ceux-ci des mâtins des rues, ceux-là de
gros chiens de bouchers. Le sénéchal lui-même,
pour amuser son épouse, l'y conduisit. Tous ses
domestiques y allèrent, et il ne resta absolument dans l'hôtel que les trois femmes et un
jeune chien charmant de douze à treize mois,
que son maître aimoit beaucoup, et qu'il avoit
enfermé avant de sortir, de peur que par attachement l'animal fidèle n'eût voulu le suivre
aussi.

Mais les femmes ne se virent pas plus tôt seules,
que l'ennui les prit. Ces aboiements, ce bruit,
ces cris de joie qu'elles entendoient tout près
d'elles, venoient les tourmenter. Elles ne purent
résister à la curiosité; et, après avoir couché et
endormi l'enfant, elles posèrent le berceau à terre
et montèrent toutes trois au haut de la tour
pour voir le combat. Hélas! elles ne prévoyoient

guère tout ce que cette négligence alloit leur
coûter de chagrins.

Un gros serpent qui habitoit une des crevasses
du mur sortit pendant ce temps de son trou, et,
pénétrant jusqu'à la salle, s'y glissa par la fenêtre. Il vit ce bel enfant plus blanc que la fleur
du lis, doucement assoupi, et s'avança pour le
dévorer. Le chien étoit couché sur le lit des
gouvernantes, mais il veilloit. A l'aspect du danger, il s'élance au-devant du berceau, se jette
sur le monstre qu'il attaque avec courage, et
bientôt tous deux sont couverts de sang. Dans
ce conflit le berceau se renverse, mais si heureusement, que l'enfant, sans avoir reçu aucun
mal et même sans se réveiller, s'en trouve tout-
à-fait couvert. Enfin, après de longs efforts, le
généreux petit animal vient à bout de saisir
adroitement son ennemi par la tête. Il la lui
écrase et le tue, puis il remonte sur le lit pour
veiller encore, car il voyoit bien qu'il ne lui
étoit pas possible de relever le berceau.

Quand le combat de l'ours fut fini et que les
spectateurs commencèrent à s'en retourner, les
trois femmes descendirent de la tour. A la vue
de ce berceau sanglant et renversé, elles crurent
que le chien avoit étranglé leur nourrisson; et
sans rien examiner, tant elles furent consternées,
sans oser attendre le retour des parents, sans

songer même à rien emporter de ce qui leur appartenoit, elles se sauvèrent à la hâte, dans le dessein de s'enfuir du pays. L'effroi les avoit tellement troublées, qu'elles prirent inconsidérément le chemin même par où revenoit la mère, et ce fut le premier objet que celle-ci rencontra.

Au désordre qu'annonçoit leur visage, elle les arrêta tout épouvantée. « Où allez-vous ? s'é- « cria-t-elle, qu'est-il arrivé? Mon enfant est-il « mort? Parlez, ne me cachez rien. » Elles se jetèrent à ses genoux pour implorer sa miséricorde, et lui avouèrent qu'ayant eu l'imprudence de quitter un moment son fils, le chien pendant ce temps l'avoit étranglé. La dame à ces mots tomba de cheval sans connoissance. Le sénéchal qui la suivoit arriva dans le moment : il la trouva pâle et mourante, et demanda quel accident avoit pu la réduire en cet état. A la voix de son mari elle ouvrit les yeux et s'écria : « Ah! sire, « vous allez partager mon désespoir. Ce que j'ai- « mois le plus après vous, ce fils que mes prières « avoient obtenu du ciel et qui faisoit votre « bonheur et le mien, il est mort : le chien que « vous élevez l'a dévoré. » Ces paroles frappèrent le père comme un coup de foudre; il ne répondit rien et machinalement courut à la chambre de son fils.

A peine eut-il ouvert la porte, que le chien

vint sauter à lui pour le lécher et le caresser.
Malgré la douleur de ses blessures, le bon animal lui exprimoit sa joie par mille cris touchants;
on eût dit qu'il étoit sensible au plaisir d'avoir
rendu un service à son maître, et qu'il regrettoit
de ne pouvoir parler pour lui raconter cette
douce et délicieuse aventure. Le sénéchal le regarde; il lui voit le museau ensanglanté, et dans
sa colère aveugle, trompé par ces signes appa-
rents du crime, il tire son épée et lui abat la
tête. Il va ensuite sur le lit des femmes déplorer
son malheur.

Mais, tandis qu'il se livre au désespoir, l'enfant
se réveille et pousse un cri. Le père s'élance pour
voler à son secours; il soulève le berceau, et
voit, ô douce surprise! son fils qu'il croyoit
mort et qui lui sourit. Il crie, il appelle : tout le
monde accourt. La mère transportée prend dans
ses bras l'enfant chéri et ne lui trouve ni blessure
ni coup. Des larmes de joie coulent alors de
tous les yeux. On cherche, on examine, on aperçoit enfin, dans un coin de la chambre, le corps
du serpent, dont la tête écrasée offroit l'empreinte du combat et le témoignage de la victoire du chien. Il ne fut pas difficile au sénéchal
de deviner quel étoit le sauveur de son fils bien
aimé. Hélas! pour récompense, il l'avoit tué de
sa main. Ses regrets furent inexprimables. Il

pleura long-temps sa faute, et se condamna, pour
l'expier, à la même pénitence que s'il eût été
coupable de la mort d'un homme.

———

Ce conte est imité des fables de Bidpaï (*voy.* tome III,
page 53, traduction de M. de Cardonne). Mais dans l'auteur
indien, au lieu d'un chien, c'est une belette qui tue le serpent; et je n'ai pas besoin de faire sentir à mes lecteurs quelle
différence d'intérêt produit le choix de l'un ou de l'autre animal. Comme on prend part au combat de ce chien fidèle
pour sauver le fils de son maître ! Quel plaisir on ressent de
le voir vainqueur ! Le moment où il remonte sur le lit, afin
de veiller encore, celui où il accourt témoigner au sénéchal
sa joie et son bonheur, sont de ces traits de sentiment, de ces
tableaux touchants qui vont droit à l'âme. Quand, pour prix
de son service, on lui voit abattre la tête, on a peine à retenir
ses larmes. Eh bien ! ce fabliau si naïf, si bien conté, si intéressant, je n'ai pas eu dix vers à en retrancher.

Qui croiroit qu'une fiction qui n'étoit faite que pour émouvoir les cœurs sensibles, s'est changée tout-à-coup en une
fable religieuse, en une superstition grossière ; et que ce
chien, à qui le conteur n'avoit pas même donné de nom,
est devenu, sous ceux de Ganelon et de Guinefort, un saint
fameux par ses miracles, et qui long-temps a été l'objet de
la vénération des peuples ! C'est cependant ce qu'assure
Etienne Bourbon (dominicain, mort en 1262) dans son traité
latin *sur les différentes matières de sermons, divisées selon les*
sept dons du Saint-Esprit, avec les causes, effets, raisons et
exemples pour édifier. (Scriptores ordinis prædicatorum,
tome Ier, page 193.)

Bourbon raconte que, prêchant et confessant dans le

diocèse de Lyon, plusieurs femmes vinrent à lui s'accuser d'avoir porté leurs enfants à saint Guinefort. Curieux de connoître quel étoit ce saint dont le culte devenoit un objet de confession, il fit des informations, examina et découvrit que c'étoit un chien. Voici, selon lui, comment arriva l'évènement.

« Ce chien appartenoit au seigneur de Villar. Un jour que
« ce gentilhomme étoit sorti avec sa femme, la nourrice qui
« allaitoit leur fils ayant quitté un instant son nourrisson, un
« serpent entre dans la chambre pour le dévorer. Le chien
« l'attaque et le tue. La nourrice, à son retour, croit l'enfant
« étranglé. A ses cris, le père et la mère accourent; et ce-
« lui-ci, sans rien examiner, tue son chien. Mais bientôt,
« convaincu de son injustice, il jette par reconnoissance
« l'animal dans un puits, qui étoit devant la porte du châ-
« teau : il le couvre de pierres; et, pour éterniser sa mé-
« moire, fait planter un arbre auprès de ce monument. »

Telle est, en abrégé, la narration de Bourbon: c'est la même absolument dans tous ses détails que celle de notre fabliau, à la différence près de ce tombeau bizarre dans un puits, et du lieu de la scène placé dans le Lyonnois.

« Peu de temps après, continue l'auteur, le château ayant
« été détruit de fond en comble, le lieu devint désert; mais
« les paysans des environs, instruits de l'aventure et de la
« mort malheureuse du chien, l'honorèrent comme martyr,
« sous le nom de saint Guinefort, et *séduits par le diable*, ils
« vinrent à son tombeau l'invoquer dans leurs infortunes et
« leurs infirmités.

« Les femmes surtout y apportoient leurs enfants quand
« ils étoient malades. Elles s'y faisoient conduire par une
« vieille sorcière qui habitoit à une lieue de là, et qui étoit
« habile dans l'art d'évoquer les démons. D'abord la mère et
« la sorcière offroient à Guinefort du sel ou quelque autre

« don ; et toutes deux enfonçoient des aiguilles dans les
« arbres du lieu. Puis, après avoir dépouillé l'enfant et
« posé ses drapeaux sur les buissons voisins, elles se le je-
« toient l'une à l'autre, en le faisant ainsi passer entre deux
« arbres. Pendant ce temps, elles invoquoient les démons et
« surtout *les faunes de la forêt Rimite*, qu'elles conjuroient
« de prendre cet enfant malade qui leur appartenoit, et de
« leur rendre le leur qui naguère étoit sain et bien por-
« tant. L'enfant, après cet exercice meurtrier, étoit posé nu
« au pied d'un arbre, sur la paille de son berceau. Les deux
« femmes alors allumoient deux cierges, gros comme le pouce,
« qu'elles posoient, à sa tête et à ses pieds, sur une des bran-
« ches de l'arbre. Puis elles se retiroient, ne s'arrêtant et ne
« cessant de marcher que quand elles ne pouvoient plus le
« voir ni entendre ses cris. Lorsque les cierges étoient con-
« sumés, elles se rapprochoient. Mais souvent il arrivoit
« qu'en tombant, ils mettoient le feu à la paille, et l'enfant
« alors se trouvoit brûlé. J'ai même ouï dire à une mère
« que, tandis qu'elles se retiroient en invoquant les faunes,
« un loup sorti de la forêt, ou plutôt *le diable déguisé en*
« *loup* étoit accouru et auroit infailliblement dévoré son
« fils, si elle n'étoit venue au secours.

   « Enfin, quand les femmes, à leur retour, retrouvoient
« l'enfant vivant, elles le portoient à un ruisseau voisin,
« nommé Chalarone, et là elles le plongeoient dans l'eau
« neuf fois de suite. Peu étoient capables de résister à tant
« d'épreuves meurtrières, et ordinairement ils périssoient à
« l'endroit même ou peu d'heures après.

   « Je me suis rendu sur le lieu, continue le dominicain; j'y
« ai assemblé le peuple, et prêché contre cette superstition.
« Par mon ordre, on a détruit le bois, on a exhumé le mort,
« on a brûlé ses os, et le seigneur a rendu une ordonnance
« par laquelle il étoit défendu de venir là pour pareil motif,

« sous peine d'une confiscation générale de tous ses biens. »

Que répondre à un homme qui vous dit: *J'ai vu, j'ai en-*
tendu, j'ai fait? Mais, d'un autre côté, que penser de ces mères
qui, étouffant la nature, deviennent barbares pour leurs
propres enfants? Que penser de ce saint, de ces démons,
de ces faunes invoqués ensemble? de toute cette histoire
invraisemblable, fondée sur un fabliau? Il en coûte de soupçonner de mensonge et de supercherie un religieux; mais
aussi celui-ci raconte des choses si peu croyables! Et d'ailleurs ces temps de barbarie offrent tant d'écrivains, de
chroniqueurs, de moines légendaires qui se vantent d'avoir
vu ce que réellement ils n'ont pu voir!

Je ne sais quel autre auteur a fait de notre conte une
histoire de saint, assez semblable à celle qu'on vient de
lire. Celui-ci en diffère seulement en ce qu'il place l'aventure en Auvergne, sous le règne de Louis-le-Débonnaire, et
qu'il fait périr le chien dans le combat avec le serpent, au lieu
de le faire tuer par son maître. Ce chien, selon lui, s'appeloit
Ganelon (Ganelon est un personnage des romans de Charlemagne, très célèbre par sa méchanceté). Son maître, par
reconnoissance, lui fait élever un tombeau près d'une fontaine. Deux ou trois siècles ayant aboli la mémoire de l'évé-
nement, et la fontaine s'étant trouvée médicinale, les guérisons qu'opérèrent ses eaux furent attribuées à la vertu
du tombeau, et l'on y bâtit, sous l'invocation de saint Ganelon, une chapelle que long-temps la dévotion et le con-
cours des peuples rendit célèbre. Enfin un évêque, après
bien des recherches, découvre dans les archives du château
l'anecdote du chien, et il abolit la superstition.

Cette dernière histoire se trouve citée dans un ouvrage
imprimé en 1713, sur *la vénération rendue aux reliques des*
saints selon l'esprit de l'Eglise, et purgée de toute superstition
populaire. En 1714, les *Mémoires de Trévoux* ayant rendu

compte du livre, ils citèrent l'histoire de Ganelon ; et depuis, le P. Feijoo, bénédictin espagnol, l'a rapportée *d'après les Mémoires de Trévoux*, dans son *Théâtre critique des erreurs communes.*

L'anecdote de saint Ganelon me paroît, à dire le vrai, aussi apocryphe que celle de saint Guinefort, puisque l'une et l'autre n'ont pour fondement qu'un conte ; cependant il faut convenir que, si, dans le chien du Lyonnois, tout est invraisemblable, la fortune du chien d'Auvergne a quelque probabilité, et que, cru l'auteur de ces guérisons produites par les eaux médicinales, il a pu devenir célèbre. Au reste, si quelques-uns de mes lecteurs vouloient croire à l'authenticité des deux histoires, ce seroit pour eux un grand sujet d'étonnement et de réflexions que ce conte de la belette, imaginé dans l'Inde par Bidpaï, et qui, devenu en France le fabliau du chien, y produit deux saints et y forme l'objet d'un culte public.

Notre fabliau se trouve dans le recueil de *Sansovino*, ix journée.

Dans les *Facétieuses Journées*, page 287.

Dans les *Fables traduites librement de l'anglois.*

Nota. Ces fables ont été annoncées dans quelques journaux ; et c'est là que j'ai trouvé citée celle du Chien et du Serpent. Mais on assure que le livre n'existe pas, et que les journalistes qui en ont parlé ont été induits en erreur par l'auteur qui leur avoit apporté un prétendu extrait qu'ils ont adopté sans examen, d'après son témoignage.

Ce fabliau a été mis en vers par M. Imbert.

Le Journal de Paris, 26 octobre 1786, donne l'histoire d'un interprète grec à Constantinople, dont la maison étoit devenue la proie des flammes, et dont le fils fut sauvé de l'incendie par un chien qui l'emporta dans sa gueule. Cet homme, dit l'auteur cité par le journaliste, tua son chien en reconnoissance de ce bienfait, et le fit manger par ses amis, prétendant qu'un pareil animal ne devoit pas être, à sa mort, la proie des vers.

(1. *Le sénéchal avoit chez lui un ours..... Les Romains vinrent le prier de le leur prêter pour le faire combattre contre des chiens.*) Les combats d'animaux étoient un des spectacles que les rois donnoient quelquefois au peuple lors de leur couronnement ou les jours de grandes fêtes. On voit par plusieurs romans que cet amusement faisoit souvent partie des divertissements de noce; et un pareil genre de plaisir convenoit à une noblesse dont l'unique goût étoit la chasse et la guerre. Il y a encore à Paris de ces combats pour le peuple, à certaines fêtes de l'année.

DU ROI ALEXANDRE

ET DU SEGRETAIN.

Ce conte fait partie du Castoiement.

SOCRATE fut un homme riche et un philosophe estimé; cependant il quitta le monde, se retira dans un lieu solitaire, au fond d'une belle forêt, et y fit sa maison d'un tonneau. Il le tournoit comme mieux lui convenoit pour s'y mettre à l'abri du vent, de la pluie, et recevoir les influences du soleil. Le roi Alexandre étant un jour à chasser de ce côté, ses chasseurs rencontrèrent le Segretain (Socrate),

> El tonel où s'espooilloit.
> Envers le tonel s'eschaufoit.

Ils furent très surpris à sa vue, et comme en s'arrêtant devant lui ils lui cachèrent le soleil, Socrate leur dit :

> . . . . Ne me tolez
> Ce que doner ne me poez.

Mécontents de cette hardiesse, ils le voulurent battre, et surtout le chasser loin de son tonneau, afin que leur maître n'aperçût point une si vile créature. Socrate leur répondit qu'il ne s'en iroit pas, qu'il ne craignoit pas leur roi, et qu'il étoit plus puissant que lui. « Il est serf de celui qui me « sert; vous lui croyez une grande puissance, et « il ne me peut rien commander. » Ils vouloient tuer cet insolent discoureur, quand Alexandre arriva et demanda le sujet de la dispute.

> Li venéor li ont conté
> Com faitement il ot parlé.

Alexandre voulut l'entendre, et voir s'il parleroit avec même assurance. Socrate lui dit : « Tu « sers celui à qui tu pourrois commander. Vo- « lonté m'est soumise; j'en suis le maître, et toi « tu la sers : tu es donc moindre que moi, quoi- « que la multitude t'appelle roi. Tu t'es beaucoup « tourmenté pour devenir puissant sur la terre, « mais qu'est cette puissance qui te rend si re- « doutable? que vaudra-t-elle quand tu n'y seras « plus? et peux-tu être sûr de vivre encore de- « main ? » Alexandre charmé dit à ceux qui l'accompagnoient :

> Cist hom est de Dieu voirement,
> Molt par paroles sagement.
> Ne li faites nule grevance
> Que Diex en penroit sa venjance.

Il peut nous sembler étrange que même un écrivain de ces sortes d'historiettes ait pu être d'une ignorance assez grossière pour mettre Socrate en présence d'Alexandre, et lui attribuer une situation et un mot si bien connus pour être de Diogène ; mais n'étoit-ce pas au moins autant insouciance de toute exactitude historique ? et ne peut-on pas croire que ce narrateur n'avoit ni l'idée ni le desir de cette exactitude ? Si tout autre nom ancien lui étoit venu sous la plume, il est probable que sa plume l'auroit écrit.

Recueil de Barbazan, tome ii, page 171.

NOTE POUR LE LAI D'HIPPOCRATE.

LES FAITS MERVEILLEUX DE VIRGILLE.

Cette espèce de roman de sorcellerie où l'on fait naître le fameux magicien Virgile de la fille d'un des sénateurs de Rome contemporains de Romulus, n'a point, pour être introduit même par extrait dans ce recueil, l'excuse de l'intérêt bizarre du sujet, ou au moins la manière ingénieuse dont ces absurdités seroient présentées. On en fait ici mention uniquement pour la particularité de l'enlèvement de Virgile hissé en l'air dans un panier, et laissé exposé à la risée publique, comme dans le lai d'*Hippocrate*, qui est en ce même volume, et d'après lequel cet incident paroît avoir été imité.

Cette vie merveilleuse de Virgile a été imprimée deux fois à Paris, dans le seizième siècle, sans date. Il y en a aussi deux éditions du même siècle, en langue angloise, l'une faite à Londres, et dont le seul exemplaire connu et existant au *British Museum* est trop imparfait pour laisser connoître avec quelque certitude le nom de son imprimeur. L'autre, imprimée à Anvers, par Jean Doesborcke, sans date, a été reproduite à Londres, en 1812, par les soins de M. Utterson, seulement au nombre de cinquante exemplaires que cet amateur a distribués en présents, et de l'un desquels je lui ai l'obligation.

Dans le *Miroir du monde*, par Gautier de Metz, imprimé en françois dans le quinzième siècle, ainsi que par Caxton, traduit en anglois, *Myrroure of the Worlde*, se trouve aussi cette vie de Virgile avec quelques variations dans ses tours de sorcellerie et dans les circonstances de sa mort. Ces divers récits paroissent ne pas être antérieurs au quatorzième siècle; et même on n'en connoît pas de manuscrits qui puissent les faire remonter avec certitude jusque vers ce temps-là. Le lai d'Hippocrate, au contraire, est certainement du treizième siècle tout au moins, et c'est ce conte qui aura fourni le sujet du philosophe hissé en l'air, que l'on voit sculpté sur l'un des chapiteaux de l'église de Saint-Pierre, à Caen, dont la construction date aussi du treizième siècle. On sait qu'un autre de ces chapiteaux, pareillement dans la nef de la même église, représente le sujet du lai d'Aristote. Le philosophe à quatre pattes y sert de monture à une femme qui, dans cette grossière sculpture, est nue, comme dans l'estampe qu'en a gravée Sadeler.

Ces deux sujets figuroient ainsi dans Notre-Dame de Rouen, sculptés sur la menuiserie des stalles du chœur, depuis quelque temps supprimées.   *R.*

CHOIX

ET

EXTRAITS

D'ANCIENS FABLIAUX.

CHOIX

ET

EXTRAITS

D'ANCIENS FABLIAUX

DU XIIᵉ ET DU XIIIᵉ SIÈCLE.

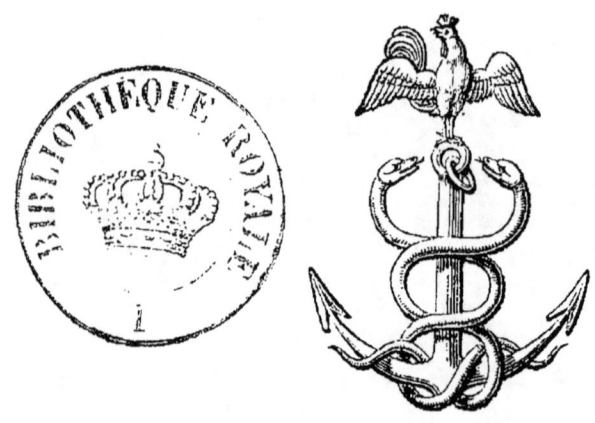

PARIS.

DE L'IMPRIMERIE DE PAUL. RENOUARD,

RUE GARENCIÈRE, Nº 5.

M DCCC XXIX.

CHOIX

ET

EXTRAITS

D'ANCIENS FABLIAUX.

~~~~~~

DO CHEVALIER A L'ESPÉE.

Cil qui aime desduit et joie
Viegne avant, si entende et oie
Une aventure qui avint
Au bon Chevalier qui maintint
Loiauté, proece et anor,
Et qui n'ama onques nul jor
Home coart, fax ne vilain :
Je cont de mon saignor Gauvain
Qui tant par ert bien ensaigniez,
Et qui fu des armes prisiez
Que nus reconter ne sauroit.
Qui se bones teches voudroit
Totes retrere et metre en brief,
Il n'en vendroit onques à chief.
Se je n'es puis totes retrere,
Por ce ne me doi-je pas tere
Que je ne die : totes voies
L'en ne doit Crestien de Troies,
Ce m'est vis, par raison blasmer,
Qui sot dou Roi Artu conter,
De sa Cort et de sa mesniée
Qui tant fu loée et prisiée,
Et qui les fez des autres conte,
Et onques de lui ne tient conte :
Trop ert preudon à oblier ;
Por ce me plest à reconter
Une aventure tot premier
Qui avint au bon Chevalier.
    Li Rois Artus, en un esté,

Estoit à Cardoil sa cité,
O lui la Roïne et Gauvain,
Keu lo Senechal et Yvain,
Et des autres vingt solement.
A Gauvain prist tot jors talent
D'aler desduire et déporter.
Lors fist son cheval aprester,
Cortoisement s'aparrella,
Uns esperons à or chauça
Sor unes chauces decopées
De drap de soie bien ouvrées.
Si ot unes braies chauciées
Moult très blanches et moult dougiées,
Et chemise gascorte et léc,
De lin menuement ridée,
Et un mantel vair afublé.
Moult richement fu atorné,
Puis s'en est de la ville issu.
Tot lo droit chemin a tenu
Tant que en la forest entra.
Lou chant des oisiax escouta
Qui moult chantoient doucement.
Tant i entendi longuement,
Por ce qu'il en oï plenté,
Que il entra en un pensé
D'une aventure qu'il savoit
Qui avenue li estoit.
Tant longuement i demora
Qu'en la forest se desvoia
Et qu'il i perdi son chemin :
Li solax torna à declin,
Si commença à porpenser,
Et il prenoit à avesprer,

Quant de cel penser fu issu ;
Mès onques ne sot où il fu.
Lors cuida retorner arriere,
Puis entra en une charriere
Qui toz jorz avant lou mena ,
Et il plus toz jorz annita,
Et que il ne sot où aler.
Il commença à esgarder
Devant lui, aval une voie
Parmi une clere fustoie ,
Si vit un grant feu alumé.
Cele part est son pas alé,
Car il quida que il trovast
Aucun home qui l'avoiast ,
Ou boscheron ou charbonier.
Lors vit lez lou feu un destrier
Qui fu à un arbre aresnez :
Il est desci au feu alez ,
Si vit un Chevalier séant.
Salué l'a de maintenant.
Cil Diex, fet-il, qui lo mont fist
Et les ames és cors nos mist,
Vos doint, biax Sire, en lui grant part !
Amis , fait-il , et Diex vos gart,
Car me dites d'où vos venez
Qui a tele eure seus alez.
Et Gauvain li a tot conté
De chief en chief la vérité,
Comment il en desduit ala ,
Et puis comment il esgara
En la forest, por un pensé
O il se fut trop oblié ,
Si que il en perdi sa voie :
Et li Chevaliers li otroie
Qu'il lou remetra lou matin
Moult volentiers en son chemin,
Ne mès qu'o li se demorast
Et conpaignie li portast
Tant que cele nuit fust passée.
Ceste proiere est créantée,
Jus mist sa lance et son escu,
De son cheval est descendu,
Sou lia à un aubrisel
Et s'escovri de son mantel,
Puis s'est delez lou feu assis.
Li uns dax a à l'autre enquis
Comment il ont lou jor erré ,
Et Gauvain li a tot conté,

C'onques mentir ne li daigna :
Et li Chevaliers li fausa,
Onques mot de voir ne li dist :
Assez orroiz por coi lo fist.
   Quant il orent assez vellié
Et de plusors choses plaidié,
Tez lo feu se sont endormi.
A l'ajornement s'esperi
Messire Gauvain tot premier,
Puis esvella lo Chevalier.
Ma meson de ci est moult près,
Deux liues i a, et non mès,
Si vos pri que vos i venez ,
Et sachiez que vos i aurez
Ostel moult bel et volentiers.
Lors monteront sor lor destriers,
Lor escuz et lor lances pristrent,
Et lor espées, si se mistrent
Tantost en un chemin ferré.
N'orent mie granment erré
Quant de la forest sont issu ,
Et au plain païs sont venu.
Li Chevaliers l'araisona ,
Sire , fet-il , entendez cà.
Toz jorz est costume et usage,
S'uns Chevaliers cortois et sage
Enmoinne un autre aveques lui,
Que il envoie, devant lui,
Fere son ostel atorner ,
Que il i porroit tost trover,
Qui lor venue ne sauroit ,
Tel chose qui li desplairoit;
Et je n'ai cui g'i envoi,
Ce véez bien , ne mès moi;
Si vos pri qu'il ne vos desplaise.
Venez belement à vostre aise,
Et je irai grant oirre devant.
Lez un plesséiz ça avant
Est un val , verrez ma meson.
Gauvain set bien que c'est raison
Et afaitement que il dit,
Por ce se mist o pas petit,
Et cil s'en va grand aléure.
Messire Gauvain à droiture
A quatre pastoriax trovez
Delez lo chemin arestez ;
Saluez les a doucement,
El non Dieu son salu li rent,

Trespassa les , ne lor dist plus.
Ahi! fet li uns , tant mar fus
Biax Chevaliers genz et adrois ;
Certes il ne fust mie drois
Que fussiez bleciez ne laidiz.
Gauvain en fu toz esbahiz
Qui les paroles bien entent;
De ce se mervella forment
Par quel raison il lo plaignoient
Quant il de rien nel' conoissoient.
 Vistement à ax retorna ,
Tot de rechief les salua ,
Docement lor a demandé
Que il li dient la vérité
Por coi il ont dit que mar fu;
Et li uns li a respondu :
Sire, dist-il, pitié avon
De ce que seuré vos veon:
Ce chevalier qui là devant
S'en va sor cel cheval ferrant,
Moult en a véant nos mené,
Mès nus qui en soit retorné
N'avons-nos pas encor véu.
Et Gauvain dist, amis, sez-tu
Se il lor fet rien, se bien non ?
Sire, par cest païs dist-l'on
C'ome quil' contredit de rien,
Que que ce soit, o mal, o bien ,
En son ostel lo fet ocire :
Nos nel' savons que d'oïr dire ,
Car onques encore ne vit
Nus hon qui delà revenist ;
Et, se nos croire vos volez,
Jà avant plain pié no sivrez,
Se vos avez vostre cors chier :
Tant par iestes biax Chevalier ,
Que domache iert , s'il vost ocist.
Et messire Gauvain lor dit :
Pastorel, à Dieu vos conmant,
Ne voil , por lou dit d'un enfant,
Leissier l' oirre de son païs :
S'il fust séu en son païs
Que il l'éust por tant lessié,
A toz jorz li fust reprochié.
 L'anbléure de son cheval
Erra pensant de ci al val
Que cil ensaiguié li avoit.
Delez un grand plesséiz voit

Sor une mote un bel chastel
Qui estoit fermez de novel :
Lou fossé voit lé et parfont,
E el baille devant lo pont
Avoit moult riche herberjage.
Onques Gauvain en son aage
Nus plus riche n'ot mès véu,
Se à Prince o à Roi ne fu ;
Mès je ne me voil demorer
Au herberjage deviser,
Mès que moult estoit biax et riches.
Il est venuz desci qu'as lices ,
Ainz est parmi la porte entré,
Et a lou baille trespassé ,
Et est au chief do pont venu.
Encontre lui est acouru
Li Sires qui fait grant sanblant
Qu'il soit de son venir joiant.
 Les armes reçut un vaslet ,
Uns autres prist lou gringalet,
Li tiers les esperrons li oste :
Lors l'a par la main pris son oste,
Si l'a lo pont amont mené ,
Et ont un moult biau feu trové
En la sale devant la tor,
Et moult riche séoir entor,
Covert d'une porpre de soie.
A une part, que il lo voie,
Li ont son cheval establé ,
Et si li a-l'en aporté
A grant plenté avoinne et fain.
De tot lo mercia Gauvain,
Que de riens no voust contredire.
Li ostes li a dit : biax sire ,
L'en atorne vostre disner,
Et sachiez que de l'apprester
Se hastent forment li serjant ;
Or vos deduisiez à itant,
Soiez toz liez et à vostre aise :
Se rien i a qui vos desplaise,
Si lou dites séurement.
Gauvain dist que à son talent
Est l'ostel do tot atorné.
Li sire est en la chambre entré
Por une soe fille querre ,
Qu'il n'ot entre tote la terre
Damoiselle de sa valor.
Je ne vos porroie, à nul jor,

La biauté tote ne demie
Don ele estoit plainne et garnie ;
Ne je ne la voil trespasser,
Si la voil à briés moz conter.
Quanc'onques nature sot fere
Qui à cors d'ome déust plere,
De cortoisie et de biauté,
Ot tot entor li asanblé.
Li ostes qui n'ert pas vilain,
L'a prise par la destre main,
Si l'a en la sale amenée.
Et Gauvain qui l'a esgardée
La grant biauté qui ert en li,
A bien pou qu'il ne s'esbahi,
Et neporquant si sailli sus.
La damoiselle encore plus,
Quant ele ot Gauvain esgardé,
S'esbaï de sa grant biauté
Et de son grant afaitement ;
Et neporcant cortoisement
Et à briez moz la salua.
Tantost par la main li bailla
Tantost à mon saignor Gauvain,
Se li a dit, je vos amain
Ma fille, qu'il ne vos anuit,
Car je n'ai nul plus bel desduit
A vos déduire et deporter :
Ele vos saura bien porter,
S'ele vialt, bele conpaignie.
Je voil qu'il no desvoille mie ;
Tant a en vos sens et valor
Que s'el vos amoit par amor,
Jà n'en auroit se anor nou.
Endroit moi vos en fais un don,
Que jà de vos n'iere jalous,
Ainçois li coumant oiant vos
Que jà de rien ne vos desdie.
Gauvain bonement l'en mercie,
Qui contredire no viaut pas :
Et cil s'en ist en-eslou pas
Vers la cuisine demander
S'en porroit à pieces disner.
Lez la pucele s'est assis
Gauvain qui moult ert entrepris
Por l'oste qu'il dote forment,
Et neporquant cortoisement
Et sanz un point de mesprison
Mist de maintenant à raison

La damoiselle o lou chief bloi.
L'en ne li dist ne trop ne poi,
Sajement l'a à raison mise.
Moult li offre bel son servise,
Et tant li dist de son corage,
Que cele qui preuz ert et sage
Aperçut et entendi bien
Qu'il l'ameroit sor tote rien
Se il li venoit à plaisir.
Lors ne se set auquel tenir,
A l'escondire, ou au graer :
Tant l'ot cortoisement parler,
Et tant lo voit de bones mors,
Que cle l'amast par amors,
S'ele descovrir li osast ;
Mès por neiant li créantast
A faire li vers li entendre
Quant il n'i poïst jà plus prendre :
Bien set qu'ele feïst que vilaine,
S'el lou méist d'amors en paine
Don el ne traissist jà à chief.
Mès l'escondire li est grief,
Tant a vers lui son cuer torné :
Lors a cortoisement parlé.
   Sire, dist-el, jé entendu
Que mes peres m'a deffendu
Que je de rien ne vos desdie,
Or ne sé-je que je vos die
Que se vos avoie créanté
A fere vostre volenté,
Jamès à bon chief n'en trairoie,
Et mort et traï vos auroie ;
Mès d'une chose vos chasti,
Et par bone foi le vos di,
Que vos gardez de vilenie,
Ne rien que mes peres vos die,
Que que ce soit, o mal, o bien,
Mar lou contrediroiz de rien,
Que morz seriez à itant ;
Ne jà mar faciez sanblant
Que soiez de rien acointié.
Estes-vos l'oste repairié
Qui vers la cuisine ert alez,
Et li mengiers fu aprestez,
Si a-l'en leve demandée.
Ne voil ci fere demorée,
Quant lavé orent, si s'asistrent,
Et li serjant les napes mistrent,

Desus les dobliers blans et biax,
Les salieres et les coutiax,
Après lou pain , et puis lo vin
Es copes d'argent et d'or fin.
Mès je ne voil plus demorer
As més un à un aconter,
Mès moult orent char et peson ,
Oisiax rostiz et venoison ,
Et moult mengierent liéement.
Et li oste efforça forment
Gauvain de boivre , et la pucele,
Et si dist à la damoisele ,
Qu'ele efforçast lou Chevalier ,
Et dist , moult vos poez prisier
Que je voil qu' el soit vostre amie.
Gauvain bonement l'en mercie.

  Quant mengié orent à plenté,
Lors furent serjant apresté
Qui dobliers et napes osterent,
Et qui l'eve lor aporterent ,
Et la toaille à essuier.
Li ostes dist après mengier
Qu'il vialt aler ses bois véoir ,
Et si rova Gauvain séoir
Et deduire o la Damoisele :
Endementres Gauvain apele
Et li a dit et commanda
Qu'il ne s'en aut josqu'il venra ,
Et conmanda à un serjant
Que se il fait de rien sanblant,
Que il lou preignent demanois.
Gauvain qui preuz ert et cortois,
Voit bien que remanoir l'estuet,
Et qu'autrement estre ne puet :
Si li avoit dit erranment
Que il n'avoit d'errer talent
Por qu'il lo voille herbergier.
L'oste monta sor son destrier,
Si s'en va moult grant aléure,
Et va querre une autre aventure,
Que de ceste est-il aséur
Qu'il a enclos dedenz son mur.
La Damoisele a Gauvain pris
Par la main , si se sont assis
A une part por deviser
Conment il se porra garder.
Doeement et bel lou conforte,
Mès de ce est traïe et morte

Qu'ele ne set la volenté
Que ses peres a en pensé ;
Se le séust, et li mostrast
Par quel engin il eschapast ;
Mès onques n'en volt nule dire
Or se gart de li contredire ,
S'il porra par tant eschaper.
Or laisons, fet-il, ce ester,
Jà ne me fera se bien non :
Il m'amena en sa meson ,
Si m'i a fet moult bel sanblant ,
Ne jà dès ici en avant ,
Quant il m'a fet anor et bien
No doteré de nule rien
De si que je sache et voie
Por quel raison doter lou doie.
Ele li dist, ce n'a mestier,
Li vilains dist en reprovier,
Si lou dient encore plusor,
Q'au vespre loe-l'en lo jor
Quant l'en voit que bele est la fin ;
Si fet-l'en son oste au matin ,
Et Diex, si com je lo desir,
Vos en doint à joie partir
De vostre oste , sanz mautalent.
Quant parlé orent longuement,
Et moult parlé de ce et d'el ,
Li ostes revint à l'ostel.

  Encontre lui sailli Gauvain
Et la pucele main à main ,
Moult l'ont doucement salué.
Il lor dist qu'il s'est moult hasté ,
Qu'il cremist, se il demorast,
Que Gauvain ainz ne s'en alast ;
Por ce ne vost plus demorer.
Il conmença à avesprer,
Et il ostes si demanda
As serjans que il soupera.
Sa fille li dist , par deduit
Povez demander vin et fruit,
Et nule autre chose par droit,
Qu'assez menjastes orendroit.
Il a maintenant demandé ,
Il a premierement lavé ,
Puis lor fu mis li fruis devant.
Lou vin aporterent li serjant
A plenté de mainte maniere.
Sire, car fetes bele chiere ,

Fet-il, à mon saignor Gauvain,
D'une chose soiez certain,
Il me coste sovent et poise
Quant jé oste qui ne s'en voise,
Et qui ne dit sa volenté.
Sire, sachiez la vérité,
Fet Gauvain, que je suis haitié.
Quant il orent lo fruit mengié,
Les liz conmanda l'oste à fere,
Et dist, je jerré en ceste aire,
Et cist Chevaliers en mon lit :
No faites mie trop petit,
Car ma fille jerra o li;
A si bon Chevalier lo qui
Qu'ele est en lui bien enploiée.
Ele doit estre moult haitiée
De ceu qu'en lor a créanté.
Amedui l'en ont mercié,
Et font sanblant que moult lor plese.
Or est Gauvain moult à mal aise,
Que il crient, s'il s'i va cochier,
Qu'il lou face tot detrenchier;
Et si set bien, sil' contredit
En son ostel, que il l'ocit.
   L'ostes de cochier se hasta,
Par la main la prist, si mena
Dedenz la chambre demanois.
La Damoisele o lo vis frois
I est ensanble o lui alée.
La chambre ert bien encortinée,
Et douze cierges i ardoient
Qui tot entor lo lit estoient,
Si gitoient moult grant clarté.
Et li liz ert bel atorné
De riches coutes et de blans dras;
Mès je ne voil demorer pas
En la richece deviser
De dras de soie d'outremer,
De Palerne et de Romenie
Don la chambre estoit enbelie,
De Sebelins, de vair, de gris ;
Tot à un mot le vos devis
Quanque convient à Chevalier
Et à cors de Dame atillier,
Et en iver et en esté,
I avoit à moult grant plenté.
Là ot maint riche garnement,
Gauvain s'en mervella forment

De la richece que il i vit,
Et li Chevaliers li a dit :
Sire, ceste chambre est moult bele,
Entre vos et ceste pucele
I girois, jà n'i aura plus,
Damoisele, fermez les us,
Si faites son conmandement,
Que je sai bien que itel gent
N'ont mie de presse mestier;
Mès d'itant vos voil chastoier
Que les cierges n'en estaigniez
Que j'en seroie moult iriez,
Jo voil, por ce l'ai conmandé
Qu'il voie vostre grant biauté
Quant vos giroiz entre ses bras,
Si en aura graignor solas,
Et que vos véoiz son gent cors.
Lors se mist de la chambre fors,
Et la pucele l'uis ferma.
Messire Gauvain se coucha,
Cele est o lit revenue,
Si s'est lez lui cochiée nue :
Onques proiere n'i estut,
Et cele tote la nuit jut
Entre ses bras moult docement.
Moult la bese et acole sovent,
Et si est tant avant alé,
Qu'il en féist sa volenté,
Quant ele dist : Sire, merci,
Il ne puet pas aler issi,
Je ne sui pas o vos sanz garde.
Gauvain de tostes parz esgarde,
Si n'i vit nule rien vivant :
Bele, fait-il, je vos demant
Que me dites qui me desfent
A fere de vos mon talent.
Ele respont, jo vos dirai
Moult volentiers ce que j'en sai :
Véez-vos cel branc qui là pent
Qui a cel entrecor d'argent,
Et lou pon et lou heu d'or fin,
Ceste chose pas ne devin
Que vos m'orroiz jà ci conter,
Ainz l'ai véu bien esprover.
Mes peres l'ainme durement,
Que il li ocist bien sovent
De moult bons chevaliers de pris.
Sachiez bien qu'il en a ocis

Solement çaïens plus de vint,
Mès je ne sai dou il li vint :
Jà n'entrera en ceste porte
Chevaliers qui vis en estorde.
Mes peres biax sanblant lor fet,
Mès jà à si petit forfet
Ne lou prendra qu'il ne l'ocie :
Garder l'estuet de vilenie.
Moult lou convient charroier droit.
Maintenant as aspris lo droit,
S'il entreprent de nule rien,
Et se cil se garde si bien
Qu'il ne soit de rien entrepris,
La nuit à moi cochier est mis ;
Lors est-il venuz à sa mort,
Savez por coi nus n'en estort.
S'il fait sanblant en nule guise
De volenté qui li soit prise
De faire lo moi, maintenant
Lou fiert parmi lou cors lo branc ;
Et se il viaut vers lui aler
Por prendre le et por oster,
Tot par lui salt do fuerre fors,
Si li done parmi lou cors,
Et sachiez de voir que l'espée
Est en tel maniere faée,
Qu'ele me garde toz jorz si
Jà par moi ne fussiez garni.
Mès tant iestes cortois et sages,
Que ce seroit moult granz domages,
Si m'en peseroit mais toz dis,
Se por moi estiez ocis.

Or ne set Gauvain que il face,
Onques mais de si grant manace
N'oï parler jor de sa vie,
Et si dote qu'ele lou die
Por soi méismes garantir
Que il n'en face son plaisir.
D'autre part si s'est porpensez
Qu'il n'en porroit estre celez
Que il ne fust partot séu
Que il auroit o lit géu
Tot sol, nu à nu, en son lit,
Et si avoit por sol son dit
Laissié à faire son pleisir,
Miax vient-il à anor morir
Qu'à honte vivre longuement.
Bele, fet-il, ce est néient,

Puisque venuz sui josque-ci,
En fin voil estre vostre ami :
Vos n'en poez par el passer.
Vos ne m'en poez pas blasmer,
Fet-ele. Dès or en avant
Il est de li aprimiés tant
Que ele en a gité un cri,
Et li brans do fuerre sailli,
Sil' fiert rés à rés de costé,
Si qu'il li a do cuir osté,
Mais ne l'a pas granment blecié :
Outre a lou covertor percié,
Et toz les dras desci au fuerre,
Puis se fiert arriers en son fuerre.
Gauvain remest tot esperdu,
Si a son talant esperdu,
Lez li se jut tot esbahi.
Sire, fet-el, por Dieu merci,
Vos quidiez que jou déisse
Por ce que de vos me vousisse
Desfendre por tel achoison :
Onques certes, se à vos non,
A Chevalier ne le conté,
Et sachiez que grant mervelle é
Que vos n'iestes, sanz nul resoré,
Trestot au primerain cop mort.
Por Dieu, or vos gisiez en pès,
Et si vos gardez desormès
De tochier à moi en tel guise :
Un sages hom a tost emprise
Tel chose qui à mal li torne.
Gauvain remest pensis et morne
Qu'il ne set comment se contiegne
Se Diex done qu'il s'en reviegne
Jamès arriers en sa contrée,
Jà ceste chose n'iert celée
Que il ne soit par tot séu
Qu'il aura sol à sol jéu
Anuitiée o une pucele
Qui tant est avenanz et bele,
Si que onques rien ne li fist,
Ne de rien ne li contredist,
Fors la manace d'une espée
Qui de nelui n'ert adeséé,
Si seroit mès toz jorz honi
Se il li eschapoit issi :
Et si li font moult grant anui
Li cierge qu'il voit entor lui,

I.   2.

Qui rendoient moult grant clarté,
Par qui il voit sa grant biauté.
Lou chief ot bloi et plain lo front,
Et ses sorcis qui dogié sout,
Les iauz vers, lo nés bien assis,
Et frès et coloré lo vis,
La boche petite et riant,
Et son col lonc et avenant,
Les bras lons et blanches les mains,
Et les costez soués et plains;
Soz les dras la char blanche et tendre,
Nus n'i séust riens que reprendre,
Tant ot lo cors jent et bien fet.
Il s'est vers li doucement tret
Come cil qui n'ert pas vilain;
Jà li féist lou jeu certain
Quant l'espée do fuerre salt,
Lors li a fet un autre asalt,
Do plat lo fiert parmi lo col.
A poi qu'il ne se tient por fol,
Mès l'espée un poi chancela,
Sor la destre espaule torna
Que do cuir li trencha trois doie,
Et fiert en la coute de soie
Que une piece en a trenchiée,
Puis s'est en son fuerre fichiée.
Quant Gauvain se senti navré
En l'espaule, et ou costé,
Et voit qu'il ne puet à chief traire,
Moult est dolanz, ne set que fere,
Et anui a de son deport.
Sire, fet-ele, iestes-vous mort?
Damoisele, fet-il, je non,
Mès anuit més vous doint un don
Que vous avez rovés de moi.
Sire, fet-ele, par ma foi,
Se eles fussent lors donées
Que eles furent demandées,
Il fust or plus bel endroit vos.
Moult par fu Gauvain angoissos,
Et la Damoisele autresi:
Ne l'uns ne l'autres ne dormi,
Ainz veillierent à tel dolor
Tote la nuit desi au jor.
    Vistement et tost se leva
Li ostes dès qu'il ajorna,
Puis est en la chambre venuz:
Ne fu mie taisanz ne muz,

Ainz apela moult durement.
Et la Damoisele erraumant
Ovri l'uis et puis est venue,
Si s'est lez lui couchiée nue,
Et li Chevaliers vint après.
Andeus les vit gesir en pès,
Si lor demande que il font.
Et messire Gauvain respont:
Sire, bien jà, vostre merci.
Quant li Chevaliers entendi
Que il parla si hautemant,
Sachiez que il fu moult dolant,
Que moult estoit fel et eschis.
Conmant, fet-il, iestes-vous vis?
Par foi, fet messire Gauvains,
Je sui trestoz delivre et sains;
Sachiez que je n'ai chose fet
Par coi je doie estre à mort tret;
Et se vos, en vostre meson,
Me féissiez sauz achoison
Mal et anui, ce seroit tort.
Conmant? fet-il, si n'estes mort
Moult m'annuie quant vous vivrez.
Puis est avant un poi alez,
Si a à descovert véu
La coute qui trenchiée fu,
Et les linciax ensanglentez.
Vasax, fet-il, or me contez
Delivrement dont cest sanc vint.
Et messire Gauvain se tint,
Qui pas mentir ne li voloit,
Que nule achoison ne savoit
Don il bel covrir se péust
Que cil ne s'en apercéust.
L'ostes de parler se hasta:
Vassax, fait-il, entendez ça,
Par droit noient lo me celez:
Vos vousistes vos volentez
De cele Damoisele faire,
Mès n'en péustes à chief trere
Por lou branc qui lo contredist.
Et messire Gauvain li dist:
Sire, vos dites vérité,
Li branz m'a en deus leus navré,
Mès ne m'a pas bleciè forment.
Et quant li Chevaliers entent
Que il n'est pas navrez à mort,
Biax sire, fait-il, à bon port

Vestes venuz, mès or me dites,
Se vos volez eschaper quites,
Vostre pais et vostre non :
De tel jent et de tel renon
Poez estre, et de tele afere,
Que toz vos bons m'estouvra faire;
Mès j'en voil estre bien certain.
Sire, fet-il, j'é non Gauvain,
Et suis niés au bon roi Artur,
De ce soiez tot aséur
Que onques mon non ne chanjai.
Par foi, fait l'ostes, bien lo sai
Qu'en vos a moult bon chevalier;
De nul mellor parler ne quier,
N'a vostre per jusc'à Maogre,
N'en tot lou roiaume de Logre
Ne seroit-il mie trovez.
Savez conment j'é esprovez
Trestoz les Chevaliers do mont,
Qui aventures querre vont,
Péussent en cest lit gesir,
Et toz les convenist morir
Un à un, tant qu'il avenist
Que toz li miaudres i venist.
Li brans lo me devoit eslire,
Car il no devoit pas ocirre
Lou miaudre quant il i viendroit:
Et si est esprovez à droit,
Qu'il vos a choisi au mellor.
Et quant Diez vos a fet anor,
Ne sai ne choisir, ne véoir
Qui miax doie ma fille avoir :
Je la vos otroi et créant,
Ne jà mal desci en avant
Auroiz nule garde de moi,
Et si vos doins par bone foi
A toz les jorz de vostre vie
De cest chastel la saignorie,
S'en faistes vostre volenté.
Lors l'en a Gauvain mercié
Qui moult en fu joianz et liez.
Sire, dit-il, bien sui paiez
De la pucele seulement;
De vostre or ne de vostre argent,
Ne de ce chastel n'ai-je cure.
Lors se leverent à droiture
Entre Gauvain et la pucele.
Par lou païs vait la novelle

C'uns Chevaliers venuz estoit
Qui la pucele avoir voloit,
Sor qui li branz s'ert deus fois tret,
Que point de mal ne li ot fet;
Et qui ainz ainz i vienent tuit.
Moult ot o chastel grant deduit
De dames et de chevaliers,
Et fu moult riches li mengiers
Que li peres fist atorner.
Mès je ne me voil demorer
A aconter quel li més furent,
Mès assez mengierent et burent.
Quant mengié orent à plenté
Et li doblier furent osté,
Cil lecheor dont moult i ot
Mostra chascuns ce que il sot.
Li uns atempre sa viele,
Cil flaüste, cil chalemele.
Et cil autres rechante et note
Ou à la harpe, o à la rote ;
Cil list romanz et cist dist fables.
Cil Chevalier jeuent as tables
Et as eschès de l'autre part,
O à la mine, o à hasart.
Issi faite vie ont menée
Tot lo jor jusq'à l'avesprée,
Puis souperent à grand déduit.
Assez i ot oisiax et fruit
Et de bon vin à grant plenté.
Quant à grant joie orent soupé,
Delivrement cochier alerent,
La pucele et Gauvain menerent
En la chambre de maintenant
Où il jurent lou soir devant:
Et li ostes o ax ala
Qui de son gré les esposa,
Puis mist ensanble sanz dongier
La pucele et lo Chevalier,
Si s'en issi et ferma l'us.
Que vos en diroie-je plus?
La nuit a sa volenté fete,
Onques espée n'i ot trete.
Sil' recovra, pas ne m'en poise,
A la damoisele cortoise,
A qui il ne greva noient.
Issi demora longuement
A tel joie et à tel revel
Monsaignor Gauvain o chastel;

Puis si s'est de ce porpensé
Que lonc tens i ot demoré;
Que si parent et ses amis
Quidoient bien qu'il fust ocis.
A l'oste ala congié querre,
Sire, dist-il, en ceste terre
Ai demoré tant longuement
Que mi ami et mi parent
Quident que je soie peri,
Si demant la vostre merci
Lou congié de l'aler arriere,
Et si fetes en tel maniere
Cele Damoisele atorner
Que j'aie anor de li mener,
Et vos qui la m'avez donée,
Quant je venré en ma contrée
Qu'en die que j'ai bele drue,
Et qu'ele est de bon leu venue.
    Li ostes li done congié,
Et Gauvain s'en est repairié
Et la Damoisele ensement.
Ses palefrois fu richement
Atornez de fraine et de sele :
Sus est montée la pucele,
Et Gauvain sor son cheval monte.
Que vos feroie plus lonc conte?
Ses armes prist qu'il aporta,
Au congié de l'oste s'en va
Liez et joianz de s'aventure;
. . . . *
Et quant fors de la porte vint,
La Damoisele son fraine tint.
Il li demande ce que doit;
Sire, fet-ele, je ai droit,
Que j'é fet trop grant obliée :
Sachiez que de ceste contrée
Je m'en irai moult à enviz
Sans mes levriers que j'ai noriz,
Qui moult par sont et bons et biax :
Ainz ne véistes si isniax,
Et sont plus blanc que nule flor.
Lors s'est mis Gauvain el retor,
Si va por les levriers poignant,
Et l'oste li va au devant
Qui bien lo vit venir de loing
Gauvain, dist-il, por quel besoing

Estes-vos si tost retornez?
Sire, dist-il, que obliez
A vostre fille ses levriers,
Si me dist qu'el les a moult chiers,
Et que sans ax ne s'en ira.
Et li ostes les apela,
Si les bailla moult volentiers. .
Et Gauvain a toz les levriers
S'en revet moult delivrement
A la pucele qui l'atent.
Lors se resont acheminé,
Et sont en la forest entré
Par où il estoient venu.
Lors ont un chevalier véu
Qui lou chemin venoit contr'eus :
Li Chevaliers venoit toz seus,
Mès il ert armez moult très bien,
Qu'il ne li failloit nule rien
De quanqu'estuet à Chevalier;
Et séoit sor un bai destrier
Fort et isnel et remuant.
Là Chevaliers venoit errant
Tant que il vint d'ax auques près,
Et Gauvain lou quida en pès
Saluer lui et puis enquerre
Qui il estoit et de quel terre.
Mès cil qui ot autre pensé,
A lou cheval esperroné
Si durement qu'il se lança,
Et onques un mot ne sona,
Entre la pucele et Gauvain,
Si l'a prise parmi lo frain,
Puis si revet moult tost arriere :
Et cele, sanz autre proiere,
S'en vet delivrement o lui.
Se Gauvain ot ire et anui
Quant i l'en voit issi mener,
Il ne fet mie à demander,
Car il n'ot arme o lui portée
Fors escu et lance et espée;
Et cil qui bien estoit armez,
Et forz et granz et sorquidez,
Si ot vers lui mal jeu parti,
Et ne porquant, conme hardi,
Point Gauvain vers lui lo destrier
Por la pucele chalongier.
Vasax, fet-il, grant vilenie
Avez fet qui avez m'amie

Saisie si estroitement;
Mès or fetes un hardement
Tel conme je deviserai.
Vos véez moult bien que je n'ai
Fors sol ma lance et mon escu,
Et lou branc au costé pendu;
Je vos coumant à desarmer
Tant que nos soions per à per,
Si ferez moult grant cortoisie :
Et se vos, par chevalerie,
La poiez vers moi conquerre,
Si soit vostre sans autre guerre ;
Et se vos ce ne volez fere,
Soiez cortois et debonaire,
Si m'atendez desoz ces charmes,
G'irai emprunter unes armes
Ça arrier à un mien ami,
Et quant g'iere d'armes garni,
Je revenrai de maintenant.
Et se vos d'iluec en avant
La poez conquerre vers moi,
Sanz mautalent la vos otroi,
Issi de voir lo vos créant.
Et cil respont de maintenant :
Jà à vos n'en iert congié pris,
Et se g'i ai de rien mespris,
Jà ne vos en querrai pardon.
Se vos dou mien me faites don,
Moult par avez grant poesté,
Por ce que iestes desarmé,
Que vos no taigniez à forfet,
Vos iert jà un jeu parti fet.
Vos dites qu'ele est vostre drue
Por ce qu'ele est o vos venue,
Et je redi que ele est moie :
Or la meton en cele voie,
Si aille chascuns de sa part,
Puis soit do tot en son esgart
Loquel ele ainme plus de nos ;
Et s'el s'en vialt aler o vos,
Je la vos créant et otroi;
S'ele s'en vialt venir o moi,
Donc est-il droiz qu'ele soit moie.
Gauvain bonement li otroie
Qui tant la créoit et amoit,
Qu'à escient de voir quidoit
Qu'el non laissast por tot le mont.
Atant la lessent, si s'en vout

Et se traient un poi en sus.
Bele, font-il, or n'i a plus,
Do tot est à vostre plaisir
Auquel vos vos voudroiz tenir,
Car vos l'avons acreanté.
Ele a l'un et l'autre esgardé,
Primes celui, et puis Gauvain
Qui bien quidoit estre certain
D'avoir la tot séurement,
Et si se merveilloit forment
Sol de ce qu'il se porpensoit;
Mès la pucele qui bien sot
Conment Gauvain se puet aidier,
Revialt savoir do Chevalier
Conment il est preu et vaillant.
Sachiez trestuit petit et grant,
Qui qu'en rie ne qui qu'en gronde,
N'a gaires nule feme o monde,
S'ele estoit drue, et moillier
A tot lo mellor Chevalier
Qui soit jusqu'en Inde major,
Jà por lui n'auroit tele amor
Que s'il n'estoit preuz en l'ostel,
Qu'el lou prisast un don de sel,
Vos savez bien de quel procce :
Or oez de si grant laidece
Que cele damoiselle fist.
En la garde celui se mist
Qu'ele de rien ne conoissoit.
Quant messire Gauvain ce voit,
Sachiez qu'il en fu moult marri
Qu'ele l'ot de son gré guerpi;
Mès tant estoit et preu et sage,
Et si cortois et si resnable,
Que ouques mot ne li sona,
Jà soit ce que moult li pesa.
Et li Chevaliers li a dit,
Sire, fet-il, sanz contredit
Doit la Damoiselle estre moie.
Jà Diex, fet Gauvain, ne me voie,
Quant je contredit i metrai,
Ne quant je jà m'en conbatrai
De chose qui de moi n'a cure.
Adonc s'en vont grant aléure
La pucele et li Chevaliers ;
Et Gauvain à toz les levriers
S'en va en la soe contrée.
La pucele s'est arestée

Tantost enz o chief de la lande,
Et li Chevaliers li demande
Por qu'ele s'est arestéue.
Sire, fet-el, jà vostre drue
Ne serai à jor de ma vie
De si que je soie saisie
De mes levriers que je là voi,
Que cil vassax enmoinne o soi :
Et il li dist, vos les aurez.
Puis s'escrie : estez, estez,
Sire Vassax ; je vos conmant
Que vos n'alliez plus en avant ;
Puis vint à lui toz abrivez.
Vassax, dist-il, porcoi menez
Les levriers, quant il vo ne sont?
Et messire Gauvain respont :
Sire, fait-il, jes taing à miens,
Et se nului i claimme riens,
Conme miens les m'estuet desfendre;
Et se vos en voliez prendre
Lou jeu parti que me féistes,
Quant en mi lo chemin méistes
La damoisele por choisir
Auquel el se voudroit tenir,
Volontiers le vos souferroie.
Et li Chevaliers li otroie
Que volontiers cel jeu prendra,
Car comme fol se porpensa,
Se li levrier o li vendront,
Que sans estor li remandront,
Et si pot estre bien certain,
S'il s'en aloient à Gauvain
Que delivrement l'escondroit
Ausi con il ore feroit.
    Lors les ont o chemin lessiez.
Quant il se furent esloigniez,
Si les a chascuns apelez,
Et il sont droitement alez
A Gauvain que il conoissoient
Por sol tant que véu l'avoient
Chiés lou pere à la Damoisele.
Gauvain les joïst et apele,
Car moult est liez que il les a.
Et la pucele araisona
Le Chevalier en eslou pas :
Sire, fet-ele, ja plain pas
N'irai o vos, se Diex me voie,
De si que je saisie soie

De mes levriers que je aim tant.
Et il respont, sanz mon créant
N'es en puet-il mie mener,
Puis avoit dit, lessiez ester,
Vassax, que vos n'enmenrez mie.
Et Gauvain dist : c'est vilenie
Se vos en desdites ensi ;
Mès je sui des levriers saisi,
Si vindrent à moi de lor gré,
Jà li sires de Maïsté
Ne m'aït quant je lor faudrai!
La damoisele vos lessai
Por sol tant que à vos se tint,
Qui moie estoit et o moi vint :
Dont me devez-vos sanz dongier
Par raison les levriers laissier
Quant il sont mien et o moi vindrent,
Et de lor gré à moi se tindrent.
Une chose sachez de voir,
Et s'el poez par moi véoir,
Se voz volez tot son plaisir
A cele pucele acomplir,
Vos auroiz de li corte joie.
Je voil moult bien qu'ele m'oie,
Que sachiez tant con el fu moie,
Que ses bons li aconplisoie;
Or voiez con el m'a servi.
Il ne va pas de chien issi
Con de feme, ce sachez bien :
Une chose sachiez de chien,
Jà son mestre qui norri l'a,
Por estrange ne changera;
Feme a moult tost guerpi lo suen
Si ne li conplist tot son buen.
Si est merveille de tel change,
Qui lou suen laisse por estrange,
Li levrier ne m'ont pas guerpi,
Dont puis-je bien prover issi,
Jà n'en seré desdiz de rien,
Que nature et amor de chien
Valt miauz que de feme ne fait.
Vassax, fait-il, li vostre plait
Ne vos puet ici rien monter
S'orendroit nes lessiez ester :
Gardez-vos, que je vos desfi.
Lors a Gauvain l'escu saisi,
Si l'a devant son pis sachié,
Puis s'est l'uns vers l'autre eslessié

Tant con chevax li pot randir,
Si lou feri par tel aïr
Dessus la bocle où l'escu taint,
Que peçoié li a et fraint,
Si qu'en volerent li tronçon
Loing et haut le giet d'un bozon;
Et Gauvain l'a après feru
O premier qartier de l'escu
Si durement, si con moi sauble,
Que lui et lou cheval ensauble
Abati en une charrière.
Cil chaï en une toiere
Entre les cuisses son destrier,
Et Gauvain trait lou branc d'acier,
Tot maintenant sor lui guenchi:
Alainz que il pot descendi,
Si la contre terre as poinz pris,
Grant cop lou fiert parmi lo vis,
Et o chief, si que tot l'estone.
Tote sa force l'abandone;
Car moult lou het por lo meffet
Et por l'anui qu'il li a fet.
Moult lou laidist et moult lo grieve,
Lou pan do haubere li solieve
Si li a maintenant botée
Parmi les flans sa bone espée.
Lors lou let quant vengiez se fu,
Cheval, ne haubere, ne escu
Ne voust-il onques regarder,
Ainz va les levriers apeler
Que il avoit forment amez,
Que bien se sont vers li provez;
Et puis cort penre son destrier
Qui par lou bois vet estraier.
Vistement l'a ataint et pris,
Onques par li ne fu requis
Estriers, ainz sailli en la sele.
Sire, ce dist la damoisele,
Por Dieu et por anor vos pri
Que vos ne me lessiez ici,
Que ce seroit grand vilenie:
Se je fui fole et esbahie,
No me devez à mal torner,
Que je n'osoie o vos aler;
Tel paor oi quant je vous vi
Si povrement d'armes garni,
Et cil ert armez si très bien
Qu'il ne li failloit nule rien.

Bele, fait-il, ce est neiant,
Pou vos vaut vostre covrement;
Rien ne valt ceste coverture:
Tel foi, tel anor, tel nature
Puet-l'en sovent trover en feme:
Qui autre blef que il n'y seme
Voudroit recoillir en sa terre,
Et cil qui en feme vialt querre
Fors sa nature, n'est pas sage.
Toz jorz l'ont éu en usage
Puis que Diex fist la premerainne,
Qui de les servir plus se painne
Et plus lor fait bien et anor,
Plus s'en repent au chief do tor,
Et qui plus les anore et sert,
Plus s'en corrouce et plus i pert.
La pitié ne vos venoit mie
De garder m'anor et ma vie,
Ainz vos venoit tot d'autre chose.
Li vilains dist à la parclose
Voit l'en o tote riens se prueve:
Cil qui fainte et fause la trueve,
Et la cherist et ainme et garde,
Jà puis Diex ne l'oit en sa garde:
Or gardez vostre conpaignie.
A tant l'a sole deguerpie
Si qu'il ne sot qu'ele devint:
A son droit chemin s'en revint.
De s'aventure a moult pensé,
Tant a par la forest erré,
Qu'au vespre vint en son païs.
Grant joie en firent si ami
C'o quidierent avoir perdu.
S'aventure, si con el fu,
Lor a de chief en chief contée,
Moult volentiers l'ont escoutée,
A premiers bele et perillose,
Et après laide et aniose,
Por sa mie que il perdi,
Et puis con il se conbati
Por les levriers, à grant meschief.
Ensi fina tot à un chief.

1206 VERS.

~~~~~~~~~~~~~~~~~~~~~~~~~~~~~~~~~~~~~~

LE LAI DE GRAELENT.

PAR MARIE DE FRANCE.

Manuscrit, n° 7989.

2

———

L'aventure de Graalent
Vos dirai si que je l'entent :
Bon en sont li Lai à oïr
Et les notes à retenir.
Graalent fu de Bretons nés,
Gentix et bien enparentés ;
Gent ot le cors et franc le cuer,
Por çou ot non Graalent muer.
Li Rois qui Bretaigne tenoit
Vers ses voisins grant gerre avoit ;
Cevaliers manda et retint,
Bien sai que Graelens i vint.
Li Rois le reçut volentiers
Por çou qu'il ert biax Chevaliers,
Mout le ceri et honera,
Et Graalent moult se pena
De tornoier et de jolter,
Et de ses anemis grever.
La roïne l'oï loer,
Et les biens de lui raconter :
Dedens sen cur l'en aama,
Son canbrelans en apela.
Diva, dist-ele, ne me celer,
N'as-tu sovent oï parler
Del bel cevalier Graelent ?
Mout est amis à tote gent.
Dame, dist-il, moult par est prox
Et moult se fait amer à tox.
La Dame lués li respondi,
De lui veul faire mon ami :
Je sui por lui en grant effroi.
Va, si li di qu'il vigne à moi,
M'amor li metrai à bandon.
Mout li donrés, dist cil, grant don,
Merveille est se il n'en a joie :
N'a si boin abé dusque à Troie,
S'il esgardoit vostre visage
Ne cangast moult tost son corage.
Cil s'en torna, la Dame lait,

A l'ostel Graelent s'en vait :
Avenamment l'a salué,
Son mesage li a conté
K'à la Roïne voist parler,
Et n'ait cure de demorer.
Ce li respont li Cevaliers
Alés avant, biaus amis ciers.
Li cambrelens s'en est alés,
Et Graelens s'est atornés ;
Sor un ceval ferrant monta,
Un Cevalier o lui mena.
Al castel sont andoi venu
Et en la sale descendu,
Et devant le Roi trespasserent,
Es canbres le Roïne entrerent.
Quant el es voit, sis apela,
Mout les ceri et honera,
Entor ses bras prist Graelent
Si l'acola estroitement :
De joste li séir le fist
Sor un tapi, puis si li dist :
Mout boinement a esgardé
Son cors, son vis et sa biaté ;
A lui parla cortoisement,
Et il li respont sinplement,
Ne li dist riens qui bien ne siece.
La Roïne pensa grant piece,
Merveille est s'ele ne li prie
Que il l'amast par druerie :
L'amors de lui la fait hardie,
Demande lui s'il a amie,
Ne se d'amors est arestés,
Car il devoit bien estre amés.
Dame, dist-il, je n'aime pas ;
D'amors tenir n'est mie gas ;
Cil doit estre de mout grant pris
Qui s'entremet qu'il soit amis :
Tel cinc cent parolent d'amor,
N'en sevent pas le pior tor,
Ne que est loiax druerie.
Ains lor rage et lor folie,
Perece, wisseuse et faintise
Enpire amor en mainte guise.
Amors demande caasté,
En fais, en dis et en pensé :
Se l'uns des amans est loiax,
Et li autre est jalox et faus,
Si est amors entr'ex fausée,

Ne puet avoir longe durée.
Amors n'a soing de compaguon,
Boin amors n'est se de Dex non,
De cors en cors, de cuer en cuer,
Autrement n'est prex à nul fuer.
Tulles qui parla d'amistié,
Dist assés bien en son ditié,
Que veut amis, ce veu le amie
Dont est boine la compaignie,
S'ele le veut et il l'otroit.
Dont est la druerie adroit,
Puisque li uns l'autre desdit,
N'i a d'amors fors c'un despit;
Assés puet-on amors trover,
Mais sens estuet al bien garder,
Douçor et francise, et mesure.
Amors n'a de grant forfait cure,
Loialté tenir et pramctre,
Por çou ne m'en os entremetre.
  La Roïne oi Graelent,
Qui tant parla cortoisement,
S'ele n'éust talent d'amer,
Si s'en estéut-il parler;
Bien set et voit, n'en doute mie,
Qu'en lui a sens et cortoisie.
A lui parla tot en apert,
Son cuer li a tot descouvert;
Amis, dist-ele, Graelent,
Je vous aim mout parfitement,
Onques n'amai fors mon Segnor,
Mais je vous aim de bone amor.
Je vos otroi ma druerie,
Soiés amis et jou amie.
Dame, dist-il, vostre merci,
Mais il peut pas estre ensi,
Car je sui saudoiers le Roi,
Loiauté li pramis et foi,
Et de sa vie et de s'onor,
Quant à lui remès l'autre jor,
Jà par moi honte n'i ara :
Dont prist congié, si s'en ala.
  La Roïne l'en vit aler,
Si commença à sospirer :
Dolante est moult, ne set que faire,
Ne s'en voloit par tant retraire;
Soventes fois le requeroit,
Ses mesages li trametoit,
Rices presens li envoioit,

Et il trestous les refusoit.
La Roïne moult l'en haï
Quant ele à lui del tot failli,
A son Segnor mal le metoit,
Et volentiers en mesdisoit.
Tant com li Rois maintint la gerre,
Remest Graelent en la terre ;
Tant despendi qu'il n'ot que prendre,
Car li Rois le faisoit atendre,
Ki li detenoit ses saudées.
Ne l'en avoit nules données,
La Roïne li destornoit,
Au Roi disoit et conseilloit
Ke nule riens ne li donast
Fors le conroi qu'il n'en alast :
Povre le tenist entor lui,
Qu'il ne péust servir autrui.
Que fera ores Graelens?
N'est merveille s'il est dolens ;
Ne li remest que engagier,
Fors un roncin n'est gaires cier :
Il ne puet de la vile aler
Car il n'avoit sor qoi monter.
  Graelens n'atent nul secors,
Ce fu en mai en des lons jors,
Ses hostes fu matin levés,
O sa femme est el bore alés
Ciés un de ses voisins mengier,
Tout seul laisça le Chevalier,
O lui n'en eut en la maison
Escuier, sergant, ne garçon,
Fors seul le file à la borgoise,
Une meschine moult cortoise.
Quant vint à l'eure de disner,
Au Cevalier ala parler,
Moult li pria qu'il se hastast,
Et qu'il ensanble o li mengast.
Il ne se puet pas rehaitier,
Si apela son escuiier,
Dist li c'amaint son cacéor,
Sa sele mete et tot l'ator;
Là hors irai esbanoier,
Car je n'ai cure de mangier.
Il li respont, n'ai point de sele.
Amis, ce dist la Damoisele,
Une sele vos presterai,
Et un boin frain vos baillerai.
Cil a le ceval amené,

I.   3

En le meson l'a enselé:
Graelent est desus montés,
Parmi le borc est trèspassés ;
Unes viés piax ot afulées
Que trop longement ot portées.
Cil et celes qui l'esgarderent,
L'escarnirent moult et gaberent :
Tex est costume de borgois,
N'en verrés gaires de cortois.
Il ne se prent de ce regart,
Fors de la ville avoit un gart,
Une forest grant et pleniere,
Parmi couroit une riviere :
Cele part ala Graelens,
Très pensix, mornes et dolens.
N'eùt gaires par le bos erré,
En un boisson espé ramé,
Voit une bisse toute blance
Plus que n'est nois nule sor brance :
Devant lui la bisse sailli,
Il le hua, si poinst à li.
Il ne le consivra jamès,
Porqant si le siut-il de près,
Tant qu'en une lande l'en maine ;
Devers le sors d'une fontaine,
Dont l'iave estoit et clere et bele.
Dedens baignoit une pucele,
Dex Damoiseles le servoient :
Sor l'eur de le fontaine estoient.
Li drap dont ele ert despoulie,
Erent dedens une foillie.
Graelens a celi véue
Qui en le fontaine estoit nue.
Cele part va grant aléure,
De le bisse n'eut-il puis cure,
Tant le vit graisle et escanie,
Blance et gente et colorie ;
Les ex rians et bel le front,
Il n'a si bele en tot le mont :
Ne le veut en l'iave toucier,
Por loissir le laisse baignier.
Se despoulle est alés saisir,
Par tant le cuide retenir.
Ses Damoiseles s'aperçurent
Del Cevalier, en effroi furent.
Lor Dame l'a araisoné,
Par mautalent l'a apelé :
Graelent, lai mes dras ester,

Ne t'en pués gaires amender,
Se tu o toi les enportoies,
Et ensi nue me laissoies ;
Trop sauleroit grant couvoitise.
Rent moi se viax non ma cemise,
Li mantiax puet bien estre tuens,
Deniers en prens, car il est boens.
   Graelens respont en riant,
Ne sui pas fix à marceant,
N'a borgois por vendre mantiax :
S'il voloit ore trois castiax,
Si n'enporteroie-je mie :
Isciés fors de cele iave, amie,
Prenés vos dras, si vos vestés
Ançois que vous à moi parlés.
Ge n'en voil pas, dist-ele, iscir,
Que de moi vous puissiés saisir ;
N'ai cure de vostre parole,
Ne sui nient de vostre escole.
Il li respont, je sofferai,
Vostre despoulle garderai,
Desque vos isterés ça fors :
Bele, mout avés gent le cors.
Qant ele voit qu'il veut atendre,
Et que ses dras ne li veut rendre ;
Séurté demande de lui
K'il ne li face nul anui.
   Graelens l'a asséurée,
Sa cemise li a donée :
Cele s'en ist de maintenant,
Il li tint le mantel devant,
Puis l'afula et si li rent.
Par la main senestre la prent,
Des autres dex l'a eslongié,
D'amors l'a requise et proïié
Et que de lui face son dru.
Et ele li a respondu :
Ge ! tu quiers grant otrage,
Ge ne te tiens noient por sage,
Durement me doi merveiller,
Que m'oses de çou araisnier,
Tu ne dois estre si hardis,
T'en seroies tost malbaillis ;
Jà n'afiert pas à ton parage
Nule femme de mon linguage.
Graelens le trove si fiere,
Et bien entent que par proïiere
Ne fera point de son plaisir,

N'il ne s'en veut ensi partir :
En l'espese de la forest
A fait de li ce que li plest.
Qant il en ot fet son talent,
Merci li prie dolcement
Que vers lui ne soit trop irée,
Mais or soit et france et senée,
Si li otroit sa druerie,
Et il fera de li s'amie,
Loialment et bien l'amera,
Jamais de li ne partira.
    La Damoisele ot et entent
La parole de Graelent,
Et voit qu'il est cortois et sage,
Bons Cevaliers et prox et larges,
Et set se il depart de li,
Jamais n'aura si boin ami,
S'amor li a bien otroiié :
Et il l'a docement baisié.
A lui parole en itel guise :
Graelent, vos m'avés souprise,
Ge vous amerai vraiement,
Mais une cose vous deffent,
Que ne dirés parole aperte,
Dont nostre amors soit descoverte.
Ge vos donrai molt ricement
Deniers et dras, or et argent,
Molt ert l'amors bone entre nous,
Nuit et jor gerra aveuc vous ;
Dalés vous me verés aler,
A moi porrés rire et parler,
N'aurés conpaignon qui me voie,
Ne qui jà sace qui je soie.
Graelent, vos este loiaus,
Prox et cortois et assés biaus :
Por vous ving-jou à la fontainne,
Por vous souferai-jou grant painne.
Bien savoie ceste aventure,
Mais or soiiés de grant mesure.
Gardés que pas ne vous vantés
De cose par qoi me perdés ;
Un an vous covenra, , amis,
Sejorner près de cest païs :
Errer poés dex mois entiers,
Mais ça soit vostre repairiers,
Por çou que j'aim ceste contrée.
Alès vous ent, none est sonée,
Mou mesage vos tramctrai ,

Ma volenté vos manderai.
    Graelens prent à li congié :
Elle l'acole et a baisié.
Il est à son ostel venus ,
De son ceval est descendus.
En une canbre seus entra ,
A la fenestre s'apoia,
De s'aventure mout pensis.
Vers le bos a torné son vis,
Un vallet vit venir errant
Desor un palefroi anblant :
De si à l'ostel Graelent
En est venus q'aine ne descent.
Au Cevalier en est venus,
Et il est contre lui salus ;
Demande li dont il venoit,
Com avoit non et qui estoit.
Sire, dist-il, ne dotés mie ,
Je sui mesages vostre amie,
Cest destrier par moi vos envoie,
Ensanble o vous veut que je soie :
Vos gages vos aquiterai,
De vostre hostel garde prendrai.
Qant Graelent ot la novele,
Qui molt li sanble boine et bele ,
Le vallet baise boinement,
Et puis a reçut le present,
Le destrier sos ciel n'a si bel,
Ne mix corant, ne plus isnel.
En l'establc por soi le met,
Et le cacéor au vallet.
Cil a sa male destorsée,
En la canbre l'en a portée,
Puis l'a overte et deffremée ,
Une grant coute en a getée :
D'un rice paile ovrée fu
D'autre part d'un rice boufu,
Met le sor le lit Graelent ;
Après met sus or et argent,
Boins dras à son Segnor vestir.
Après fait son oste venir,
Deniers li baille à grant pleuté ,
Si li a dit et comandé
Que ses sires ert aquités ,
Et ses hostez bien acontés :
Gart q'assés i ait à mangier,
Et s'en la vile a Chevalier
Qui sejorner voille tot coi,

Qu'il l'en amaint ensanle o soi.
Li hostes fu prex et cortois,
Et molt vaillan comme borgois :
Rice conroi fist atorner,
Par le vile fait demander
Les Cevaliers mesanisiés,
Et les prisons et les croisiés ;
A l'ostel Graelent les maine .
Del honcrer forment se paine ,
Assés i eut joué la nuit
D'estrumens et d'autre déduit.
La nuit fu Graelent haitiés,
Et ricement apareillés.
Grans dons dona as harpeors,
As prisons et as guoors;
N'avoit borgois en la cité
Qui li eust avoir presté,
Qui ne li doinst et face honor,
Tant qu'il le tienent à segnor.
   Desor et Graelent aaise ,
Ne voit mais rien qui li deplaise;
S'amie voit lés lui aler,
A li se puet rire et juer,
La nuit le sent de joste lui,
Coment puet-il avoir anui?
Graelent oire molt souvent,
El païs n'a tornoiement,
Dont il ne soit tos li premiers,
Mout est amés des Chevaliers.
Or a Graelent boine vie ,
Et molt grant joie de s'amie;
Se ce li puet longes durer,
Jà ne devroit el demander.
Ensi fu bien un an entier,
Tant que li Rois dut ostoiier;
A Pentecoste cascun an
Semounoit ses Barons par ban,
Tos cex qui de lui rien tenoient,
Et à sa cort o lui mangoient :
Servoient le par grant amor.
Quant mengié avoient le jor,
La Roïne faisoit monter
Sor un haut banc et deffubler,
Puis demandoit à tos ensanble,
Segnor Baron, que vos en sanble ?
A sou siel plus bele Roïne ?
Pucele, Dame ne mescine ;
A tox le convenoit loer,

Et au Roi dire et afremer
K'il ne sevent nule si bele
Mescine, Dame ne pucele :
N'i ot un seul ne le prisast,
Et sa biaté ne li loast,
Fors Graelent qui s'en taisoit,
A soi méisme sourioit :
En son cuer pensoit à s'amie,
Des autres tenoit à folie,
Ki de totes parts s'escrioient,
Et la Roïne si looient :
Son cief covri, son vis baisa.
Et la Roïne l'esgarda,
Le Roi le mostra son Segnor,
Voiiés, sire ques deshonor!
N'avés Baron ne m'ait loée,
Fors Graelent qui m'a gabée.
Bien sai qu'il m'a piеçа haïe ,
Je cuit qu'il a de moi envie.
Li Rois apela Graelent,
Demande li, oiant la gent,
Par la foi que il li devoit,
Qui ses naturex hom estoit,
Ne li celast, ains li desist
Por qoi baisa son cief et rist.
   Graelens respondi au Roi :
Sire, dist-il, entent à moi,
Onques mais hom de ton parage
Ne fist tel fait ne tel folage;
De ta femme fais mostrison,
Qu'il n'a caiens un seul Baron,
Cui tu ne le faces loer,
Dient qu'il n'a sous siel sa per :
Por voir vous di une novele,
On puet assés trover plus bele.
Li Reis l'oï, molt l'en pesa,
Par sairement le conjura
S'il en savoit une plus gente :
Oïl, dist-il, qui vaut tes trente.
   La Roïne mout s'en mari,
A son Segnor cria merci,
C'au Cevalier face amener
Celi qu'il i oï loer,
Et dont i fait si grant vantance :
Entre nos dex soit la mostrance,
S'ele est si bele , quite en soit,
Ou se ce non, faites m'en droit
Del mesdit et de le blastenge.

Li rois comande c'on le prenge,
N'aura de lui amor ne pais,
De prison n'istera jamais,
Se cele n'est avant mostrée
Que de biauté a tant loée.
    Graelens est pris et tenus,
Mix le venist estre téus :
Au Roi a demandé respit,
Bien s'aperçoit qu'il a mesdit;
S'amie en cuide avoir perdue,
D'ire et de mautalent tressue.
Jà est bien drois que mal li tort,
Plusor l'en plaignent en la Cort.
Le jor eut entor lui grant presse,
Duq'à l'autre an li Rois le lesse,
Ke sa feste rasanblera;
Tos ses amis i mandera,
Et ses Barons et ses fievés.
Là soit Graelent amenés,
Celi amaint ensanble o soi,
Que tant loa devant le Roi :
S'ele est si bele et si vaillans,
Bien li pora estre varans,
Cuites en iert, rien n'i perdra;
Et s'el ne vient jugiés sera,
En la merci le Roi en iert,
Assés set ceu qu'il i afiert.
    Graelens est de Cort partis
Tristes, coreçous et maris,
Montés est sor un boin destrier,
A son hostel va herbegier :
Son canbrelanc a demandé,
Mais il n'en a mie trové
Que s'amie li eut tramis.
Or est Graelent entrepris,
Mix vauroit estre mors que vis.
En une canbre s'est ses mis,
A sa mie crie merci,
Por Diu qu'il puist parler à li;
Ne li vaut rien, ni parlera,
Devant un an ne le verra,
Ne jà n'aura de li confort,
Ains ert jugiés près de le mort.
    Graelens maine grant dolor,
Il n'a repos ne nuit ne jor,
Qant s'amie ne puet avoir.
Sa vie met en noncaloir,
Q'ançois que li ans fust passés,

Fu Graelens si adolés
Que il n'a force ne vertu :
Ce dient cil qui l'ont véu,
Merveille est qu'il a tant duré.
Al jor que li Rois ot nomé,
Ke sa feste devoit tenir,
Li Rois a fait grant gent venir.
Li plege amainent Graelent
Devant le Roi en son present.
Il li demande ù est s'amie.
Sire, dist-il, n'en amain mie,
Ce ne le puis noient avoir,
Faites de moi vostre voloir.
    Li Rois respont, Dant Graelent,
Trop parlastes vilainement;
Vers la Roïne mespréistes,
Et mes Barons desdéistes :
Jamès d'autre ne mesdirés,
Qant de mes mains departirés.
Li Rois parole hautement,
Segnor, dist-il, del jugement
Vos pri que ne le deportés
Selonc le dit q'oï avés,
Ke Graelent oiant vous dist,
Et en ma Cort honte me fist :
Ne m'aime par de boine amor,
Qui ma femme dist dehonor.
Ki volentiers fiert vostre cien,
Jà mar querés qu'il vos aint bien.
Cil de le Cort sont fors alé,
Al jugement sont asanblé :
Une grant piece sont tot coi,
Qui n'i ot noise ni effroi.
Molt lor poise del Cevalier,
S'il le vaulent par mal jugier.
Ains que nus d'ex mot i parlast,
Ne le parole racoutast,
Vint uns vallés qui lor a dit
Qu'il atendissent un petit.
En la Cort vienent dex puceles,
El roiame n'avoit plus beles!
Al Cevalier molt aideront
Se Diu plaist, s'el delivreront.
Cil ont volentiers atendu,
Ains que d'iloeuc soient méu,
Sont les Damoiseles venues
De grant biauté et bien vestues:
Bien sont en deux bliaus lacies,

Graisles forment et bien delgies.
De lor palefrois descendirent,
A dex vallés tenir les firent :
En la sale vindrent au Roi.
Sire, dist l'une, entent à moi,
Ma Damoisele nos comande,
Et par nos dex vos pri et mande
C'un poi faites soufrir cest plait,
Et qu'il n'i ait jugement fait :
Ele vient ci à toi parler
Por le Cevalier delivrer.
Ains que cele éust dist son conte,
Eut la Roïne mout grant honte ;
Ne demoura gaires après,
Devant le Roi en son palés
Vinrent de autres molt plus gentes,
De color blances et rouventes,
Au Roi dient qu'il atendist
Tant que lor Damoisele venist.
Mout furent celes esgardées,
Et lor biauté de toz loées :
De plus beles en i avoit
Que la Roïne n'en estoit.
Et qant lor Damoisele vint,
Tote la Cort à li se tint :
Mout ert bele de grant maniere,
A dox sanblant, o simple ciere,
Biax ex, biaz vis, bele façon,
En li n'a nient de mesproison.
Tot l'esgarderent à merveille.
D'une porpre toute vermeille,
A or brosdée estroitement,
Estoit vestue ricement ;
Ses mantiax valoit un castel.
Un palefroi ot boin et bel :
Ses frains, sa sele et ses lorains,
Valoit mil lives de çartains.
Por le véoir iscent tot hors,
Son vis loerent et son cors,
Et son sanlant et sa faiture.
Ele ne vait grant aléure :
Devant le Roi vint à ceval,
Nus ne li puet torner à mal ;
A pié descent emmi la place,
Son palefroi pas n'i atace.
Au Roi parla cortoisement,
Sire, fait-elle, à moi entent,
Et vous trestout, Segnor Baron,

Entendés ça à ma raison.
Asés savés de Graelent
Qu'il dit au Roi devant sa gent,
Au tant à se grant asanblée,
Qant la Roïne fu mostrée,
Ke plus bele femme ot véue.
Ceste parole est bien séue,
Vérités est, il mesparla,
Puis que li Rois s'en coreça ;
Mais de ce dist-il vérité,
N'est nule de si grant biauté,
Que autre si bele ne soit :
Or esgardés, s'en dites droit,
Se par moi s'en puet aquiter,
Li Rois li doit quite clamer.
N'i ot un seul, petit ne grant,
Ki ne desist bien en oiant,
Qu'ensanble li a tel mescine,
Qui de biauté vaut la Roïne ;
Li Rois méismes a jugié
Devant se Cort et otroié
Que Graelent est aquités,
Bien doit estre quites clamés.
Dementiers que li plais dura,
Graelent pas ne s'oublia,
Son blanc ceval fist amener,
O s'amie s'en veut aler.
Quant ele ot fait çou qu'ele quist,
Et ot oï que li Cors dist,
Congié demande et prent del Roi,
Et monte sor son palefroi :
De la sale se departi,
Ses puceles ensanble o li.
Graelent monte et vait après
Par mi le vile à grant esfès ;
Toz jorz li va merci criant,
El ne respont ne tant ne quant.
Tant ont lor droit cemin tenu,
Qu'il sont à le forest venu ;
Parmi le bos lor voie tinrent,
De si qu'à la riviere vinrent,
Ki en une lande sortoit,
Et parmi le forest couroit.
Mout en ert l'iave blance et bele,
Dedens se met la Damoisele :
Graelent i veut après aler,
Mais el li comence à crier :
Fui, Graelent, n'i entre pas,

Se tu t'i mès, tu noieras.
Il ne se prent de ce regart,
Après se met, trop li est tart :
L'eve li clot deseur le front,
A grant paine resort amont ;
Mais el l'a par la renne pris,
A terre l'a arière mis,
Puis li dist qu'il ne peut passer,
Jà tant ne s'en sara pener,
Commande li que voist ariere.
Ele se met en la riviere,
Mais il ne puet mie soufrir
Que de lui le voie partir :
En l'eve entre tout à ceval,
L'onde l'enporte contreval ;
Departi l'a de son destrier.
Graelent fu près de noiier,
Qant les puceles s'escrierent,
Qui aveuc la Damoisele erent :
Damoisele, por Diu, merci,
Aiés pitié de vostre ami ;
Véés, il noie à grant dolor.
A las ! mar vit onques le jor
Que vos primes à lui parlastes,
Et vostre amor li otroiastes :
Dame, voiiés, l'onde l'enmaine,
Por Diu, c'or le getés de paine,
Mout est grant dex s'il doit morir,
Coment le poent vos cœurs soufrir ?
Trop par li estes ore dure,
Aidiés li, car en prenés cure.
Damoisele, vostre amis nie,
Soffrés qu'il ait un peu d'aïe ;
Vous avés de lui grant pecié.
La Damoisele en ot pitié
De çou qu'ele les ot si plaindre,
Ne se puet mais celer ne faindre,
Hastuement est retornée,
A le riviere en est alée,
Par les flans saisist son ami,
Si l'en amaine ensanble o li.
Qant d'autre part sont arivé,
Ses dras moulliés li a osté,
De son mantel l'a afublé,
En sa terre l'en a mené.
Encor dient cil du pays
Que Graelent y est tous vis,
Ses destriers qui d'eve escapa,

Por son Segnor grant dol mena :
En le forest fist son retor,
Ne fu en pais ne nuit ne jor ;
Des piés grata, forment heni,
Par le contrée fu oï.
Prendre cuident et retenir,
Onques nus d'aus nel' pot saisir :
Il ne voloit nului atendre,
Nus ne le puet lacier ne prendre.
Mout lonc tans après l'oï-on
Cascun an en cele saison,
Que ce sire parti de li,
Le noise et le friente, et le cri
Ke li bons cevaus demenot
Por son Segnor que perdu ot.

  L'aventure du bon destrier,
L'aventure du Cevalier
Com il s'en ala o sa mie,
Fu par tote Bretaigne oïe :
Un Lai en firent li Breton,
Graelen-mor l'apela-on.
          Explicit le Lai de Graelent.
                    732 VERS.

LE LAID CHEVALIER.

COPIÉ DU MENAGIANA, TOME 1er.

  Un haut hom', chevalier étoit,
Qui une damoiselle amoit
Plus assez qu'il ne fût raison.
Ce chevalier fut très laid hom' ;
Laid fut de corps et de tout membre,
Comme l'histoire le ramembre.
Saiges étoit parfaitement,
Fors que d'amer tant seulement.
La damoiselle qu'il amoit
Bestiaux, sote et niche étoit ;
Mais elle étoit belle à devis,
De façon, de corps et de vis :
Plus belle ne pourroit-on querre
Par le pays, ne par la terre.
Le chevalier veut celle avoir,
Pour ce que belle lui sembla.
Tous ses amis en assembla,
Et leur dit : Je veuille avoir cette ;

Nulle autre femme ne me haite.
Lors ses amis lui répondirent,
Et tretous proprement lui dirent :
Sire, vous savez sa manière.
Je sais bien que bele et sotte ière ;
Si vous dirai qu'en avendra,
Véoir le peut qui l'entendra.
Pour voir enfans aura de moi :
Et savez-vous que je y vois ?
Très beaux pour cause de la mere,
Et saiges pour cause du pere ;
Si qu'ils seront et bel et saige.
Avoir ne peurent mendre usaige.
Sur ce sorts et sur cet espoir
Veut cil la damoiselle avoir.
Ensemble en mariage furent,
Enfans eurent tels comme ils durent ;
Laids et hideux de par le père ;
Sots et niches de par la mere ;
Tretout le contraire lui vint
De ce que pour vérité tint.

39 VERS.

DE NARCISSUS.

. . . .
Narcissus qui fu mors d'amer,
Nos doit essample à toz mostrer
Amors blasmoit et sa puissance,
Ki puis en prist aspre venjauce ;
A tel amor le fist aclin
Dont il reçut mort en la fin
. . . .
Mout est tes cuers u fel u fier,
Qui si m'esgardes volentiers,
Si com j'entent à ton saublant,
Et si ne veus venir avant,
Et je moult doucement te pri
Que tu aies de moi merci.
Ce que je faz je te voi fere,
Onque riens ne me peut mès plere ;
Tot le mont ai por toi lessié,
Tu m'as dél tout vers toi plessié.
Iluec esta, n'en pot partir.
Iluec l'estuet vivre et morir ;

Ne li puet plere autres consaus,
Jà ert esconssé li solaus.
Tote la nuit fu en dolor,
Iloeques fu de si au jor ;
Onques ne menga ne ne but,
Nés sa folie n'aparçut,
Que que il pleure et grant del mainne ;
Les larmes troblent la fontainne,
Et por l'iave qui troble estoit,
Ne pot véoir ce qu'il soloit.
Ha ! las, fet-il, qu'est devenue ?
Où est alée ? or l'ai perdue,
Et je sui ci remés toz seus,
Caitis, dolans et angouseus.
Nule arme o moi ci ne remaint
Fors seul amors qui me destraint :
Sa compaiguie ne me faut,
Morir m'estuet, et moi que caut ?
Mix veul morir isnelement
Qu'en tel paine estre longement.
Lors se regarde, puis si voit
L'ombre qui en liave aparoit ;
Sosrit, et or li est avis
Que cele li a fet un ris :
Lors est encore plus destrois,
Baise l'iave plus de cent fois.
Avis li fu que mout ert près,
Ne retenir ne se pot mès,
Gete les bras, cuide le prendre,
Mès ne set tant lacier ne tendre
Qu'il la puist sentir ne trover.
Lors se commence à porpenser,
Si voit que prendre ne la puet,
Et moult est près, si ne se muet.
Ensi li fuit, si le deçoit,
Et quide que fantosme soit :
Un poi est en son sens venus,
Lors connoist qu'il est deceus,
Et voit que c'est umbres qu'il aime.
Moult par se blasme, et fol se claime,
Et neporçant ne set que faire,
Son corage n'en puet retraire.
Desvoiés est, ne set guencir,
N'à droite voie revenir :
Car il estoit si escaufés,
Qu'il n'en puet estre retornés.
Et qant plus est desesperans,
Tant est l'angoisce assés plus grans ;

Dont se tormente, dont s'ocist,
Ne set que fet, ne set que dit.
Bien sai que voir dist li devins,
Ma mors est près, c'en est la fins,
Car en fol liu ai mis m'entente,
Que j'en pert joie et ma jovente.
Or sent et croi et sai de voir
Qu'esperance n'i puis avoir,
Et de tant sui plus angouseus,
Et plus m'art et espreat li feus :
Car ançois beax me fu depors,
Li esgarders et grans confors,
Et quidai véoir que que soit
De l'umbre qui me decevoit.
Si me féist auques de bien,
Mais ore sai que n'en voi rien :
Por çou m'est li maus plus engrés,
Or ne puis estre une ore en pès ;
Or n'aim-je nule rien vivant,
Or ne sai-je que je demant.
Quex amors, est-ce dont me duel ?
Qant j'aim, si ne sai que je vuel.
Le cors, le vis, que je là voi,
Ce puis-je tot trover en moi ;
J'aim moi méisme, c'est folie.
Fu onques mais tes rage oïe ?
Las ! je sent bien cis maus m'engraingne,
Si ne voi home qui me plaingne ;
Vos, caup, vos', pré de ci entor,
Por Diu esgardés ma dolor.
Plaigniés mon cors et ma biauté,
Et si dites, mar se vit né
Cist enfès qui tel mal endure,
Et muert par grant mesaventure.
Et tu, forès, qui ci t'espans,
Qui tant es anciene et grans,
Pieça que tu ies ci créue,
Et mainte amor as jà véue,
Car me di s'onques à nul jor
Véis si angousceuse amor ;
Porpense-toi et sel' me di :
Nenil, par foi, jel' sai de fi.
Vous, Diu, qui tout le mont jugiés,
Car vous prenge de moi pitiés.
Por qoi me faites tant languir ?
Assés voudroie mix morir.
Aimi ! las, com cil Diu sont sort !
Nus Diex por qoi ne me secort,

Qui itel fin me voient faire ?
Il ne sont pas si deboinaire,
Ce m'est avis, com on disoit,
Poevent-il riens ? ou dit adroit,
Dès que jes apel tos et pri,
Ne de moi n'ont nule merci.
Donques doi-je par droit quidier
Qu'il ne pevent nure, n'aidier.
Dont me vient ce que je di, las !
Ne doi croire, ne ne croi pas.
Mais vos, Diu, le me pardoués,
Car je paroil comme dervés,
Com hom de tel folie espris,
Que ne sai por qoi je languis,
Ne je ne sai que demander,
Fors çou que on ne puet doner.
Et o moi vient et o moi vait
La cose qui tel mal me fait ;
En moi est tot quanque je veuil,
Et si ne sai dont je me dueil.
Je sui ce que je tant desir,
Jou méisme me fas languir ;
Dès que je ai çou que demant,
Por qoi n'en fa-ge mon talent ?
Ne sai : car j'aim et sui amés,
Et çou que j'aim me r'aime assés,
Et n'est pas en menor effroi,
Si n'en poons prenre conroi :
Poons mais puis, car je sui sox,
Et cest amors n'est pas de dox.
Proier, et qui doi-jou proier ?
Çou que j'aim ne me set aidier,
Ne conseil doner ne me puet ;
Or n'i a el, morir m'estuet.
Las, je me plaing, mais nus ne m'ot,
Parens que j'aie n'en set mot.
Que sont ore tot devenu
Mi conpaignon qui m'ont perdu ?
De tote gent sui eslongiés,
Et en cel bos tous seus lessiés,
Je quit que tote riens me het,
Las ! ma mere por qoi nel' set ?
Si me venist plaindre et plorer,
Auques me péust conforter.
Mais dont ne m'a nus esgardé
Qui plaigne moi et ma biauté ;
Certes oil, viax la pucele
Que je trovai l'autrier si bele,

Qui se clamoit cetive et lasse,
Et me prioit que je l'amasse.
Or me puis-je caitis clamer
Por çou que ne la voil amer.
Ahi, las! tant par fui vilains,
Et de grant felonie plains,
Et tant fui dur et de mal aire,
K'el onques ne me pooit plaire.
Biax sire Diu, car venist ore,
Espoir mestier m'aroit encore
Plus que mere, pere ne suer,
Si pooie torner mon cuer,
Et si aploier mon corage
Que j'oubliaisce ceste rage :
Car amors m'a si escaufé,
C'amer m'estuet outre mon gré.
Mais une rien cuit bien entendre,
Que se m'amors séut ù prendre,
Et je véisse autres que voi,
Ne fuisce pas en tel effroi.
Dix! s'or venoit par aventure,
Jà porroit estre bien séure
Que ele conquerroit m'amor,
Et me geteroit de langor.
Bien me devoit max avenir,
Quant onques ne le voil oïr.
Que qu'il parole et il se blasme,
Li cuers li faut, trois fois se pasme,
Et la parole a jà perdue.
Ovre les ex, si a véue
Dane qui vient tote esgarée,
Q'amors avoit si escaufée,
Que toute nue en son mantel
Aloit querre le jovencel.
Il le regarde et ne dist mot,
Car parler veut, mais il ne pot :
La fontaine li mostre au doit;
Et l'ombre que si le deçoit.
Les bras li tent, les levres muet,
Les ex ovre si com il puet :
Sanblant li fet que se repent.
Ele l'esgarde, bien l'entent,
Vers lui se trait et mot ne dit,
Lors se tormente, lors s'ocit.
Ele le baise, ele le tient,
Ele se pasme, puis revient;
Ele l'acole, ele l'enbrace,
Baise les ex, baise la face.

Ahi! fait-ele, dox amis,
Com estes de la mort soupris !
Biau sanlant me volés mostrer,
Mès ne poés à moi parler.
Lasse, si mal asanblement,
Si dolereus enbracement,
Si cort deport, si cort delit,
Si grant angousce qui m'ocit;
Lasse, ma proiiere est la mort,
Or n'i a mès autre confort.
Morir m'estuet de compaignie,
Car assés mix aim mort que vie.
Li vallés muert, l'ame s'en vait,
La pucele plus près se trait :
Vers lui se trait par tel aïr,
Du cors se fait l'ame partir.
Ce fist amors qui l'a souprise :
Andui sont mort en itel guise.
Or se gardent tuit autre amant
Qu'il ne muirent en tel sanblant.

       230 VERS.

Explicit Narcissus.

Manuscrits, n° 7218, 7989, et 1830 de
    Saint-Germain.

~~~~~~~~~~~~~~~~~~~~~~~~~~~~~~

DU PROVOIRE

QUI MENGA LES MORES;

PAR GUERIN.

Manuscrit de Saint-Germain, n° 1850.

————

Qui qu'en ait ire ne despit,
Sans terme prenre, ne respit,
Vos dirai d'un Provoire un conte,
(Si com GUERINS le nos raconte.)
Qui au marchié voloit aler :
Sa jument a fait ensseler,
Qui granz estoit et bien péüe;
Deux ans l'ot li prestres tenue;
N'avoit gaires ne soi ne fain,
Assez avoit aveine et fain.
Li prestre son chemin atorne,
Ne fait que monter, si s'entorne
Vers le marchié sor la jument,

Se l'estoire ne nos en ment;
Por icele saisou me manbre,
Bien sai que ce fu en setenbre,
Qu'il estoit grant plenté de meures.
Li prestre vait disant ses cures,
Ses matines et ses vegiles.
Mais à l'entrée de la vile,
Plus loing que ne giete une fonde
Avoit une rue parfonde,
En un buisson avoit gardé,
Des meures i vit grant plenté,
Grosses et noires et meüres,
Et li prestres tot à droiture
Dist que se Jhesu Crist li aist,
Si beles meures mais ne vit.
Grant fain en ot, si ot talent,
La jument fait aler plus lent,
Si s'arrestut tot à estal;
Mais une chose li fist mal,
Que les espines li nuisirent,
Et les meures qui si halt furent
Les plus beles el front devant,
Que venir n'i pot en séant.
Adonc est li prestres dreciez,
Sor la sele monte à deux piez,
Sor le buisson s'abaisse et cline,
Puis menjue de grant ravine
Des plus beles qu'il i eslut,
Ainz la jument ne se remut.
Et quant il ot mengié assez
Tant que il en fut toz lassez,
Vers terre garde, et ne se mut,
Et vit la jument qui s'estut
Vers le roschoi trestote qoie,
S'en ot li prestres molt grant joie
Qui à deux piez est sus montez;
Diex, fait-il, qui or diroit, Hez.
Il le pensa, et dist ensanble;
Et la jument de poor tranble,
Un saut a fait tot à bandon,
Et li prestre chiet el buisson
En tel maniere entre les ronces,
Qui d'argent li donast cent onces
N'alast arriere ne avant,
Et la jument s'en vait fuiant,
Chez le provoire est revenue
Quant li serjant l'ont conneüe,
Chascun se maudit et se blasme,

Et la feme au prestre se pasme,
Qu'ele quide que il soit morz,
Ci fut molt granz li desconforz.
    Corant s'en vont vers le marchié,
Tant ont alé, et tant marchié,
El buisson vienent trestot droit
Où le prestre en malaise estoit.
Et quant il les ot dementier,
Commença lors à escrier:
Diva, Diva, où alez-vos,
Ge sui ici molt doulerox,
Pensis, dolenz, molt esmaiez,
Quar trop sui malmis et blecier,
Et poinz de ronces et d'espines
Don j'ai sanglentes les eschines.
Li serjant li ont demandé:
Sire, qui vos a là monté?
Pechié, fait-il, m'i embati;
Hui matin quant ge ving par ci,
Que j'aloie disant mes ores,
Si me prist molt grant fain de mores,
Que por rien nule avant n'alasse
Devant que assez en mengasse;
Si m'en est ainsi avenu,
Que li buissons m'a retenu:
Quar m'aidiez tant que fors en soie,
Quar autre chose ne querroie,
Mais que ge fusse à garison;
Et à repos en ma maison.
    Par cest flabel poez savoir,
Que cil ne fait mie savoir,
Qui tot son pensé dit et conte,
Quar maint domaige en vient et honte
A mainte gent, ce est la voire,
Ainsi com il fist au Provoire.

                              96 VERS.

C'EST LI FABLIAUS

DE COQUAIGNE.

Manuscrits, n. 7218 et 7615.

Or entendez qui estes ci,
Tuit devez estre mi ami
Et honorer com vostre pere.
S'est bien droiz et reson que pere

Li granz sens que Diex m'a doné,
Mès ainz qu'il vous aie conté,
I porrez-vous tel chose oïr
Qui moult vous fera resjoïr.
Une chose poez savoir
Qu'en grant barbe n'a pas savoir ;
Se li barbé le sens séussent,
Bous et chievres molt en éussent.
A la barbe ne baez mie,
Tels l'a grant n'a de sens demie :
Assez ont de gent li jone home.
Entor l'Apostole de Rome
Alai por penitance querre,
Si m'envoia en une terre
Là où je vi mainte merveille :
Or oiez comment s'apareille
Li pueples qui ou pais maint.
Je cuit que Diex et tuit si saint
L'ont miex benéie et sacrée
Que il n'ont une autre contrée.
Li païs a à non Cocaingne,
Qui plus i dort, plus i gaaigne :
Cil qui dort jusqu'à miedi,
Gaaigne cinc sols et demi.
De bars, de saumons et d'aloses
Sont toutes les mesons encloses ;
Li chevron i sont d'esturjons,
Les couvertures de bacons,
Et les lates sont de saussices.
Moult a ou païs de delices,
Quar de hastes et de courz os
I sont li blé trestuit enclos ;
Par les rues vont rostissant
Les crasses oes et tornant
Tout par eles, et tout adès
Les siut la blanche aillie après,
Et si vous di que toutes voies
Par les chemins et par les voies
Trueve-l'en les tables assises,
Et desus blanches napes mises :
Si puet-l'en et boivre et mangier
Tuit cel qui vuelent sanz dangier ;
Sanz contredit et sanz deffense
Prent chascuns quanques son cuer pense,
Li uns poisson, li autres char,
S'il en voloit chargie un char,
Si l'auroit-il à son talant ;
Char de cerf ou d'oisel volant

Qui veut en rost, qui veut en pot :
Ne jà n'i paieront escot,
N'après mengier n'i conteront
Ausi come en cest païs font :
C'est fine véritez provée
Qu'en la terre benéurée
Cort une riviere de vin.
Si arrivent li Mazerin
Et li voirre i vont arrivant,
Et li hanap d'or et d'argent.
. . . .

                          62 VERS.

~~~~~~~~~~~~~~~~~~~~~~~~~~

LA PLANTEZ.

———

AÏDE Dex qui tot governe.
Il avint en une taverne
L'autre an, si con Acre fu prise,
Bien ai la matiere aprise,
C'uns Bachelers de Normandie,
Don maint Gentilome mandie,
Se voloit disner par matin ;
Mais n'ot geline ne pocin,
N'à mangier qui gaires vaille,
Fors un sol panet de maaille.
En sa main tenoit un denier,
Si conmanda au tavernier
Que danrée de vin li traie.
Et cil de noiant ne delaie,
Qui moult est fiers et orgoillox,
Cointes vasax et otragos,
Au tonel vint grant aléure,
Trestot plaine la mesure ;
Prant un henap trestot de plain,
Au Normant lo mist en la main :
Tien, va, fait-il, isnelement.
Lors li versa si roidement
El hanap que cil li tandi,
Que demi lo vin espandi
Par son orgoil et par s'otrage.
Qant li Normant vit son domage,
Lors n'ot en lui que aïrier
Qu'il ne li remenoit c'un denier.
A tavernier escrie haut :

Sire vasax, se Dex me saut,
De ton orgoil mestier n'avoie.
Et , cil li respont : va ta voie,
Fox musarz, espoir se Dé vient,
Ce est gaaigne qui te vient,
Car à celui qui vin espant
Vient, ce dit l'an , gaaigne grant :
Cist domages te doit moult plaire,
Li vins est près, si an fai traire,
Ne ne parler de tel lastel :
Main hanap en ai or gasté,
Ainz ne fis chiere ne sanblant,
D'un mui n'en parleroie tant
Con tu feroies de demie.
Li Normanz l'ot, ne li sist mie
Que li tavernier lo ranpone,
Ainz voldroit mielz estre à Espone
Qu'il nel' corost, coumant qu'il aille.
De sa borse oste une maaille,
Si li dit que li aut, boen erre,
Demie de fromache querre.
Bau ça, fait-il; lors s'an torna,
Les degrez do celier monta,
Si en va moult tost et isnel.
Et li Normanz vint au tonel,
Conmant qu'il praigne ne chiée,
Si a la broche hors sachiée,
Si fait lo vin aler par terre.
Cil qui lo fromache ala querre,
N'a mie grantmant atendu :
Qant il voit son vin espandu,
Moult ot au cuer et duel et ire :
Ainçois que il volsist mot dire
Au Normant, ne à lui tochier,
Ala lo tonel estanchier.
Qant il ot la broche remise,
Au Normant vient, si li devise
Que vilainement a mespris :
Par lo pan de sercot l'a pris,
Tot li covient lo vin à randre,
O maintenant lo fera pandre.
Li Normanz dit, laissiez m'an pais,
Ains plus fol de toi ne vi mais ;
Ne sez-tu que tu me déis,
D'un po de vin que m'espandis,
Je gaaigneroie à planté ?
Or saches bien de vérité
Que cens dobles doiz gaaignier,

Que en ton vin te puez baignier
Qui par ce celier cort à ruit,
Par tans porras mener grant bruit
Del gaaing qui te pant as iauz,
Laisse , mestre, et si di miauz,
Que moult te vient bien ta besoigne
Si con ta parole tesmoigne,
Icest san m'as-tu or apris.
Adonc l'a li taverniers pris,
Si lo saisist par grant efforz ;
Mais li Normanz fu granz et forz,
Contre un tonel l'a si hurté,
A pou ne l'a escervelé.
Li chantés torne, c'est péchiez,
Et li toniax s'est eslochiez,
Que trois des cercles en ronpirent,
Et les mesures jus chaïrent.
Tuit sont brisié li mazerin.
Baignier vos poïssiez en vin
Par lo celier en plusor leus :
Or ont fait d'un domage deus.
Cil s'entretienent duremant,
Mais li Normanz moult justemant
L'a entre deus fonz aenglé,
Jà l'aüst mort et estranglé,
Qant li voisin i sont venu,
Lo tavernier ont secoru,
Et lo Normant botent en sus,
Mais onques ne le tocha nus ;
Mais tant li ont fait de desroi
Qui l'ont mené devant lo Roi.
Qui que s'an lot, ne qui s'an plaigne.
C'est li Cuens Hanris de Chanpaigne
Qui tenoit la terre et l'anor.
Qant devant li vint la clamor,
Li taverniers tot li reconte
Con li Normant li ot fait honte,
Tote sa perde li demande.
Et li Rois au Normant conmande
Et conjure que voir li die.
Je n'an mantirai, fait-il, mie ;
Lors li a conté maintenant,
Si con oï avez devant,
C'onques mot n'en daigna noier.
Li Rois demande au tavernier
Si c'est voire que il a dit :
Oïl, sire, sans contredit,
C'onques n'i a manti de mot.

Et qant la gent lo Roi ce ot,
Si batent lor paumes et dient
Au Roi Hanri trestuit, et dient
Que mais si haute lecherie
Ne fu devant haut ome oïe;
Por ce que il en ristrent tant,
Se tindrent devers lo Normant;
Et li Rois si a respondu,
Qui ait perdu, si ait perdu.

       Ci fenist la Plantez.

           134 VERS.

LE CHIEN ET LE SERPENT.

EXTRAIT DU DOLOPATOS, OU ROMAN DES SEPT
SAGES, PAR HERBERS.

Bibliothèque du roi, manuscrit de Cangé,
n° 27.

———

Li bacelers povres devint,
De sa folie li sovint
Qant il n'ot mais que departir,
Mais à tart vint al repentir.
Trop reconnut tart son meffait,
Bien sot que folie avoit fait.
Or ne set-il que puisse faire,
Ce qu'il a fait ne pot deffaire;
N'ot que prandre ne que doner,
N'ot de que feste demener.
Tant com il ot fu-il amés
Et servis et sire clamés,
Et fu tenus à grant chierté;
Mais puis q'il vint à povreté
Si n'ot nus hom qure de lui,
Assés sofri honte et anui;
Car tot cil le dos li tornoient,
Qui ançois servir le voloient.
Tex amors est tost corrompue
Se pardonner n'est sostenue,
Tant ont à folie entendu
Que son avoir ot despendu,
Et si parant et si ami
Devinrent tot si anemi.
De lui véoir avoient honte.

Bons rois, orent en bien le conte.
Li bacelers ot moult grant ire,
Ne sot que faire ne que dire;
Si pansa que mius li venoit,
Puisque tex maus li avenoit,
Sofrir honte en altrui païs
Qu'en celui dont il fu naïs.
Saciés qu'il fu moult angoisseus,
Pensis, dolans et coreceus:
Bien fu chéus del mont à val.
Il n'ot solement qu'un ceval,
Et un levrier et un ostor,
N'em pot aler par altre tor:
N'ot plus vaillant un deniers,
Mais li ostors et li levriers
Estoient si bon à devise.
Ne sot que faire en nulle guise,
De demorer issi n'ensi,
Tot par nuit de la vile issi,
Ne sot nus son département
Fors que sa fame solement
Qui de novel est relevée.
Celi en a od li menée
Et l'enfant en son coel emporte.
Ensi passe parmi la porte,
Et si plovoit espessement,
Et si ventoit très durement.
De cevalchier forment se paine
Son oisel et le ciens enmaine.
Nus ne set qu'il ert devenus.
Tant cevalce qu'il est venus
Droit à une autre région,
Grans fu et biax et apers hon.
Entrés est en une cité,
Rice, de grant autorité:
Plus estoit de none passée,
Jà estoit près de la vesprée;
Ne sot à puist ostel avoir,
Il n'a argent ne altre avoir
Dont il le péust esligier,
Et si est tens de herbergier.
Rois, or entent que il avint:
Tot droit à une place vint,
La s'arestat tant qu'uns borjois
Qui moult fu vaillans et cortois
Le vit bien et parçut et sot,
Tot maintenant que véu l'ot,
Qu'il n'estoit mie païsans,

Li borjois fu grans et pesans,
Tot soavet à lui ala.
Cil atendi tant qu'il vint là;
Li borjois moult tost le salue,
Et cil qui d'angoisse tressue,
Li rant son salu simplement
Et encline moult dolcement.
Dont estes-vus, fait-il, amis?
Nés sui de cel autre païs,
Fait cil qui moult fu angoisseus,
Et dist qu'il n'est mie tot seus;
Mostré li a sa compagnie
Conté li a tote sa vie,
Conment il s'estoit maintenus,
Et conment il estoit venus;
Et dist que s'il trovoit ostel
Grant u petit, ne li calt quel,
En la vile demoreroit,
Volenters i sorjorneroit;
Mais il n'a de que loer.
Li borjois fist moult à loer;
Pitié en ot et si respont:
Amis, je main delà cel pont;
Mais j'ai deçà une maison,
Cinc ans a qu'il n'i mest nus hon,
Et s'est de pierre grans et large,
Celi vus prest por herbergage;
Tant com demorer i valrés,
Ne jà loïer n'i paierés.
Cil li respont: Biax gentils sire,
Li grans Dex del ciel le vus mire;
Je ne vus quiert plus ne demant.
Cil li a presté esrammant
La clés et la maison livrée.
Li chevalier l'a desfermée,
Il entre en l'uis et si descapt
Sa fame et son petit enfant;
Son chien et son oisel i mist.
De bien. . . . , ...*
Ci il péust. . . . .
Atacié. . . . .
Il l'amoit moult . . . .
Il fist tant qu'il ot am. . . .
De l'ostel fu joians et liés
Mins q'il pot s'est aparilliés

*Ce qui manque ici et à la page sui-
vante est déchiré dans le manuscrit.

Por demorer en la cité.
Rois, bien saces par vérité
Qu'il n'ot pas qanques il voloit,
Ne le bien qu'il avoir soloit;
Car il n'avoit rien que despendre,
Ne savoit achater ne vendre.
Del cien vivoit et de l'oisel,
A mervelle li estoit bel,
Quant il prandoit alq'une proie,
Et sa fame en avoit grant joie,
Car d'autre cose ne vivoient,
N'autre sostenance n'avoient.
Gentil estoient et de linage,
N'avoient pooir ne corage
De laborer vilainement,
Et si ne savoient conment
Com autre povre mendiaissent,
Ne por Deu del pain demandaissent.
Li chevalier cachier aloit
Cascun jor si com il soloit;
Sa fame remanoit jéune
Se tant ne lui faisoit fortune
Que ses sire proie présist
Dont que que fust li remansist;
Et les plusiors jours jéunoit,
Tant que ses sire revenoit.
Usé l'avoient et apris,
Tant qu'il avoit que que soit pris.
Rois, or entent del chevalier;
Ce ne fu fait ne hui ne ier.
Il se leva un jor moult main,
Et prist un baston en sa main;
Sor son ceval a mis la sele,
Son ostor prant, le chien apele:
Por sa vie et sa garison
Est alés quere venoison.
Le bois cerga et la campaigne,
Mais il ne trova que il praigne:
Moult en fu dolans et iriés.
A son hostel est repairiés;
Sa fame li ovre la porte,
Cil i entre qui rien n'aporte:
Sa fame le regarde as mains.
Dolce soer, fait-il, c'est del mains
Certes hui ne poi proie prendre,
Cele nuit loz convint atendre,
Onques ne mangerent ne burent,
Dolant et à malaisse furent.

Al matin luès qu'il ajorna
Li chevalier se ratorna ;
Son ostor prant et le cien laisse
Qui fut lié à une laisse.
. . . .
. . . .
. . . .
. . . . atorné
. . . Dormi en son bercoel,
Assés ot paine et mal et doel.
Moult a de mal qui muert de fain.
La dame n'ot noble ne pain
Ne cose qu'ele mangier puisse,
La faint le destraint et anguisse,
Et ses sire trop demoroit,
N'ele ne sot quant il venroit.
L'on dist que besognos n'a loi :
Une dame moult près de soi
Manoit , qui estoit rice fame ,
Cele estoit anciene dame.
Tote dolante et trespansée
En est à celi dame alée,
Car ce li fait faire besogne,
Et proie qu'à mangier li dogne :
Son anfant a tot sol laissié.
Es-vus atant tot eslaissié
Un serpent qui fors del mur ist,
A l'enfant qui el bercoel gist
Est venus por lui estrangler,
Desor une grant piece angler
Avoit conversé longemeut
Li levriers sace durement,
Sace et resace , et tant s'esforce
Qu'il rompi son lien à force.
Qant il fu desliés, si salt,
Al serpent vint, et si l'asalt
Que revint , à lui se combat ,
As dens le demaine et débat
Tant qu'il l'ocist , et si se paine
Tant que fors del bercoel le maine.
Le bercoel enversé avoient
Issi com il se combatoient :
Tornés estoit en tel manière
Que devers tere avoit sa ciere ;
Del enfant est li dos desore.
Lors est entrés à icele ore
Li chevalier en la maison
Qui assés ot pris venison

Qant il vit le bercoel versé ,
Et il vit le sanc reversé
Qui parut sor le pavement,
Lors s'esbaïst trop durement ;
Et quant il vit sanglant le cien,
Que rompu avoit son lien ,
Tos li sans del cors li remue
Quide qu'il ait tel faim éue
Qu'il ait l'enfant petit mangié.
Por poi n'avoit le sens cangié
Qant de sa fame ne vit mie ,
Quide qu'ele s'an soit fuie
Et qu'ele ne l'osast atendre.
Bons Rois, ce dois-tu bien entendre ;
Il fu iriés oltre mesure,
N'i garde raison ne droiture.
Del foeire a sacié l'espée ;
Son ceval l'a el cors botée.
Son bon ostor a escuissié,
A tant ne l'a-il pas laissié,
Son bon levrier parmi détrance
Dès l'espaule jusqu'en la hance.
Or valut pis qu'il ne soloit ,
Soi-méisme tuer voloit ;
Férus se fust parmi le ventre
Qant la dame en la maison entre ,
Tote dolente et esperdue
Al bercoel vint, si le remue
Qant tumé le vit , moult li grieve,
Avant vint et si le relieve ;
L'enfant alaite dolcement
Et moult le baise tenrement.
Li chevalier le serpent voit
Que ses levriers ocis avoit,
Dont aperçut et connut bien
La bone foi qui fu al cien,
Dont fu dolans oltre manière ;
Bien vausist estre mis en bière,
Dont se repenti mais à tart.
Bons Rois, agarde ceste part :
Ne faire rien ne consantir
Dont tu te doies consantir : (1)
Car ne puet estre recovrée
La cose puis qu'ele est alée.

         258 VERS.

* Le copiste n'auroit-il pas mis *consantir*
lorsqu'il auroit dû écrire *repantir* ?

www.ingramcontent.com/pod-product-compliance
Lightning Source LLC
Chambersburg PA
CBHW050734030726
47505CB00002B/253